**우리는 결코 근대인
이었던 적이 없다**

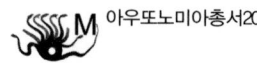 아우또노미아총서20

우리는 결코 근대인이었던 적이 없다

지은이 브뤼노 라투르
옮긴이 홍철기

펴낸이 장민성 조정환
책임운영 신은주 편집부 정연 오정민 마케팅 정성용

펴낸곳 도서출판 갈무리 등록일 1994. 3. 3. 등록번호 제17-0161호
초판인쇄 2009년 6월 29일 초판발행 2009년 7월 15일

주소 서울 마포구 서교동 375-13호 성지빌딩 101호
전화 02-325-1485 팩스 02-325-1407
website http://galmuri.co.kr e-mail galmuri@galmuri.co.kr

ISBN 978-89-6195-016-9 04300 / 978-89-6195-003-9 (세트)
도서분류 1.사회과학 2.자연과학 3.철학 4.인류학 5.정치학 6.역사

값 25,000원

이 도서의 국립중앙도서관 출판시도서목록(CIP)은 e-CIP 홈페이지(http://www.nl.go.kr/ecip)에서
이용하실 수 있습니다.(CIP제어번호: CIP2009001825)

우리는 결코 근대인 이었던 적이 없다

Nous n'avons jamais été modernes
대칭적 인류학을 위하여

브뤼노 라투르 지음
홍철기 옮김

갈무리

NOUS N'AVONS JAMAIS ÉTÉ MODERNES
(WE HAVE NEVER BEEN MODERN)
© Editions La Decouverte, Paris, France, 1991. All rights reserved.

Korean translation copyright © 2009 by GALMURI
Korean translation rights arranged with Editions La Découverte through EYA(Eric Yang Agency).

이 책의 한국어판 저작권은 EYA(Eric Yang Agency)를 통한 LA DECOUVERTE사와의 독점계약으로 한국어 판권을 '도서출판 갈무리'가 소유합니다. 저작권법에 의하여 한국 내에서 보호를 받는 저작물이므로 무단전재와 복제를 금합니다.

한국어판 저자 서문

　　한 회사가 시장에 제품을 내놓았을 때, 제품에 하자가 있다는 사실을 뒤늦게 깨달았다면, 그 회사는 흔히 공개적으로 회수조치rappel를 단행한다. 이 조치는 제품을 폐기하기 위한 것이 결코 아니거니와 당연히 시장점유율을 감소시킬 목적의 것도 아니다. 오히려 제품의 질이나 사용자의 안전에 대한 우려를 소비자들에게 표명하는 주도적인 조치를 취하고 언론의 신뢰를 회복함으로써 가능하다면 너무나 성급하게 결정을 내린 제품의 생산을 연장하려는 의도 때문이다. 내가 근대성에 대한 회수라는 표현을 쓰고자 할 때 이는 이와 같은 의미에서다. 그것은 당연히 최초의 원칙들로 회귀한다는 보다 일상적인 의미뿐만 아니라 나에게만 고유한 의미에서, 근대성의 작용의 낯섦, 즉 흔히 그것에 대해서는 침묵하게 되는 경향이 있는 그 낯섦에 대한 탐구라는 의미도 공명하도록 만든다.

인류학에 대한 나의 공헌은 단 하나의 문구로 요약된다. 그 구절은 정확히 말해서 30년 전 아비장Abidjan 1에 도착하자마자 거의 같은 날 썼던 것인데, 나는 그때 캘리포니아에 있는 로제 기유맹Roger Guillemin 2의 실험실에 가서 "과학적 실천에 민속지학ethnographiques의 방법들을 적용하기" 위해 풀브라이트 장학금을 받기로 결심했다. 나는 왜 이 짧은 문구가 인류학적anthropologique 기획에 대한 나의 관점에 그토록 큰 영향을 미쳤는가 하는 이유를 다시 생각해 보고자 한다.

우리가 30년을 거슬러 올라가보면 지나온 길을 매우 쉽게 다음과 같이 평가할 수 있다. 즉 사회인류학, 혹은 문화인류학은 문화들을 다루는 반면 물리학, 혹은 생물학적 인류학은 자연을 다뤘다는 것. 따라서 오래전 이 시기에 통약불가능

---

1. [옮긴이] 아비장(Abidjan) : 서아프리카의 코트디부아르 공화국의 구 수도이자 경제 중심지.
2. [옮긴이] 로제 기유맹(Roger Charles Louis Guillemin: 1924~) : 프랑스 출신의 미국 생리학자. 1955년에 뇌 시상하부에서 분비되는 펩티드 호르몬을 발견했고, 뇌하수체가 시상하부의 조절을 받고 있다는 사실을 증명하였다. 엔도르핀이라고 하는 새로운 종류의 호르몬을 발견하기도 했다. 1977년에 신경호르몬에 대한 연구로 노벨 생리학상을 받았다.

한 두 방식으로 세계를 연구할 수 있었음—그러나 교육에서나 인류학을 제시하는 통상적인 방식에서는 그럼에도 불구하고 여전히 상당히 유효한 상태라는 것—은 말할 필요도 없다. 하나는 가려져 있고, 장식이 되어 있으며, 덮여 있는 따뜻한 방식이고, 다른 하나는 벌거벗겨져 있고, 냉정하고 심지어 얼어붙어 있기까지 한 방식이다. 말하자면 하나는 은유의 방식이고 다른 하나는 직설적인 방식이다.

야생의 사유와 계몽된 사유는 때때로 서로 아름다운 화해에 도달하거나 무지개 빛깔을 발하는 간섭을 일으킬 수 있다. 하지만 그럴지라도 그들 사이에 지속적인 접점을 갖지는 않는데, 전자가 후자를 형형색색의 망토로 덮어버리지만 그것은 사물의 차가운 본성에는 낯선 형태의 것이기 때문이다. 확실히 과학적 사유의 역사를 연구할 수는 있다—그리고 프랑스 인식론도 당연히 그렇게 했다. 하지만 그러한 연구 프로그램은 계몽된 사유를 더욱더 확실히 발견하고 드러내는 것을 목표로 하는데, 이성의 자유로운 실행에 결부된 비합리성, 상징적 의미, 은유, 이데올로기의 이 잔여물들로부터 계몽된 사유를 '해방시키려' 하기 때문이다. 왜 과학이 상대적으로가 아니라 절대적으로 이데올로기와 구분되는지를 인식론 덕분에 언제나 더 잘 알게 된다.

하지만 이 시기에 나는 둘 중 하나일 것이라고 생각했다.

즉 우리가 중심적인 문화들을 분석한다고 할 때는 지나치게 거만하고, 그렇지 않고 우리가 우리 자신의 사회를 연구하는 기획을 수행할 때에는, 그 사회의 주변부를 갉아먹는데 만족하고 중심에 있는 핵심을 공격하지 않음으로써, 지나치게 공손하다는 것이다. 그 핵심이란 바로 이성, 자연, 그리고 예컨대 내가 세 자매, 혹은 공동의 세 신성성이라고 부르는 것들인데, (기술적) 효율성, (경제적) 수익성, 그리고 (과학적) 객관성이다.

따라서 나는 조금 더 조정된 균형, 즉 마치 브레누스의 검[3]을 내리치듯이 미리 저울을 기울이지 말아야 하는 그러한 균형점을 염두에 두고 접근방식들의 '대칭성'을 실현해야 한다고 말하고자 한다. 즉 한쪽에서는 더 자제하고 다른 쪽에서는 더 과감해야 한다. 실제로 이것은 민속지학의 동일한 방법을 '백인'과 '흑인'에 적용하고, 계몽된 사유와 '야생'의 사유에 적용하는 셈이다. 아니 오히려 그것은 '사유'라는 개념 자체를 지독히도 믿지 않는 셈이다. 그리고 운이 좋게도 나는 내가 예기치 못한 수많은 방향으로 영향을 미칠 그런 모험을

---

3. [옮긴이] 브레누스의 검 : 브레누스는 골족의 지도자로 기원전 387년 로마를 침공하여 강화를 조건으로 1,000파운드의 금을 요구했다. 로마 측에서 금의 무게를 달기 위한 저울에 문제가 있다고 항변하자 그는 자신의 검으로 저울을 내리치면서 "패자에게는 비참함 뿐이다(vae victis)"고 말한 것으로 유명하다. 여기서는 자신과 타자에 대해 서로 다른 척도를 동원하는 근대인의 일방적이고 비대칭적인 태도를 염두에 둔 표현이다.

시작했다는 사실을 알지 못했다.

2009년 6월

브루노 라투르

차례

한국어판 서문
차례

1장 위기

1.1 하이브리드들의 증식 17
1.2 고르디오스의 매듭을 다시 묶기 22
1.3 비판적 입장의 위기 29
1.4 1989년: 기적의 해 35
1.5 근대인임은 무엇을 의미하는가? 40

2장 헌법

2.1 근대성의 헌법 49
2.2 보일과 그의 사물들 55
2.3 홉스와 그의 주체들 62
2.4 실험실의 매개 67
2.5 비-인간의 증언 72
2.6 실험실과 리바이어던의 이중 구조물 77
2.7 과학적 표상과 정치적 대표 82
2.8 근대인에 대한 헌법의 보장 87
2.9 네 번째 보장: 소거된 신 94
2.10 근대적 비판의 힘 100

2.11 패배를 모르는 근대인 105
2.12 근대성의 헌법은 무엇을 밝히고 무엇을 애매하게 하는가? 110
2.13 비판의 종식 119
2.14 우리는 결코 근대인이었던 적이 없다 126

3장 혁명

3.1 근대인: 성공의 희생자들 135
3.2 준대상이란 무엇인가? 140
3.3 메울 수 없는 간극 위로 펼쳐진 철학이론 150
3.4 모든 종말들의 종말 156
3.5 기호적 전환 165
3.6 누가 존재를 망각했는가? 170
3.7 과거의 시작 175
3.8 혁명의 기적 182
3.9 지나가는 과거의 종말 186
3.10 선별작업과 다중적인 시간들 192
3.11 코페르니쿠스적 반혁명 198
3.12 중간매체에서 매개자로 204
3.13 고발과 인과 관계 210
3.14 가변적 존재론들 217
3.15 4가지 근대적 수단의 연결 223

4장 상대주의

4.1 비대칭성을 종식시킬 방법 233
4.2 대칭성 원리의 일반화 240
4.3 두 번의 대분할과 그 수출입 체계 246
4.4 '열대'로부터의 인류학의 귀향 253
4.5 문화들이란 존재하지 않는다. 261
4.6 규모에 따른 차이 268
4.7 아르키메데스의 쿠데타 273
4.8 절대적 상대주의와 상대적 상대주의 278
4.9 세계의 탈주술화와 관련된 사소한 실수들 284
4.10 더 넓은 연결망이라 해도 여전히 모든 점에서 국지적이다. 290
4.11 리바이어던은 연결망의 다발이다. 297
4.12 주변부에 대한 이해할 수 없는 선호 302
4.13 과거의 범죄에 더하여 새로운 범죄를 저지르지 않을 방법 308
4.14 무수한 초월성들 314

5장 재분배

5.1 불가능한 근대화 323
5.2 최종 검토 329
5.3 재분배된 인간주의 336
5.4 비근대적 헌법 343
5.5. 사물들의 의회 351

참고문헌

부록

용어해설 371
그림 차례 377
국제 번역판본 일람 378
라투르의 저작목록 381
옮긴이 후기 384
찾아보기 398

1장
위기

1장

위기

1.1 하이브리드들의 증식

내가 읽고 있는 일간지 4페이지를 보면 나는 남극 상공의 대기에 대한 측정 결과가 올해는 좋지 않음을 알게 된다. 불길하게도 오존층의 구멍이 더욱 커지고 있다. 계속 읽어 내려가 보면 나는 고층대기를 연구하는 화학자에서 아토켐Atochem과 몬산토Monsanto의 최고경영자로 변신한다. 이 회사들은 무해함에도 불구하고 생태권 파괴의 주범으로 지목받는 염화불화탄소CFC를 교체하기 위해 그들의 조립공정을 바꾸고 있다. 몇 문단을 더 읽어 내려가면 나는 주요 선진산업국가의 수장으로서 화학, 냉장고, 에어로졸, 비활성 기체 문제에 휘말려든다. 그러나 기사의 마지막에 가면 기상학자들이 화학자와는 의견의 일치를 보지 못한다는 사실을 알게 된다. 기상학자들은 인간 활동과는 무관한 주기적인 변동에 대해 이야기한다. 그래서 이제 기업가들은 어찌해야 좋을지 모르게 된다. 각국의 정상들도 한발 물러선다. 더 두고 봐야 하는 것인가, 아니면 이미 너무 늦은 것인가? 페이지의 끝에 가면 제3세계 국가들과 생태주의자들은 가만히 물러서지 않고 국제협약과 그것의 유예, 미래 세대의 권리와 발전의 권리에 대해 말한다.

동일한 한 편의 기사가 화학적 반응과 정치적 반응을 한데 뒤섞는다. 너무나 알아듣기 힘든 과학과 가장 지저분한 정치, 최상층의 하늘, 리옹 외곽에 있는 몇몇 공장, 전지구적 규모의 위험, 그리고 임박한 지방선거나 다음번 위원회의 소집이 하나의 줄거리로 연결된다. 범위와 이해관계, 시간표, 행위자들―이 중 어느 것도 서로 공통분모를 갖고 있지 않지만, 그것들은 하나의 이야기에 휘말려 들어간다.

6페이지로 넘어가면 나는 파리의 AIDS 바이러스가 갈로 교수의 실험실 배양기를 오염시켰다는 사실, 그럼에도 불구하고 쉬락 수상이 레이건 대통령과 그러한 발견의 역사를 되돌리지 않기로 엄숙히 맹세했다는 사실, 투쟁적인 환자 단체들이 한목소리로 요구하는 약품을 시판할 만큼 화학 산업이 빠르게 움직이지 않는다는 사실, 그리고 사하라 이남의 아프리카에 전염병이 퍼지고 있다는 사실을 알게 된다. 다시 한 번, 각국 정상들과 화학자, 생물학자, 절실한 환자들, 그리고 기업가들은 자신들이, 사회와 생물학을 혼합하는 하나의 불확실한 이야기 속에 말려들어 갔음을 알게 된다.

8페이지에는 일본인들에 의해 통제되는 컴퓨터와 반도체에 대한 기사가 있고 9페이지에는 냉동 배아를 보존할 권리에 대해서, 그리고 10페이지에는 산불의 연기가, 몇몇 동물학자들이 보호하려는 희귀 생물들을 위협한다는 사실에 관해, 11페이지에는 전파 추적이 가능한 장치를 부착한 고래에 대한 기사가 있고, 또한 같은 페이지에는 프랑스 북부에 있는, 노동 착취의 상징인 광석정련 찌꺼기 더미에 희귀 식물군이 번성한 덕에 그것이 생태적 보존 대상으로 분류되었다는 사실을 알게 된다! 12페이지에는 교황과 프랑스 추기경, 몬산토, 나팔관, 그리고 텍사스의 근본주의자들이 한 종류의 피임약을 둘러싼 하나의 기묘한 코호트[1]를 이루고 있다. 14페이지에는 고화질 텔레비전에 관한 기사 몇 줄에서 자크 들로르

---

1. [옮긴이] 코호트 : 표준국어대사전에서는 "특정한 기간에 태어나거나 결혼을 한 사람들의 집단과 같이 통계상의 인자(因子)를 공유하는 집단"으로 정의한다.

와 톰슨사, 유럽경제공동체EEC, 산업표준 위원회, 그리고 다시 일본인들과 텔레비전 영화 제작자들까지가 함께 모인다. 몇 줄의 문장으로 화면 표준이 바뀌게 되면 수십억 프랑의 돈, 수백만 개의 텔레비전 수상기, 수천 시간의 영화와 함께, 수백 명의 엔지니어, 수십 명의 최고경영자들의 노력은 모두 수포로 돌아간다.

다행히도 신문에는 (급진당의 당 대회와 같은) 순수하게 정치만을 다루는 몇 안 되는 쉬어가는 지면들이 있고, 또한 문학부록면에서는 소설가들이 자기도취적인 자아의 모험('나는 너를 사랑해…너는 사랑하지 않아')을 통해 기뻐한다. 우리를 진정시켜주는 이 지면들이 없다면 우리는 어지러울 것이다. 다른 지면들, 즉 과학, 정치, 경제, 법, 종교, 기술, 픽션의 난맥상imbroglio을 묘사하고 있는 저 혼성적인 기사들이 증가하고 있기 때문이다. 만일 신문을 읽는 행위가 근대인의 기도 형식이라면, 오늘날 이 뒤섞인 일들에 대해 읽으면서 기도를 하는 사람은 진정으로 매우 괴이한 사람이다. 모든 문화와 모든 자연이 매일 휘저어진다.

여전히 아무도 이를 불편하게 여기지 않는 것 같다. 경제, 정치, 과학, 책, 문화, 종교, 지역 뉴스와 같은 제목들은 마치 모든 것이 잘되고 있다는 듯이 제 자리를 지킨다. 극히 미세한 AIDS 바이러스 덕분에 당신은 섹스로부터 무의식을 거쳐, 아프리카, 조직배양, DNA, 그리고 샌프란시스코로 이어지는 여행을 하게 된다. 그러나 분석가, 사상가, 저널리스트, 그리고 정책결정자들은 당신을 위해 바이러스가 따라간 정교한 연결망을 오직 과학, 오직 경제, 오직 사회 현상, 지역 뉴스, 감정, 섹스만을 찾을 수 있는 잘 정돈된 칸막이들에 맞게 절단할 것이다. 전혀 해롭지 않은 에어로졸 스프레이를 분사하면 당신은 남극을 향해 날아가게 될 것이고, 거기로부터 캘리포니아 대학의 어바인 분교로, 리옹의 산악지대로, 비활성 기체 화학으로, 그리고 아마도 유엔으로 향하게 될 것이지만, 이 연약한 실thread은 기존의 순수한 학제들의 수만큼이나 많은 조각들로 끊어지고 말 것이다. 그들은 지식과 이익, 정의, 권력을 뒤섞지 말자고 극구 주장하는 것처럼 보인다. 천상과 지상, 전지구적 수준과 지역 수준, 인간과 비-인간을 뒤섞지 말자고. 그러나 우리는 '이 난맥상 자체가 혼합작용을 하며, 그것들이 우리 세계를 한 덩어리로 짜 맞춘다'고 말할 것이다! 분석가들은 '그런 것은 존재하지 않는 것처럼 행동하라'고 답할 것이다. 그들은 잘 연마된 칼로 고르디오스의 매듭[2]

---

2. [옮긴이] 고르디오스의 매듭: 프리기아의 왕 고르디오스가 묶어놓은 매우 복잡한 매듭으로, 그는 이 매듭을 푸는 사람이 아시아를 지배하게 될 것이라고 말했다. 알렉산드로스 대왕이 프리기아를 방문했을 때 그는 이 매듭을 풀지 않고 잘라 버렸으며 결국 아시아 전체를 통치하게 되었다. 이에 따라 '고르디오스의 매듭'은 해결하기 힘든 난제를 의미하게 되었다. '고르디오스의 매듭을 자른다'는 말은 복잡한 문제를 일거에 해결한다는 의미이다. 이

을 잘라버렸다. 축은 부러졌다. 그들은 왼쪽에는 사물에 관한 지식을 놓고, 오른쪽에는 권력과 세속적 정치를 놓았다.

1.2 고르디오스의 매듭을 다시 묶기

지난 20여 년간 친구들과 나는 어떤 지적 문화 안에서 살면서도 그 문화를 어떻게 범주화해야 할지 모르는 우리의 이처럼 이상한 상황 자체를 연구해왔다. 더 좋은 용어가 없어서 우리는 스스로를 사회학자, 역사학자, 경제학자, 정치학자, 철학자, 혹은 인류학자라고 부른다. 그러나 이 유서 깊은 학문 분과의 이름들에 우리는 언제나 다음과 같은 수식어를 붙인다. '과학과 기술의'라는 수식어가 그것이다. 혹은 영미권에서 부르는 것처럼 '과학학'science studies, 혹은 '과학기술사회학'science, technology and society이라고 우리 자신의 이름을 붙인다. 어떤 분과 학문의 이름을 사용하든 간에, 우리는 언제나 정확한 지식과 권력의 행사 — 이것을 우리는 자연과 문화라고 부르기로 한다 — 를 분리시키는 분할을 최대한 자주 교차시킴으로써 고르디오스의 매듭을 다시 묶으려고 시도한다. 학문

에 대해 저자는 문제를 단순화하지 않고 복잡한 상태 그대로 이해한다는 의미에서 '고르디오스의 매듭을 다시 묶는다'고 말한다.

상의 관습 안에 일방적으로 눌러 앉혀진 혼성적 지식인인 우리들은 절반은 공학자이고 절반은 철학자로서, 역할을 찾지 못한 '제3지식인'tiers instruits(Serres, 1991)이며, 그러한 우리들은 난맥상이 데려가는 곳은 어디에나 따라가기로 결심했다. 이리저리 오고가기 위해 우리는 번역translation이나 연결망network과 같은 개념에 의존한다. 체계system라는 관념보다는 더 유연하며, 구조structure보다는 더 역사적이고 복잡성complexity보다는 더 경험적인, 연결망이라는 생각은 이와 같이 한데 엮여 있는 이야기들의 아리아드네의 실[3]이다.

그러나 우리의 연구는 불가해한 채로 남아있는데, 그러한 연구가 우리에 대한 비판자들의 습관적 범주들에 대응하는 세 개의 부분으로 쪼개져 있기 때문이다. 비판자들은 우리의 연구를 자연, 정치, 그리고 담론으로 분류한다.

도널드 맥킨지가 대륙간 탄도탄의 관성유도합법체계에

---

3. [옮긴이] 아리아드네의 실: 그리스 신화의 미노타우르스 이야기에 등장한다. 테세우스가 괴물 미노타우르스를 죽이기 위해 크레타 섬의 미로에 들어갈 때 미노스 왕의 딸 아리아드네는 테세우스에게 반해서 그에게 칼과 이 실이 감겨 있는 실타래를 준다. 가늘면서도 끊어지지 않는 이 실 덕분에 테세우스는 미노타우르스를 죽이고 이 실을 따라서 미로를 무사히 빠져나올 수 있었다. 이 실은 건축가이자 기술자인 (그리고 미로의 설계자이기도 한) 다이달로스의 작품이다. 어려운 문제를 해결하는 방법이라는 의미가 있으며 논리학에서는 다수의 경로를 함축하는 문제에 대한 해결과정을 의미하기도 한다. 저자는 이를 하이브리드나 난맥상, 연결망이라고 표현하는 문제를 사실과 당위로 나누거나 여러 학제로 분할하지 않으면서도 설명할 수 있는 방법을 의미한다. 그는 이 방법을 추리소설에 비유하기도 한다.

대해 서술할 때(MacKenzie, 1990), 미셸 깔롱이 연료 전지의 전극에 관해 서술할 때(Callon, 1989), 토마스 휴즈가 에디슨의 백열전구 필라멘트에 대해 서술할 때(Hughes, 1983), 내가 루이 파스퇴르가 변형시킨 탄저병 박테리아에 대해 서술할 때(Latour, 1988b), 혹은 로제 기유맹Roger Guillemin의 뇌 펩티드4에 대한 나의 서술에서(Latour & Woolgar, [1979] 1986) 비판자들은 우리가 과학과 기술에 대해 이야기하고 있다고 상상한다. 이런 소재들은 주변적인 것이거나, 기껏해야 순전히 도구적이고 계산적인 사유의 발로이기 때문에 정치와 영혼에 관심이 있는 사람들은 이런 문제에 관심 갖지 않는 것을 당연한 것으로 생각한다. 그러나 이와 같은 연구는 자연이나 지식을 물자체로 다루고 있지 않고 오히려 이 사물들을 우리의 집합체들collectives과 주체들에 밀접하게 연관된 것으로 다룬다. 우리는 도구적 사고에 대해 말하는 것이 아니라 우리 사회의 실체 자체에 대해 말하고 있다. 맥킨지는 미 해군 전체와 의회까지를 동원하여 그가 다루려는 관성유도장치5에 대

---

4. [옮긴이] 펩티드(peptide) : 아미노산으로 구성되어 있고 단백질분자보다는 작은 유기물질.
5. [옮긴이] 관성유도장치(inertial guidance system) : 원래 관성항법장치(inertial navigation system)라고 부른다. 컴퓨터와 가속도계, 자이로스코프 등으로 이루어져 있으며 속도(방향과 운동)를 측정하여 외부의 기준 없이도 원래의 위치를 기준으로 현재의 위치를 계산할 수 있다. 비행기나 잠수함, 미사일 등에 주로 사용된다.

해 이야기하려 한다. 칼론은 상당수의 프랑스 에너지 정책뿐만 아니라 프랑스 국영 전력회사EDF와 르노자동차까지를 동원하여 실험실 한가운데 있는 전극 끝에서의 이온 변화를 파악하려 한다. 휴즈는 에디슨의 백열전구의 필라멘트를 중심으로 미국 전체를 재구성한다. 마찬가지로 파스퇴르의 박테리아를 끌어들이면 전체 프랑스 사회가 우리 눈에 들어온다. 그리고 과학자들의 공동체와 그들의 도구, 그들이 행하는 실천 — 이 모두는 거추장스러울 뿐이며 각각 방법론, 이론, 뉴런과는 공통점이라고는 거의 없다 — 을 연결시키지 않고는 뇌수를 이해하는 것이 불가능하게 된다.

'만일 그렇다면 당신들은 확실히 정치에 대해 말하고 있는 것 아닌가? 당신들은 단지 과학적 진리를 단순한 정치적 이익으로 환원하고 기술적 효율성을 단순히 전략적 책략으로 치환하고 있는 것이 아닌가?' 여기에 두 번째 오해가 있다. 만일 사실들이 그것에 대한 우리의 숭배[의식]가 마련해놓은 주변적인 동시에 신성한 장소를 점하고 있지 않다면, 사실들이란 즉시 순전히 국지적인 우발성과 보잘것없는 메커니즘으로 환원되는 것처럼 보인다. 그러나 과학학은 사회적 맥락이나 권력의 이익이 아니라 집합체와 사물들에 대한 사실들의 관계맺음에 대해 말하고 있는 것이다. 미 해군 조직은 근본적으로 각 직위가 그들이 사용하는 폭탄과 연관되는 방식에 따라 재편된다. 마찬가지로 프랑스 국영전력회사와 르노자동차는 그들이 연료전지에 투자하느냐, 혹은 내연기관에 투자하느냐에 따라 완전히 다른 입장을 택한다. 그리고 전기가 발명되기 이전의 미국과 그 이후의 미국은 완전히 다른 두 국가다. 19세기의 사회적 맥락은 사회가 고통받는 영혼으로 이루어졌느냐, 아니면 병원균에 감염된 가난한 사람들로 이루어졌느냐에 따라 달라진다. 또한 분석가의 안락의자에 기대어 있는 무의식 주체에 관해서 말할 때, 뇌가 신경전달물질을 방출하는 건뇌dry brain냐, 혹은 호르몬을 숨기고 있는 습뇌moist brain냐에 따라서 우리는 그 주체를 다르게 묘사한다. 우리 연구 중 그 어느 것도 사회적 맥락이나 주체에 관해 사회학자나 심리학자, 혹은 경제학자들이 말하는 것을 다시 이용하여 자연과학 hard science에 적용하지 않는다 — 바로 이런 이유에서 나는 '집합체'collective라는 말을 사용하여 인간들과 비-인간 존재들 간의 연합을 묘사할 것이고, '사회'society라는 말로는 우리의 집합체의 한쪽 부분만을, 즉 사회과학이 발명해 낸 분할의 한쪽 편만을 지칭할 것이다. 맥락과 기술적 내용은 매번 재정의되는 것으로 드러난다. 인식론자들이 우리가 제공하는 집합화된 사물들로부터 더 이상 자신들의 유년기에 대한 생각, 개념, 혹은 이론을 인식하지 않는 것처럼 우리가 정렬하는 사물들로 가득한 이 집합체들에서 인문학이 자신의 전투적 청년기의 권력 게임을 인식할 것이라고 기대할 수는 없다. 아리아드네의 작은 손으로 추적한 섬세한 연결망들은 거미줄보다 덜 가시적이다.

'그런데 만일 당신들이 물자체나 인간자체에 대해 말하고 있는 것이 아니라면 당신들은 분명 담론, 표상, 언어, 텍스트, 수사법에 대해 말하고 있는 것이 틀림없겠군.' 이것이 세 번째 오해다. 외부의 지시대상—사물들로 이루어진 자연—과 화자—말이 쓰이는 맥락, 혹은 사회적 맥락—에 괄호를 치는 사람들은 오직 의미효과와 언어게임에 대해서 말할 수밖에 없다는 것은 사실이다. 그러나 멕킨지가 관성유도항법장치의 진화 과정을 검토할 때 그는 우리 모두를 죽일 수 있는 장치에 대해 말하고 있는 것이다. 마찬가지로 칼론이 과학 논문들에 남겨진 흔적을 추적할 때 그는 수사법뿐만 아니라 산업 전략에 대해 말하고 있는 것이다(Callon et al., 1986). 휴즈가 에디슨의 노트를 분석할 때 멘로 파크6의 내부 세계는 미국 전역이라는 외부 세계가 되려고 하는 것이다(Hughes, 1983). 파스퇴르가 병원균을 제어한 과정을 서술할 때 나는 19세기 사회를 동원하고 있는 것이지, 단지 한 위대한 인물의 텍스트

---

6. [옮긴이] 멘로 파크(Menlo Park) : 미국 뉴저지주의 지명. 토마스 에디슨(Thomas Edison ; 1847~1931)의 실험실과 공장이 있던 곳으로 여기서 에디슨은 1876년에서 1881년까지 거주하였다. 에디슨이 여기에 머무는 동안 그의 대표적인 발명품들인 축음기, 전화송신기, 백열전구 등이 만들어진다.

에 대한 기호학을 동원하고 있는 것이 아니다. 또한 내가 뇌의 펩티드에 대한 발명-발견에 대해 서술할 때 나는 정말로 펩티드 자체에 대해서 이야기하는 것이지 단지 기유맹 교수의 실험실에 있는 펩티드의 표상에 대해서 이야기하는 것이 아니다. 그러나 수사법, 텍스트적 전략, 글쓰기, 연출, 기호학 — 이 모든 것은 정말로 결정적인 것이지만, 새로운 형태를 띠고 사물들의 자연과 사회적 맥락, 어느 쪽으로도 환원되지 않으면서 양자에 동시적인 영향을 미친다.

우리의 지적 생활은 좋지 않은 상태에 있다. 인식론, 사회과학, 텍스트학 — 이 모두는 서로 분리된 채로 있는 한에서 각자의 특권적인 유리한 위치를 점하고 있다. 우리가 피조물들을 이 세 가지 공간을 넘나들면서 추적할 때, 우리는 더 이상 이해받지 못한다. 확립된 학문 영역들에게 어떤 정교한 사회-기술적 연결망과 사랑스러운 번역이 주어지면, 첫 번째 학문집단은 우리의 개념들을 추출하고 사회나 수사학과의 연결고리의 근원을 모두 뽑아버릴 것이다. 그리고 두 번째 집단은 사회-정치적 차원들을 모두 소거하고 모든 사물과 관련된 우리의 연결망 전체를 정화할 것이다. 결국 세 번째 집단은 우리의 담론과 수사를 유지하겠지만 실재 — 이야기하기에는 너무나 무서운 horresco referens —, 혹은 권력 게임에 대해 부당하게 집착하려는 우리의 수고를 삭제할 것이다. 우리를 비판하는 사람들의 눈에는 우리 머리 위에 있는 오존층의 구멍, 우리의 가슴 속에 있는 도덕 법칙, 자율적인 텍스트란 각각은 흥미로운 것이겠지만, 서로 분리되어 있을 때에만 그런 것이다. 섬세하게 오고가면서 천상과 산업, 텍스트와 영혼, 그리고 도덕법칙을 한데 엮었어야만 한다는 것 — 이것은 섬뜩하고 생각할 수도 없으며, 부적절한 채로 남아있다.

1.3 비판적 입장의 위기

비판자들은 우리의 세계에 대해 말하려고 세 가지 구별되는 접근법을 발전시켜왔다. 자연화, 사회화, 그리고 해체 deconstruction가 그것이다. E. O. 윌슨[7], 피에르 부르디외, 그리고 자크 데리다를 — 약간은 불공평하게 — 이 세 가지의 입장의 상징적 인물로 활용해 보자. 첫 번째 인물인 윌슨이 자연화된 현상에 대해 말할 때, 사회들과 주체들, 그리고 모든 형태의 담론은 사라진다. 두 번째 인물인 부르디외가 권력의 장들에 대해 이야기할 때 과학과 기술, 텍스트, 그리고 실제 활

---

7. [옮긴이] 에드워드 윌슨(Edward Osborne Wilson : 1929~) : 미국의 생물학자. 개미 연구의 세계적 권위자이며 사회적 행동의 유전적 근거를 연구하는 이른바 '사회생물학'(sociobiology)의 창시자다. 이기적 행위뿐만 아니라 이타적 행위도 자연선택의 요인이 된다고 주장한 것으로 유명하다.

동들의 내용은 사라진다. 세 번째 인물인 데리다가 진리 효과에 대해 말할 때 뇌의 뉴런이나 권력 게임이 실제로 존재한다는 믿음은 너무나 순진한 생각으로 드러날 것이다. 비판의 이와 같은 형태들 각각은 그 자체로는 강력하지만 다른 나머지 두 형태들과 결합하는 것은 불가능하다. 오존층에 난 구멍을 동시에 자연화된 것이자 사회화되고 해체된 것으로 다루는 어떤 연구를 상상할 수 있겠는가? 현상들로 이루어진 자연이 확고하게 수립되었을지 모르면서도, 권력의 전략이 예측가능하면서, 그러나 자연과 화자라는 가련한 환영을 투사하는 의미 효과 말고는 어떤 것도 중요하지 않은, 그러한 연구가 가능할까? 그런 잡동사니는 기괴하다고 할 것이다. 인식론자와 사회학자, 그리고 해체주의자가 서로 손에 닿는 거리에 있으면서, 한 사람의 비판이 나머지 둘의 약점으로부터 그 근거를 제공받을 때에만 우리는 이를 지적 생활이라고 이해할 수 있을 것이다. 우리는 과학을 찬양하고 권력 게임에 참여하거나 실제에 대한 신념을 우스갯거리로 삼을 수 있지만, 우리는 이 부식성 높은 산성용액들을 결코 혼합해서는 안 된다.

우리는 두 가지 모두를 할 수는 없다. 둘 중 하나만 가능하다. 즉 과학학에 종사하는 내 동료들과 내가 추적한 연결망들은 정말로 존재하지 않고, 그 연결망들을 주변화시키거나 그것들을 사실과 권력, 담론이라는 세 구분되는 집합으로 쪼갠 것은 상당히 옳은 일인 것이다. 그렇지 않다면 연결망들은 우리가 묘사한 그대로이며, 그것들은 비판의 위대한 영지들의 경계를 넘어 다닌다. 다시 말해서, 연결망들은 비록 실제로 존재하고 집합적이며, 담론적일지라도 객관적이지도 사회적이지도 않으며, 담론의 효과도 더더욱 아니다. 나쁜 소식을 전달하는 우리들이 사라져야만 하거나 비판 자체가 자신이 삼킬 수 없는 연결망 때문에 위기에 직면하게 될 것임이 틀림없다. 그렇다, 과학적 사실들은 실제로 구축된 것이지만, 사회적 차원으로 이 사실들을 환원할 수는 없는데, 이 차원 자체가 그 자신을 구축하기 위해 동원된 사물들로 가득 차 있기 때문이다. 그렇다, 이 사물들은 실재하지만, 그 사물들은 사회적 행위자들과 너무나 유사해서 과학철학자들이 발명해 낸, '외부'out there에 존재하는 실재로 환원될 수 없다. 이 이중의 **구축작용**—사회를 가지고 과학을 구축하고, 과학을 가지고 사회를 구축하는—의 행위주체란 해체라는 관념이 그렇게도 절실하게 파악하고자 한 실천들의 집합으로부터 생겨난다. 오존층의 구멍은 완전히 자연적이라고 하기에는 지나치게 사회적이면서도 너무나 담론적이다. 기업의 산업 전략과 국가의 정상들은 권력과 이익만으로 환원되기에는 화학반응으로 너무나 가득 차 있다. 생태계에 대한 담론은 의미효과로 축소되기에는 너무나 실제적이고도 사회적이다. 연결망이 자연과 같이 실제적이고 동시에 담론처럼 서사구조를 가지며, 그러면서도 사회처럼 집합적이라는 사실이 우리의 탓인가? 우리는 비판의 자원들을 포기하고 연결망만을 추적해야 하는가? 아니면 우리는 비판의 삼분법이라는 상식을 받아들이고 연결망들을 포기해야 하는가? 우리가 전개시킨 작은 연결망들은 쿠르드 민족이 이란과 이라크, 터키라는 세 국가로 나눠진 것처럼 찢어진다. 그러나 밤이 다가오면 그들은 국경을 넘어가서 결혼을 하고, 그들을 나누고 있는 세 나라로부터 잘려져 나온 공동의 모국을 꿈꾼다.

이것은 해결의 기미가 보이지 않는 딜레마로서, 인류학은 내가 '자연-문화'라고 부를, 이음새 없이 이어진 직조를 통해서 우리가 차분하고 간단하게 이 딜레마를 다루는 것에 익숙해지도록 만들지 못했다. 그것이 자연-문화인 것은, 그것이 문화보다 조금 더 많으면서도 더 적기 때문이다(4.5절을 참조하라). 가장 합리주의적인 인류학자조차도 일단 현장으로 보내지면, 자신의 연구대상이 되는 사람들의 신화, 민속과학 ethnoscience, 계보, 정치형태, 기술, 종교, 서사시, 예식을 완벽하게 한 편의 학술논문으로 집약할 수 있다. 그녀를 아라페시족이나 아추아르족, 혹은 한국 사람들이나 중국 사람들을 연구하도록 파견하면, 당신은 그들이 하늘과 조상을 대하는 법,

그들이 집을 짓고, 고구마나 매니옥, 혹은 쌀농사를 짓는 법, 그리고 통치체계를 구축하는 방법과 그들의 우주론을 한데 짜 맞추는 단일한 서사구조를 얻게 될 것이다. 외국에서 연구하는 인류학자의 작업에서, 동시에 실제적이면서 사회적이고 서사구조를 지녀야 한다는 요건을 충족시키지 못하는 논점을 당신은 단 하나도 찾지 못할 것이다.

만일 분석자가 예민하다면, 그녀는 우리가 앞서서 서구사회에서 병원균, 미사일, 혹은 연료 전지를 추적할 때 그 윤곽을 보인 바 있는 사회-기술적인 혼합물과 동일한 모습을 한 연결망을 재추적할 것이다. 우리 또한 하늘이 무너질 것을 걱정한다. 우리 또한 에어로졸 스프레이를 분사하기 위해 조금 움직이는 것도 하늘에 대한 금기와 연결시킨다. 우리 또한 과학이 고층대기의 화학작용에 대해 말해주는 바를 이해하기 위해서 법과 권력, 도덕을 설명에 끌어들인다. 그렇지만 우리는 야만인이 아니기 때문에 어떤 인류학자도 우리를 그러한 방식으로 연구하지는 않으며, 우리 자신의 문화—혹은 자연-문화라고 불러야 할까?—에 대해 다른 곳에서 다른 사람들에 대해 연구하는 방식을 적용하는 것은 불가능하다. 왜? 우리는 근대인이기 때문이다. 우리의 세계는 더 이상 이음새 없이 짜여 있지 않다. 분석의 연속성은 불가능해졌다. 전통적 인류학자에게 근대세계에 대한 인류학은 존재하지 않는다—존재할 수도 없고, 존재해서도 안 된다(Latour, 1988a). 민속과학은 부분적으로 사회나 담론과 연결될 수 있지만(Conklin, 1983) 과학은 그렇지 않다. 왜냐하면 인류학자들은 열대지방에 가서 다른 사람들을 연구할 때만큼 비판적이면서 거리를 취하는, 이와 같은 방식으로 자신들을 연구할 능력이 없기 때문이다. 비판의 삼분할(사실, 권력, 담론)이 그들을 보호해 주는데, 그 삼분할이 전근대인들의 공동체들 사이에서는 연속성의 재수립을 인가해 주기 때문이다. 그것은 오직 다음과 같은 이유에서인데, 즉 삼분할은 인류학자들이 그렇게도 대담하게 타지에서 통일시키려 한 것을 본토에서 분리시키기 때문이다.

딜레마의 정식화 방식이 이제 바뀐다. 오직 둘 중 하나다. 근대세계에 대한 인류학적 분석이 불가능하거나—그래서 사회-기술적 연결망을 제공해주는 모국이 있다는 주장의 목소리를 무시할 온갖 이유가 있다—, 근대세계에 대한 인류학적 분석은 가능하다—그래서 근대 세계에 대한 정의 자체가 바뀌어야 한다. 우리는 한정된 문제—왜 연결망은 여전히 이해하기 어려운가? 왜 과학학은 무시되는가?—로부터 보다 넓고 고전적인 문제로 나아간다. 근대인임은 무엇을 의미하는가? 우리가 우리 선조들의 연결망에 대한 놀라움의 표면 아래로 파고 들어가면 우리는 그와 같은 이해의 부재라는 인류학적 근원을 발견한다. 다행히도 우리는 과거의 비판적 두더지를 자신이 파 놓은 땅굴 속으로 묻어버리는 몇몇의 주요 사건들의 도움을 받고 있다. 만일 이번에는 근대세계가 인류학적인 방법에 의해 쉽게 다뤄질 수 있다면, 이는 근대세계에 어떤 일이 났기 때문이다. 게르망트 부인의 살롱[8] 이래로 지금까지 우리는 세계대전과 같은 대격변 없이는 지적 문화의 습관을 조금이라도 바꾸거나, 전에는 그 경계 밖에 머물렀던 새로 등장한 입장들을 위해 이 문화를 개방하는 것이 불가능하다는 사실을 알고 있다.

1.4 1989년 : **기적의 해**

모든 날짜는 관례적인 것이지만, 1989년은 다른 몇몇 날짜들과는 달리 덜 관례적이다. 오늘날 모든 사람에게 베를린 장벽의 붕괴는 사회주의의 멸망을 상징한다. '자유주의, 자본주의, 그리고 서구 민주주의가 거둔 맑스주의의 헛된 희망에 대한 승리' : 이것이 레닌주의를 가까스로 벗어난 사람들이 발표한 승리의 성명서다. 사회주의는 인간에 의한 인간에 대

---

8. [옮긴이] '게르망트 부인의 살롱'은 프랑스 소설가 마르셀 푸르스트(Marcel Proust)의 소설 『잃어버린 시간을 찾아서』에 등장하는 귀족 가문 집의 살롱을 지칭한다.

한 착취를 폐지하려고 하였지만 그 착취를 상상할 수 없을 정도로 극대화시켰다. 그것은 대규모의 내전 속에서 세계적 교훈을 주었던, 착취자를 되살리면서 착취자의 무덤을 파는 사람은 묻어버리는 기묘한 변증법이다. 억압된 것의 귀환은 복수를 수반한다. 그들의 이름으로 프롤레타리아트의 전위가 군림했던 피착취 인민이 다시 한번 인민이 된다. 탐욕스러운 엘리트들은 이 귀환을 온 힘을 다해서 차단했는데, 이는 은행과 기업, 그리고 공장에서 그들의 오랜 착취 작업을 유지하기 위해서였다. 서방의 자유세계는 기쁨을 주체할 수 없었다. 그들은 냉전에서 승리했다.

그러나 승리의 기쁨은 오래가지 않았다. 파리, 런던, 암스테르담에서, 마찬가지로 명예로운 해인 1989년에 이 행성의 전체적인 상황에 대한 국제회의를 목격하게 된다. 어떤 관찰자들에게 이것은 자본주의 자체, 그리고 자본주의의 자연에 대한 무제한적 정복과 완전한 지배에 대한 헛된 희망의 종말을 상징하는 것이다. 인간의 인간에 대한 착취를 인간에 의한 자연의 착취로 방향을 돌리려고 노력하면서 자본주의는 이 두 가지의 착취를 엄청나게 확대시켰다. 억압된 것은 복수와 함께 돌아온다. 죽음으로부터 구출될 것이라고 생각된 수십억의 다중들multitudes은 빈곤 속으로 후퇴했다. 자연, 우리가 그에 대해 절대적인 지배권을 갖게 될 것이라고 생각했던 자연은 마찬가지로 전지구적인 방식으로 우리를 지배하고 또한 우리 모두를 위협한다. 그것은 기묘한 변증법으로서 인간의 노예를 인간을 소유하는 주인으로 치환하며, 이를 통해 우리에게 우리 자신이 대규모의 기근뿐만 아니라 환경파괴를 발명했다는 사실을 알려준다.

수치스러운 장벽의 해체와 무한한 자연의 종말이라는 두 가지 사건 사이에 존재하는 완벽한 대칭성은 오직 부유한 서구 민주주의 국가들에게만 보이지 않을 뿐이다. 사회주의의 다양한 형태들은 자국 국민과 생태계 모두를 파괴한 반면, 북반구와 서구의 강국들은 나머지 세계를 파괴하고 그 국민들을 비참한 빈곤상태로 전환시킴으로써 자신들의 국민과 몇몇의 시골 지역들을 구해낼 수 있었다. 따라서 이는 이중의 비극인 셈이다. 이전에 사회주의 국가였던 나라들은 서구를 모방함으로써 자신들의 문제를 해결할 수 있다고 생각하고, 서구 자신은 이 두 가지 문제를 모두 벗어났다고 믿은 채로, 지구와 사람들을 죽도록 내버려두면서도 자신들이 타인들에게 교훈을 주고 있다고 생각한다. 서구는 자신만이 스스로를 영원히 승리할 수 있도록 해주는 영리한 기술을 유일하게 보유하고 있다고 생각하는데, 아마도 이미 서구는 모든 것을 잃어버린 것인지도 모른다.

최선의 의도가 이중적 의미에서 실패하게 되는 것을 목

격하고 나서, 서구 세계에서 온 우리 근대인들은 자신감을 일부 상실한 것처럼 보인다. 우리는 인간의, 인간에 대한 착취를 종결시키도록 노력하지 말았어야 했는가? 우리는 자연의 주인이자 소유자가 되도록 노력하지 말았어야 했는가? 우리의 가장 고귀한 덕목은 이렇게 짝을 이루는 두 임무 — 한 가지는 정치적 영역에, 그리고 다른 한 가지는 과학과 기술의 영역에서 — 를 위해 바쳐졌다. 그러나 우리는 독일의 젊은이들이 백발이 성성한 그들의 부모에게 묻는 것처럼 우리 자신의 열광적이면서도 바른 생각을 지녔던 젊은 시절을 되돌아볼 준비가 되어 있다. '우리가 따른 어떤 명령이 범죄행위가 되었나요?' '그것이 범죄였다는 사실을 몰랐다고 말할 것인가요?'

최선의 의도가 지녔던 확고한 근거에 관한 이와 같은 의구심은 우리들 중 일부의 사람들을 몇 가지 방식으로 반동적이 되도록 만든다. 우리는 더 이상 인간의, 인간에 대한 지배를 종식시키도록 노력해서는 안 된다고 어떤 사람들은 말한다. 그리고 우리는 더 이상 자연을 지배하려고 해서는 안 된다고 다른 사람들은 말한다. 단호하게 반근대주의자antimodern가 되자고 그들 모두는 말하는 것이다.

다른 입장에서, 탈근대주의postmodernism라는 애매한 표현이 이 두 가지 반작용을 거부하는 사람들이 견지하는 완전치 않은 회의주의를 잘 요약해준다. 사회주의와 '자연주의'의 이중의 약속을 믿을 수 없기 때문에 탈근대인들은 또한 양자 모두를 전적으로 거부하는 것에 대해서도 조심스러워한다. 그들은 믿음과 의구심 사이에 정지된 채로 천년의 끝을 기다리고 있다.

마지막으로 생태주의적 반계몽주의나 반사회주의적 반계몽주의를 거부하면서도 탈근대인의 회의주의에 정착할 수 없는 사람들은 마치 아무것도 변하지 않았다는 듯이, 계속 살아가기로 결정한다. 그들은 단호하게 근대인으로 남아 있으려 한다. 그들은 과학의 약속을 계속해서 믿거나 구원의 약속을 믿거나, 혹은 두 가지 모두를 믿는다. 그러나 그들의 근대화에 대한 신념은 더 이상 예술이나 경제, 정치, 혹은 과학, 기술에서 정말 진정으로 울려 퍼지지는 않는다. 아파트 건물의 정면 외관façade과 국제기구의 내부뿐만 아니라 미술관과 콘서트홀에서 그 혼은 사라졌다는 것을 느낄 수 있다. 근대인이고자 하는 의지는 주춤거리는 것 같고 심지어 때에 따라서는 시대에 뒤떨어진 것처럼 보인다.

우리가 반근대인이든, 근대인이든, 혹은 탈근대인이든 간에, 우리들 모두는 기적적인 1989년의 이중의 붕괴 때문에 의문을 갖게 된다. 그러나 만일 우리가 1989년을 바로 이중의 붕괴이자, 두 가지의 교훈으로 간주한다면 우리는 사유의 가닥들을 묶어서 잇게 된다. 이 교훈들의 훌륭한 대칭성은 우리가 우리 자신의 과거 전체를 새로운 시각에서 볼 수 있도록 해줄 것이다.

그리고 만일 우리가 결코 근대인이었던 적이 없다면? 그렇다면 비교 인류학이 가능해질 것이다. 연결망은 자신만의 장소를 갖게 될 것이다.

1.5 근대인modern임은 무엇을 의미하는가?

근대성은 사상가와 저널리스트들의 수만큼이나 많은 서로 다른 판본으로 존재하지만 그 모든 정의들은 어쨌든 시간의 흐름을 지칭한다. '근대적'이라는 형용사는 시간에 있어서 새로운 체제, 가속, 파열, 혁명을 지칭한다. '근대적'이라거나 '근대화', '근대성'이라는 말을 쓸 때에 우리는 그 반대말로, 낡아빠지고 정적인 과거를 지칭한다. 나아가 그 말은 언제나 고대인과 근대인이라는, 승자와 패자가 있는 싸움의 한복판으로 던져진다. '근대적'이라는 말은 따라서 이중적으로 비대칭적인데, 우선 시간의 규칙적인 흐름에 있어서의 단절을 지시하며 또한 정복자와 피정복자가 있는 전투를 가리킨다. 만일 그렇게도 많은 우리의 동시대인들이 오늘날 이 형용사를 사용하기를 꺼린다면, 만일 우리가 그 형용사를 전치사들로 한정한다면, 이는 우리가 그러한 이중적 비대칭성을 유지시킬 수 있는 자신의 능력에 대한 확신이 서지 않기 때문이다. 즉 우리는 더 이상 시간의 비가역적인 화살을 가리킬 수도 없고 승리자에게 상을 수여할 수도 없다. 고대인과 근대인 사이의 수많은 싸움에서 고대인은 이제 근대인만큼이나 자주 승자가 되고, 우리는 혁명이 구체제를 끝내버렸다거나 혹은 구체제의 결론을 맺게 하였다고 말할 수 있는 근거를 상실하였다. 따라서 회의주의는 어중간하게 '탈'근대적이라고 불리면서도 근대인을 대체할 능력이 스스로에게 있는지 여부를 알지 못한다.

몇 걸음을 되짚어보자. 우리는 근대성의 정의를 다시 생각하고 탈근대성의 징후를 해석하여 왜 우리가 더 이상 지배와 해방이라는 두 가지 과제의 핵심사항에 헌신할 수 없는가를 이해해야만 한다. 과학과 기술의 연결망을 위한 장소를 만들기 위해 우리는 정말로 대지와 하늘을 이동시켜야 하는가? 그렇다, 바로 천상과 지상을 움직여야 한다.

이 글의 가설은 다음과 같은 것인데, '근대성'이라는 말이 두 가지의 완전히 다른 실천을 지시하고 있고, 이 두 가지 실천은 그 효과가 유지되기 위해서는 구분되어야만 하지만 최근에는 이것들이 혼동되기 시작했다는 것이다. 실천의 첫 번째 집합은 '번역'translation인데 이는 완전히 새로운 유형의 존재들 간의 혼합, 즉 자연과 문화의 하이브리드들을 만들어낸다. 두 번째는 '정화'purification로서, 전적으로 구분되는 존재론적 지대를 창출하는데, 그것은 한편으로는 인간 존재들의 존재론이며, 다른 한편으로는 비-인간 존재들의 존재론적 지대이다. 첫 번째 집합이 없다면 정화의 실천은 헛되고 무의미해질 것이다. 두 번째 실천이 없으면 번역의 작업은 느려지고 제한되거나 심지어 불가능해질 것이다. 첫 번째 집합은 내가 연결망이라고 부르는 것에 대응하며, 두 번째는 근대적인 비판적 입장이라고 부르는 것에 상응한다. 전자는 예를 들어 고층대기의 화학과 과학적, 산업적 전략, 그리고 국가의 정상들의 관심사, 그리고 생태주의자들의 근심 모두를 단일한 연속적인 사슬로 연결시킬 것이다. 후자는 언제나 거기에 있어 온 자연세계와, 예측가능하고 안정적인 이익과 이해관계가 있는 사회, 그리고 지시대상과 사회 모두로부터 독립적인 담론들 사이에 분할을 수립할 것이다.

우리가 번역과 정화라는 이와 같은 두 가지의 실천을 분리해서 생각하는 한 우리는 진정으로 근대인이다 — 즉 우리는 비판적 기획이 저 아래에서 하이브리드들의 증식proliferation을 통해서만 발전할 수 있을지라도 이 기획에 기꺼이 동의한다. 우리가 정화작용과 혼성화 작용에 주목하기만 한다면 그 즉시 우리가 현재에 근대인임을 멈추게 되고 우리의 미래는

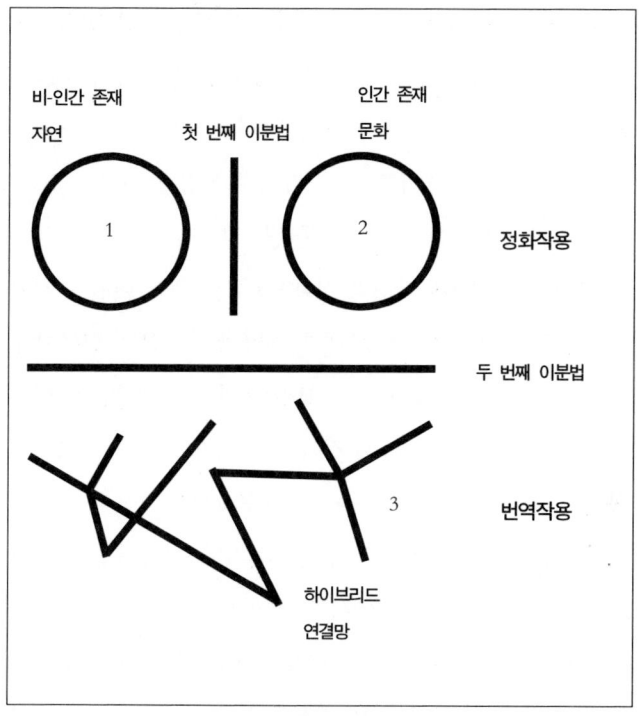

그림 1.1 정화와 번역

변하기 시작한다. 동시에 우리가 근대인이어 왔다는 사실도 중단되는데, 우리가 회고적으로 실천의 두 가지 집합이, 이제는 끝나가는 역사적 시기 안에서 이미 언제나 작동하고 있었다는 것을 알게 되기 때문이다. 우리의 과거는 변화하기 시작한다. 결국 만일 우리가 근대인 — 최소한 근대적 비판이 이야기를 하는 방식으로 — 이었던 적이 없었다면 우리가 다른 자연-

문화들에 대해 유지해온 고통스러운 관계가 또한 변형되게 될 것이다. 상대주의, 지배, 제국주의, 허위의식, 제파 혼합주의syncretism — 인류학자들이 '대분할'Great Divide이라는 느슨한 표현 하에 요약하는 모든 문제들 — 는 다르게 설명될 것이고, 그에 따라 비교 인류학을 변형시키게 될 것이다.

번역, 혹은 매개 작업과 정화작용 사이에는 어떤 연결고리가 있는가? 이것이 바로 내가 해명해야만 하는 질문이다. 나의 가설은 — 너무나 날 것인 상태이지만 — 정화작용이 번역을 가능하게 만들어왔다는 것이다. 우리가 하이브리드를 이해하지 않으려 할수록 그들 간의 이종 교배는 더욱더 가능성이 높아진다 — 그것이 바로 근대인의 역설인데, 오늘날 우리가 처해있는 예외적 상황에서만 그 역설을 이해하는 것이 가능하다. 두 번째 질문은 탈근대인뿐만 아니라 다른 유형의 문화들과 관련되어 있다. 나의 가설은 — 또 마찬가지로 너무나 단순하기는 하지만 — 다른 문화들은 하이브리드들을 인식함으로써 그것의 증식을 배제하였다는 것이다. 그들 — 다른 모든 문화들 — 과 우리 — 서구인들 — 를 나누는 대분할을 해명해주고 상대주의라는 불가해한 문제를 결국 풀 수 있게 만드는 것이 바로 이 불일치이다. 세 번째 질문은 현재의 위기와 관련되어 있다. 만일 근대성이 분리와 증식이라는 이중 과제에 대해 그렇게도 효과적이었다면, 왜 우리가 진정으로 근대인이 되지 못하도록 함으로써 오늘날 스스로를 약화시키는 것일까? 따라서 마지막 질문은 또한 가장 어려운 질문이다. 만일 우리가 근대인이기를 멈춘다면, 우리가 더 이상 증식의 작용을 정화작용으로부터 분리할 수 없다면, 우리는 무엇이 될 것인가? 우리는 근대성 없이도 계몽주의를 열망할 수 있을까? 나의 가설은—이전의 질문들처럼 너무나 조잡하기는 하지만—우리가 괴물의 존재를 공식적으로 표상/대표함으로써 representing 그 증식의 속도를 완화시키고 방향을 재조정하며 규제할 수밖에 없으리라는 것이다. 다른 민주주의가 필요할까? 사물들로까지 연장되는 민주주의인가? 이와 같은 질문들에 대해 답하기 위해 나는 전근대인, 근대인, 그리고 심지어 탈근대인을 분류해야 할 것인데, 이는 그들이 존속하도록 만드는 특징들과 그들이 죽음에 이르도록 하는 특징들을 구분하기 위해서이다.

분량이 짧다는 점 말고는 내세울 게 없는 글에서 한 번에 대답하기에 질문들이 너무나 많다는 사실을 나 또한 알고 있다. 니체가 말했듯이 거대한 문제들은 차가운 목욕물과 같다. 빨리 들어간 만큼 빨리 나와야 한다.

2장
헌법

2장

헌법

2.1 근대성의 헌법

근대성은 종종 인간주의humanism라는 용어로 정의되곤 한다. 인간의 탄생을 찬양하거나 인간의 죽음을 선언하는 두 가지 방식 중 하나로. 그러나 이러한 습관 자체가 근대적인데, 근대적 습관은 비대칭적인 채로 변하지 않기 때문이다. 근대성의 탄생은 '비-인간성'nonhumanity — 사물, 대상, 혹은 야수 — 의 탄생과 동시에 이루어질 뿐만 아니라 방관자의 자리로 밀려나면서 소거된 신crossed-out God이라는 마찬가지의 불가해한 기원에서 출발함에도 불구하고 근대성 자신은 양자 모두를 모른 체한다. 근대성의 발생은 우선 이러한 세 가지 존재들(인간, 비-인간, 소거된 신)을 연속해서 창조함으로써, 그리고 그다음에는 이 일련의 존재들의 탄생을 은폐함으로써, 그리고 세 공동체에 대한 각각 다른 처방—그러나 그 아래에서는 계속해서 이 서로 다른 처방의 결과로 하이브리드들이 증식하게 되는—을 내림으로써 이루어진다. 다음과 같은 이중의 분리작용이 바로 우리가 재구성해야 할 대상인데, 한편으로 인간적인 것과 비-인간적인 것 사이의 분리이며, 다른 한편으로는 '위에서' 일어나는 것과 '아래에서' 일어나는 것 사이의 분리다.

이러한 분리작용들은 통치기구에서 행정부로부터 사법부의 구분을 가능케 하는 권력분립에 비견될 수 있다. 이러한 분리는 판사와 정치가 사이에 존재하는 여러 가지의 연관관계나 상호 간의 영향관계, 그리고 양자의 지속적인 협상에 대해서는 설명하지 못한다. 하지만 그렇다고 해서 이러한 분리의 효과를 부정하는 것은 잘못이다. 자연계와 사회 세계 사이의 근대적 분할은 한 가지 차이점을 제외하고는 마찬가지의 헌법적 성격을 지녔다. 지금까지 아무도 과학자와 정치가를 연관시켜서 연구하는 과제를 수행해 본 적이 없는데, 양자 모두를 조망하기에 유리한 위치가 존재하지 않는 것처럼 여겨졌기 때문이다. 어떤 의미에서 이중의 분리에 대한 신념에 관한 근본 조항들이 너무나 잘 작성되었기 때문에 이 분리는 이중의 존재론적 구별로 간주되어 왔다. 우리가 자연을 관장하는 권력과 정치에 속하는 권력 사이의 분리를 조직하는 공통된 생각이 무엇인지를 재정립하고 그 대칭적 공간의 윤곽을 그리자마자 우리는 근대인이기를 멈추게 된다.

이러한 생각과 권력의 분립을 정의하는 공통된 텍스트를 우리는 헌법이라고 부르는데, 이는 우리가 미국 헌법의 수정 조항에 대해서 말할 때와 마찬가지의 의미다. 누가 이 텍스트의 초안을 작성하는가? 정치적인 의미의 헌법에 있어서 이 임무는 법률가들과 건국의 아버지들에게 맡겨진다. 하지만 그들은 전체 작업의 3분의 1만을 할 뿐이고 나머지는 과학의 힘과 하이브리드들의 작용에 맡겨진다. 필연적으로 이 임무는 과학자들의 것이지만 그들은 오직 전체 작업의 3분의 1만을 했을 뿐이며 정치권력에 대해서는 망각한 척하였다. 그리고 그들은 하이브리드들을 증식시킬 때조차도 그것들의 모든 역할을 부정하였다. 번역작용과 관련해서 보면, 헌법 기초 작업은 내가 앞서 그 윤곽을 제시한 것과 같은 기묘한 연결망을 연구하는 사람들의 임무이다. 그런데도 과학자들은 그들의 계약 사항의 절반만을 충족시켰다. 왜냐하면 그들은 자신들 머리 위에서 벌어지는, 하이브리드들의 증식의 원인이 되는 정화작용을 설명하지 않기 때문이다.

누가 헌법 전체의 내용을 작성하는가? 인류학은 인류학자들 이외의 집단들에 관해서라면 모든 문제를 단번에 문제 삼는 데 일가견이 있다. 사실 우리가 봐왔듯이 모든 인류학자들은 작동하고 있는 모든 힘들의 정의를 한편의 학술논문 속에 포함시키는 능력이 있다. 인간, 신, 비-인간 사이의 권력의 분배, 합의에 이르는 절차, 종교와 권력의 연관관계, 조상, 우주론, 소유권, 식물과 동물 분류학에 이르기까지. 인류학자들은 확실히 세 권의 책을 따로 쓰지는 않을 것이다. 지식에 관한 책 한 권, 권력에 관한 다른 책 한 권, 그리고 풍습에 관한 또 다른 한 권. 인류학자는 단 한 권의 책을 쓸 것이다. 그것은 필립 데콜라 Philippe Descola가 쓴 것과 같은 훌륭한 책일 텐데, 그 책은 아마존 지역의 아추아르족 사회의 기본구조 constitution를 완전히 요약하려는 시도를 한다(Descola, [1986] 1993).

그러나 아추아르족은 자연을 가족생활의 상징적 연결망들에 완전히 복속시킨 것은 아니다. 물론 다른 아메리카 원주민들의 사회에서는 자연의 영역에 속하는 동물과 식물, 그리고 정령이 그들에게서는 문화의 영역에 속한다는 점에서 그들의 문화 영역이 상당한 범위를 아우르는 것은 사실이다. 따라서 아추아르족은 각자 폐쇄된 채로 대립을 피할 수 없는 두 세계 — 인간 사회의 문화세계와 동물 사회의 자연세계 — 사이에 존재하는 이와 같은 이율배반을 알지 못한다. 그럼에도 불구하고 사회화의 연속적 가능성이 끊어지는 특정한 지점이 존재하는데, 여기서부터 인간에게는 극도로 낯선 야생의 세계가 시작된다. 문화의 영역과 비교할 수 없을 정도로 작은 자연의 이 조그만 조각은 소통관계가 수립될 수 없는 사물들의 집합을 포함한다. 언어aents를 부여받은 그와 반대되는 존재들 중에서 인간은 가장 완벽한 구현체인데, 이들 존재는 그들이 접근할 수 없는 평행한 세계에 거주하는, 언어능력을 상실한 사물들과 대립한다. 소통능력의 부재는 종종 영혼wakan의 결여의 탓으로 돌려지는데 이는 특정한 생물 종들에 영향을 미친다. 그것들은 대부분의 곤충과 물고기, 가금류, 그리고 수많은 종류의 식물들인데, 이들은 자발성이 없는 보잘것없는 존재들을 대변한다. 그러나 소통의 부재는 때로는 거리에 기인한 것이기도 하다. 별과 유성의 영혼은 무한히 멀리 있고 상상할 수 없을 정도로 빨리 움직이기 때문에 인간의 언어를 알아듣지 못한다.(p. 399)

만일 근대 세계에 관한 인류학이 존재한다면 그 과제는 위와 동일한 방식으로 우리의 정부 기구의 모든 부문들 — 자연과 자연과학에 관한 부문들을 포함하는 — 이 어떻게 조직되었는가를 묘사하고 어떻게, 그리고 왜 이 부문들이 분화되어 있으면서도 그것들을 한데 묶는 다수의 배치를 가능하게 하는

지를 설명하는 일이 될 것이다. 우리 세계의 인류학자는 역할, 행위, 능력들—어떤 존재를 동물이나 물질로 정의하고 다른 존재를 자유로운 행위자로, 어떤 존재는 의식이 있고, 다른 존재는 자발성이 없다고, 그리고 또 다른 존재는 무의식적이며 무능력한 것으로 정의하게 만드는 것들—이 배분된 공동의 장소에서 반드시 자신의 입장을 취해야 한다. 우리의 인류학자는 반드시 물질, 법, 의식, 그리고 동물의 영혼을 정의하는—혹은 정의하지 않는—다른 방식들을 언제나 비교해야만 하며 이때 근대 형이상학을 특권적인 관점으로 취해서는 안 된다. 법률가들에게 헌법이 시민과 국가의 권리와 의무, 사법부의 활동과 권력의 양도를 규정하고 있는 것과 마찬가지로 이 '헌법'Constitution —나는 이를 정치에서의 헌법과 구분하기 위해 대문자 C로 표기할 것인데—은 인간과 비-인간을 정의하고 그들의 속성과 관계, 능력, 편성을 규정한다.

어떻게 이 체제를 묘사할 수 있는가? 나는 그 헌법의 초안이 작성되기 시작한 가장 최초의 시점, 즉 17세기 중반 자연철학자 로버트 보일Robert Boyle과 정치철학자 토마스 홉스Thomas Hobbes가 과학을 관장하는 권력과 정치권력의 배분을 놓고 논쟁하였던 때에서부터 발생한 결정적인 상황에 집중하기로 하였다. 비범한 책 한 권이 맥락 자체를 벗어나는 사회적 맥락과 자연의 이와 같은 이중창조의 문제와 씨름하지 않았더라면 홉스와 보일의 사례에 대한 선택은 자의적인 것으로 보였을지 모른다. 나는 하나의 훨씬 더 긴 이야기를 요약하는 방식으로 보일과 홉스, 그리고 그들의 추종자들을 함께 이용하려 한다—그 이야기를 여기서 내가 다시 추적할 수는 없지만, 나보다 더 능숙한 다른 사람들이라면 추적하고 싶을지도 모르겠다.

2.2 보일과 그의 사물들

스티븐 셰핀과 사이먼 셰퍼의 책(Shapin and Schaffer, 1985)은 과학을 진지하게 대하는 비교인류학의 진정한 출발의 표시다. 언뜻 보기에 이 책은 에든버러 학파의 과학학, 과학사회학의 수많은 저작들, 그리고 지식사회학의 슬로건을 예증한 것에 지나지 않는 것 같다. '인식론의 질문은 또한 사회 질서에 관한 질문이다.' 만일 이 두 질문이 떨어져 있다면, 즉 한 가지 질문은 철학과에 배정되고, 다른 질문들은 사회학과나 정치학과에 배정되어있다면 양쪽의 질문 모두에 대한 충분한 대답을 하는 것은 불가능하다. 그러나 셰퍼와 셰핀은 이와 같은 일반적 프로그램을 그 한계까지 밀고 나간다—우선 인식론과 사회학을 나누는 이 분할 자체의 역사적 시원의 위치를 변경시키고 그다음에는 어느 정도는 의도치 않게 과학을 설명하는 데 있어 사회적 맥락에 주어지는 특권을 무너뜨린다.

우리는 정치라고 할 때 그것을 완전히 과학의 외부에서만 일어나는 어떤 것을, 그래서 말하자면 과학으로 침투해 들어올 수 있는 어떤 것을 지칭하지 않았다. [보일에 의해서 수립된] 실험 공동체는 열심히 그와 같은 경계-화법boundary-speech을 계속해서 발전시켰는데, 우리는 이 화법의 역사적 위치를 확인하고 이렇게 관례화된 말하기 방식이 어떻게 발전했는가를 설명하려 하였다. 우리가 이 탐구의 역사적 성격을 진지하게 생각하려 할 때, 아무 생각 없이 그러한 행위자들의 화법을 설명의 원천으로 사용하는 일은 우리에게 불가능하였다. 정치를 과학 외부로 옮겨놓는 언어는 바로 우리가 이해해야 하고 또한 해명해야 하는 대상인 것이다. 우리는 우리 자신이 과학사에서의 대부분의 현재적 정서, 즉 우리는 과학의 '외부'와 '내부'에 대해서는 덜 이야기해야 한다는 정서, 그리고 우리는 그러한 시대에 뒤떨어진 범주들을 이미 넘어섰다는 그러한 정서와는 반대되는 입장에 서있음을 발견하게 된다. 그러한 정서와는 달리 우리는 관련된 이슈들을 이해하기 위한 출발점에도 서지 못했다. 우리는 여전히 그러한 경계-관례 boundary-convention들이 어떻게 발전했는가를 이해해야 한다. 어떻게 과학의 행위자들이 (우리의 것이 아닌) 그들의 경계들과 관련된 항목들을 배치했는가 하는 것을 역사적 기록의 문제로서 이해해야만 하며, 그렇게 배치된 항목들과의 관계에서 그들이 어떻게 행동했는가를 기록의 문제로 이해해야만 한다. 게다가 '과학'이라고 불리는 대상에 자명하게 속한다는 의미에서의 경계들의 어떤 단일한 체계를 전제해서도 안 된다(Shapin and Shaffer, 1985, p. 342).

이 긴 구절을 통해 저자들은 잉글랜드의 사회적 맥락이 어떻게 보일의 물리학의 발전과 홉스의 수학적 이론의 실패를 정당화하는가를 보여주려 하지 않는다. 저자들은 정치철학의 토대 자체를 직접 대면한다. '보일의 과학적 성과를 그 사회적 맥락 안에서 이해하기' 혹은 정치가 어떻게 과학의 학설에 '침투'하는가를 보여주는 것이 아니라 저자들은 보일과 홉스가 과학, 맥락, 그리고 양자 사이의 경계를 고안하기 위해 어떻게 싸우는가를 살펴본다. 저자들은 그 내용을 맥락을 통해 설명할 준비가 되어 있지 않은데, 과학과 맥락이라는 것은 보일과 홉스가 각자의 목표에 도달하여 양자 간의 차이가 확정되기 전까지는 이와 같은 새로운 방식으로는 존재한 적이 없었기 때문이다.

셰핀과 셰퍼의 책의 탁월함은 홉스의 과학 저작들—자신들의 영웅의 난폭한 수학적 상상력에 당황하여 정치학자들이 무시했던—에 대한 발굴의 성공에서, 그리고 보일의 정치 이론—과학사가들의 자신들의 영웅의 조직적 노력을 은폐하려고 무시했던—을 망각에서 구출한 데에서 기인한다. 비대칭성을 수립하면서, 보일에게는 과학을, 홉스에게는 정치이론을 나눠 주는 대신에 셰핀과 셰퍼는 오히려 훌륭한 사분법의 윤곽을 제시한다. 보일에게는 자신의 과학과 정치이론이 있고, 홉스에게도 자신의 정치이론과 과학이 있다. 사분법은 우리의 두 영웅들의 사상이 서로 너무 멀리 떨어져 있으면 시시해질 것이다—예를 들어 한 사람은 파라셀수스Paracelsus 1를 흉내 내는 철학자이고 다른 사람은 보댕Bodin 2 스타일의 입법가라면 그럴 것이다. 그러나 다행스럽게도 둘은 거의 모든 것에 대해 동의했다. 두 사람 다 군주, 의회, 그리고 유순하고 통일된 교회를 원했고, 모두 기계론 철학의 열렬한 지지자였다. 그러나 비록 두 사람이 철저한 합리주의자였지만 실험, 과학적 추론,

---

1. [옮긴이] 파라셀수스(Theophrastus Philippus Aureolus Bombastus von Hohenheim; 1493-1542) : 스위스의 의학자이자 화학자, 연금술사로 의학에서의 화학의 중요성을 강조한 '의화학'의 창시자이다. 학문에서의 중세적 관습을 타파하는데 앞장선 것으로 유명하며, 이른바 파라셀수스주의는 16·17세기 유럽에서 전통적인 치료학을 대체하는 중요한 대안이었지만 그의 철학 자체는 고대 그리스의 4원소 설에 토대를 두고 있는 등 근대 합리주의 철학의 이념형과는 거리가 있다.
2. [옮긴이] 보댕(Jean Bodin; 1530-1596) : 프랑스의 법학자이자 정치사상가이며 토마스 홉스와 함께 근대 주권 이론의 선구자로 꼽힌다. 군주의 주권을 절대적이고 영속적이며 불가분의 것으로 정의한 1576년의 주저 『국가론(Les Six livres de la République)』은 홉스의 사상에도 지대한 영향을 미쳤다. 그러나 이론적으로 보댕은 홉스와 같은 보다 순수한 근대적 합리주의자는 아니다. 보다 순수한 절대주의자로서 자연 상태의 계산하는 평등한 개인 주체들의 계약으로부터 주권을 도출하는 홉스와 달리 보댕은 신분제 질서라는 역사적 맥락에서 군주의 주권을 정당화한다.

그리고 정치적 주장에서 — 그리고 무엇보다도 이야기의 진짜 주인공인 공기펌프로부터 — 무엇을 기대할 수 있는가에 관해서는 의견을 달리했다. 다른 모든 것에 대해서는 의견의 일치를 보인 두 사람 간의 불일치는 이들을 새로운 인류학을 위한 이상적인 실험 재료, 즉 완벽한 초파리로 만들었다.

보일은 신중하게도 진공펌프에 대해 말하기를 자제했다. 수은 그릇 위에 뒤집어 놓은 수은관 내부에 생기는 토리첼리의 진공의 발견 이후에 이어진 논쟁을 어느 정도 정리하기 위해서 그는 공기가 차 있다고 주장하는 측^{plenist}과 진공이라고 주장하는 측^{vacuist} 사이의 분쟁에서 어느 한쪽 편을 들지 않고서 공기의 무게만을 조사한다고 주장하였다. (오토 폰 게리케$^{Otto\ von\ Guericke}$의 것을 본 따서) 보일이 발전시킨 장치는 투명한 유리통에서 공기를 영구적으로 빼낼 수 있는 것이었는데 이는 당시 — 비용과 복잡성, 그리고 새로움의 관점에서 — 현재의 물리학에 있어서의 주요한 장비와 마찬가지였다. 이것은 이미 거대과학$^{Big\ Science}$이었다. 보일의 설비의 큰 장점은 그것이 유리 벽 내부를 볼 수 있게 했다는 것이며 일련의 정교하게 만들어진 밀폐 공간과 뚜껑 덕분에 그 안에 표본을 집어넣거나 조작할 수 있었다는 점이다. 펌프의 피스톤, 두꺼운 유리통, 그리고 개스킷은 적절한 품질의 것은 아니었고 따라서 보일은 그가 가장 신경을 쓴 실험을 수행할 수 있게 되기 위해서는 기술적 연구를 충분히 진행해야만 했다. 진공 내부의 진공에 관한 실험이 그것이다. 그는 토리첼리의 관을 펌프의 유리관 안에 넣고서 뒤집어진 관의 상부에 토리첼리의 진공을 만들었다. 그리고서 그는 (보이지 않게 숨겨진 [Shapin, 1989]) 그의 기술자 중 한 명으로 하여금 펌프를 작동시키도록 했는데 그 기술자는 수은기둥의 높이가 내려올 만큼 공기의 무게를 억제시켰고 수은의 높이는 거의 그릇에 담긴 수은의 수준까지 내려왔다. 보일은 여러 차례의 실험을 그의 공기펌프의 제한된 공간 안에서 행했고, 그의 적들이 자명하게 생각한 에테르의 자취를 감지하거나 대리석 실린더의 압력을 설명하고 작은 동물을 질식시키고 촛불을 끄는 등의 실험을 시도하기 시작했다— 이러한 실험은 이후에 18세기 응접실 물리학자들에 의해 대중화되었다.

여러 차례의 내전이 일어나는 동안 보일은 가장 오래된 스콜라적 전통에 의해 경멸의 대상이 되었던 논증의 방법— 의견에 의한 방법—을 택했다. 보일과 그의 동료들은 의견 doxa을 위해 명증한 apodectic [3] 추론의 확실성을 포기했다. 이 의견은 쉽게 잘 속는 대중들의 허황된 상상력이 아닌 동료 학자들의 지지를 얻어내기 위한 새로운 기제였다. 보일은 자

---

3. 명증(apodectic; apodeictic) : 엄밀하게 증명 가능한 추론을 의미하며 아리스토텔레스의 논리학과 칸트의 인식론의 주요 범주다.

신의 업적을 논리나 수학, 수사학 등 위에 정초하지 않고 재판의 흉내를 내는 parajuridical 은유에 기댔다. 믿을 만하며 든든하고 부유한 증인들은 실험이 이루어지는 장소에 모여서, 심지어 그들이 그 실험의 진짜 실체를 모를 때조차도 사실의 존재를 입증할 수 있었다. 그렇게 해서 그는 우리가 오늘날에도 여전히 사용하는 경험적 방식을 발명한 것이다(Shapin, 1984).

보일은 그 신사들에게 의견을 구한 것이 아니라 실험실이라는 폐쇄되고 보호된 공간에서 인위적으로 창출된 현상에 대한 그들의 관찰을 구한 것이다(Shapin 1990). 역설적이게도 구성주의자들의 핵심 질문 — 사실이라는 것은 실험실에서 완전히 구축되는 것인가? — 은 바로 보일이 제기하고 풀었던 문제이다. 그렇다, 사실들은 실제로 실험실의 새로운 기자재들 안에서, 그리고 공기 펌프라는 인위적인 중재자에 의해 구축된다. 기술자가 숨에 차서 헐떡이도록 작동시키는 밀봉된 투명한 펌프 안에서 수은의 높이가 하강한다. '사실들은 사실들일 뿐이다. Les faits sont faits' 그런데 가스통 바슐라르 Gaston Bachelard 식으로 말하면 '사실들이란 제조되는 것이다.' 그러나 인간에 의해 구축된 사실이란 그런 이유에서 인위적 사실 artifactual 인가? 아니다. 보일에게서는 홉스와 마찬가지로 신이 주체가 되는 '구성주의'가 인간에게 확장된다. 신이 사물들에 대해서

아는 것은, 그가 그 사물들을 창조했기 때문이다(Funkenstein, 1986). 우리가 사실들의 본질을 알고 있는 것은, 우리가 완벽하게 통제하는 상황 하에서 그 사실들을 개발했기 때문이다. 우리가 지식을 사실들로 이루어진 도구화된 자연으로 제한하고, 원인들에 대한 해석을 제쳐놓는다는 전제 하에서 우리의 약점은 힘이 된다. 이제 다시 보일은 약점 — 우리는 실험실에서 창조되고 단지 지엽적인 가치만을 지니는 사실들을 만들어낼 뿐이라는 — 을 결정적인 힘 — 이론, 형이상학, 종교, 정치, 혹은 논리에 있어서 어떤 일이 일어나도 이러한 사실들은 결코 변하지 않을 것이다 — 으로 바꿔놓는다.

2.3 홉스와 그의 주체들

홉스는 보일의 증명의 연극을 완전히 거부한다. 보일처럼 홉스도 내전이 종식되기를 원한다. 그 또한 성경에 대한 성직자와 인민 모두에 의한 자유로운 해석이 포기되길 원한다. 그러나 그는 정치체Body Politic의 통일을 통해서 자신의 목표에 도달하려 한다. 계약에 의해서 창조되는 주권자이자, '천상의 신the Immortal God 아래에서 우리가 우리의 평화와 방어를 빚지고 있는 그 지상의 신that Mortal

God'(Hobbes, [1651] 1947, p.89)은 오직 다중의 대표자이다. '그 인격을 하나로 만드는 것은 대표되는 사람들의 **통일성**이 아니라 대표하는 사람의 **통일성**이다'(p.85). 홉스는, 자신의 말을 빌려서 말하면, 행위자the Actor의 인격의 통일성에 사로잡혀 있는데, 이 행위자의 행위를 인가하는 것은 시민들이라는 서명자the Author다. 그 이유는 이와 같은 통일성 덕분에 어떤 초월성도 존재할 수 없기 때문이다. 내전이 맹위를 떨칠 수 있는 것은 시민들이 이 낮은 지상 세계의 권위에 의해 박해를 받을 때 탄원의 권리를 갖는다고 느끼게 하는 그러한 초자연적인 대상들이 존재하기 때문이다. 과거의 중세 사회의 충성심—신과 왕에 대한—은 모든 사람들이 신에게 직접 간청하거나 자신들의 왕을 고를 수 있을 때 더 이상 가능하지 않게 된다. 홉스는 시민적 권위보다 더 상위의 존재에 호소할 수 있는 모든 가능성을 지워버리고 싶었다. 그는 신의 초월성에 대한 어떠한 접근도 막는 동시에 가톨릭적 통일성을 재발견하려고 한 것이다.

내전이 종식되려면 오직 하나의 지식과 하나의 권력만이 존재할 수 있다고 말하는 한에서 홉스에게 권력은 지식이다. 이것이 바로 『리바이어던』의 주요 부분이 신약과 구약에 대한 주석을 위해 할애되고 있는 이유이다. 시민들 간의 평화에 있어서 큰 위협 중 하나는 시민 권력의 판단에 반하여 사람들이 호소할 수 있는 귀신, 유령, 혹은 영혼과 같은 영적인 존재들에 대한 믿음에서 나온다. 크레온의 '국가이성'보다 경건함이 더 우월하다고 주장하면서 안티고네는 위험한 존재가 되는 것인지 모른다. 평등파, 수평파, 그리고 디거파는 훨씬 더 위험하다. 그들은 자신들의 합법적인 군주에 불복하기 위하여 물질의 능동적 힘과 성경에 대한 자유로운 해석을 불러일으키기 때문이다. 자력으로 운동할 수 없는 기계론적인 물질은 성서에 대한 순수한 상징적 해석만큼이나 시민들 간의 평화에 본질적이다. 두 가지 경우 모두에 있어서 주권자로는 완전히 통제할 수 없는 상위의 존재—자연 혹은 신—에 사회 내의 파벌들이 호소할 가능성을 무슨 수를 써서라도 피해야 할 의무가 우리에게 있다는 것이다.

이와 같은 환원주의가 전체주의 국가로 이어지지는 않는데, 홉스는 이것을 공화국 자체에 적용했기 때문이다. 주권자는 사회 계약에 의해 임명된 행위자 이상도 이하도 아니다. 주권자가 자기 마음대로 행위하면서 리바이어던을 해체하기 위해 기댈 수 있는 신법divine law이나 최고의 존재란 없다. 지식이 권력과 동일한, 이 새로운 체제에서 모든 것—주권자, 신, 물질, 그리고 다중—은 그에 상응하는 수준으로 축소된다. 홉스는 심지어 자신의 국가학이 초월성에 대해 탄원할 가능성에 대해서도 기각한다. 그는 모든 그의 과학적인 결과물들에 대해 의견이나 관찰, 혹은 계시를 통해서가 아니라 수학적 증명, 즉 만인이 동의를 하도록 이끌어낼 수 있는 유일한 논증의 방법을 통해 도달하는데, 또한 그는 이 증명을 플라톤의 왕처럼 초월적인 계산을 함으로써가 아니라 컴퓨터 시대 이전의 컴퓨터라고 할 수 있는 완전히 계산만 하는 도구인 기계 두뇌Mechanical Brain를 통해 완수한다. 유명한 사회 계약조차도 공포에 질린 모든 시민들이 자연 상태에서 스스로를 해방시키기 위해 갑자기, 그리고 동시에 도달하는 계산의 합일 뿐이다. 바로 이것이 홉스의 일반화된 구성주의로서 이것은 내전을 종식시키기 위해 구상된 것이다. 구성주의는 어떤 형태의 초월성에도 의지하지 않는다. 그 초월성이 신이나 능동적인 물질, 혹은 신성한 권리에 의거한 권력이든 간에 상관이 없다.

이제 홉스와 보일의 대립을 위해 모든 요소들이 제자리에 놓여 있다. 홉스가 정치체를 축소시키고 재통일시킨 후에 영국왕립학회Royal Society는 뒤따라서 모든 것을 다시 분할하게 된다. 일단의 신사들은 국가가 통제력을 행사할 수 없는 닫힌 공간인 실험실 안에서의 독자적인 의견에 대한 권리를 주장한다. 그리고 이 골칫거리들이 합의를 얻어냈을 때 그것은 모두가 받아들일 수밖에 없을 수학적 증명에 근거를 둔 것이 아니라 믿을 수 없는 감각과 설명될 수 없고 확정적이지 않은 채인 실험에 근거한 것이다. 훨씬 더 심각한 것은 이 새로운 일파가 자신들의 노력을 공기펌프에 집중시키기로 했다는 것인데 그 공기펌프는 다시 한번 진공이라는 신체 없는 존재를 창출하였다는 점이다 — 마치 홉스가 충분히 유령과 귀신을 제거하지 못했다는 듯이! 그리고 여기서 우리는 다시금 홉스가 걱정하는 것처럼 내전의 와중에 있다. 우리는 더 이상 수평파와 디거파, 즉 신에 대한 그리고 물질의 성질에 대한 자신들의 사적 해석의 이름으로 왕의 권위에 도전하였던 분파에 의해 당하는 것이 아니라(왜냐하면 그들은 적절히 제거되었기 때문이다), 완전히 짜 맞춰진 실험실에서의 사건들에 기대서 자연의 이름으로 만인의 권위에 도전하기 시작하려는 학자들의 새로운 파벌을 참아내야 하게 된 것이다. 그들 나름의 사실을 산출하는 실험을 허용하면, 이 사실들이 진공을 공기펌프 내부로 침투하도록 허용할 것이고, 그렇게 된다면 그로부터 진공은 자연철학 내부로 침투하게 될 것이고 이는 권위를 다시 분할하게 될 것이다. 즉 신체가 없는 귀신들이 권위를 무효화시키는 항소 법원을 제공함으로써 만인을 반항하도록 선동할 것이다. 지식과 권력은 다시 한번 분할된다. 홉스가 말하듯이 여러분은 '이중으로 보게'see double 4 될

---

4. [옮긴이] "이중으로 보다"(see double) : 홉스의 『리바이어던』 39장에 등장하는 표현이다. 홉스는 여기에서 교회, 혹은 종교적 권위의 독자적인 권력을 부정하고 지상에서 가능한 유일한 권력이란 시민 정부라고 주장한다. 만

것이다. 그것이 왕립학회에서 일어나는 일들을 비난하면서 홉스가 왕에게 경고했던 바이다.

2.4 실험실의 매개

홉스가 견지한 충만론plenism[진공이 없다는 입장]에 대한 정치적 해석은 셰핀과 셰퍼의 책을 비교인류학의 굳건한 토대로 만들기에는 충분치 않다. 훌륭한 이념사가라면 누구나 그와 같은 일을 할 수 있었을 것이기 때문이다. 그러나 결정적인 세 개의 장에서 우리의 저자들은 지성사의 경계를 넘어서면서, 의견과 논증의 세계로부터 실천과 연결망의 세계로 옮겨간다. 과학학에서는 처음으로 신, 군주, 물질, 기적과 도덕에 관련된 모든 이념들이 번역되고 복사되어 도구적 작업을 만들어내는 실천을 통과할 수밖에 없게 하였다. 셰핀과 셰

일 시민 정부의 유일한 권력을 인정하지 않고 "세속의"(temporal) 통치와 "영적"(spiritual) 통치의 구분을 받아들인다면 이 구분은 세계를 "인간으로 하여금 이중으로 보게 만들 것이며, 자신들의 정당한 주권자를 오인하게 만들 것"(강조는 인용자)이라고 홉스는 말한다. 즉 그는 이중의 통치 권력의 공존이라는 환상이 결국 실제로는 유일한 통치 권력(시민 정부)을 붕괴시키는 내전을 촉발시킬 것이라고 경고한다. 이 표현은 셰핀과 셰퍼의 책 『리바이어던과 공기펌프』(*Leviathan and the Air-Pump*)의 3장의 제목이기도 하며, 여기서는 인간과 비-인간, 자연과 사회 등을 비대칭적으로 본다는 의미로 쓰이고 있다.

퍼 이전에 다른 과학사가들도 과학적 실천을 연구했다. 다른 역사가들은 과학의 종교적이고 정치적, 문화적 맥락을 연구했다. 그러나 셰퍼와 셰핀 이전에는 누구도 이 둘을 동시에 다루지 못했다.

바로 보일이 엉성하게 만들어진 공기 펌프를 이용하여, 그의 서투른 기술을 이론의 여지가 없어진 사실에 대한 신사들의 부분적 동의로 변형시키는 데 성공했던 것처럼, 그렇게 셰핀과 셰퍼는 정치체와 신, 기적, 물질, 그리고 그 권력을 다루는 논의들이 어떻게 그리고 왜 공기펌프를 통해 번역될 수밖에 없는가 하는 문제를 설명하게 된다. 이 미스터리는 과학에 대한 맥락주의적 설명을 시도한 학자들에 의해서는 결코 완전하게 제거되지 못한 것이다. 맥락주의자들은 사회의 거시적 맥락이 존재한다는 원칙 — 잉글랜드, 왕조를 둘러싼 다툼, 자본주의, 혁명, 상인, 교회 —, 그리고 이 맥락이란 어떤 방식으로든 물질과 공기의 탄성, 진공, 그리고 토리첼리의 관에 '관한 생각들'에 영향을 주고 이들을 형성하며 야기하고, 그러한 생각들에 대한 반작용을 일으키며 압력을 행사한다. 그러나 그들은 신과 군주와 의회, 그리고 기술자가 조작하는 크랭크의 작동으로 펌프의 투명하고 밀폐된 공간 속에 공기가 제거되면서 질식하게 되는 어떤 새 한 마리 사이를 연결해주는 고리가 그 이전에 수립되었다는 것에 대해 결코 설명해주지 않는다. 어떻게 해서 펌프를 지배하는 자가 또한 왕과 신, 그리고 전체 맥락을 지배하게 된다는 그러한 방식으로 새의 경험이 모든 다른 논쟁을 번역하고 탈구시키며, 이동시켜서 왜곡시킬 수 있는가?

홉스는 진정으로 실험 작업과 관련된 모든 것을 피해가려고 하지만 보일은 그의 기계 장치의 공기가 새는 구멍과 개스킷, 크랭크에 관련된 일련의 지저분한 세부사항들을 통해서 논의를 진전시키려고 했다. 마찬가지 방식으로 과학철학자들과 이념사가들은 실험실의 세계, 즉 개념들이 잡동사니 정보 때문에 질식하게 되는 불쾌한 주방을 비켜가고자 했다(Cunningham and Williams, 1992; Knorr, 1981; Latour and Woolgar, [1979] 1986; Pickering, 1992; Traweek, 1988). 셰핀과 셰퍼는 자신들의 분석을 공기펌프에 속하는 대상들, 즉 특정한 구멍leak, 바로 그 개스킷의 수준까지 밀고 나간다. 짜 맞춰진 대상들의 실제는 근대의 비판적 입장이 불가능해지는 지배적인 장소를 복원한다. 그들의 책은 세부사항을 많이 다루고 있다는 이유 때문에 경험적인 것이 아니라, 실험실에서 17세기에 태어난 그 새로운 대상의 고고학을 수행하기 때문에 경험적인 것이다. 셰핀과 셰퍼는 이언 해킹(Hacking, 1983)처럼 준-인류학적인 방식으로 철학자들이 이제는 거의 하지 않는 작업을 수행한다. 그들은 과학들의 현실주의적 토대를 보여준다. 그러나 '저 밖에 있는'out there 외적 현실에 대해 말하기보다는, 위에 앉아서 '저 밑에 있는'down there 과학의 명백한 현실에 닻을 내린다.

실험은 그렇게 잘 되지 않는다. 펌프에서는 공기가 샌다. 펌프에서 새는 구멍은 때워야 한다. 인간의 집합체 내부로의 대상들의 난입, 그리고 대상들이 요구하는 모든 조작과 실천에 대해 설명할 수 없는 사람들은 인류학자일 수가 없는데, 보일의 시대 이래로 우리의 문화의 가장 근본적인 측면을 구성하는 요소들이 그런 사람들의 눈을 피해갔기 때문이다. 우리는 실험실에서 조립된 대상들로부터 기인하는 사회적 유대의 공동체에서 살아간다. 이념은 실천에 의해 대체되고 증명으로 보일 수 있는apodeictic 추론은 통제된 의견doxa으로, 그리고 보편적인 동의는 동료들의 집단으로 대체된다. 홉스가 회복하려고 노력하고 있었던 사랑스러운 질서는 사실들의 초월적인 기원이 공언되는 곳인 사적 공간의 증식에 의해 절멸된다 — 인간에 의해 만들어진 사실들은 그럼에도 불구하고 누구의 작품도 아니며, 원인이 없는 사실들은 그럼에도 설명될 수 있다.

홉스는 분개하면서 다음과 같이 묻는다. 어떻게 한 사회가 사실의 비참한 토대 위에 평화적으로 단결되도록 구축될 수 있는가? 그는 특히 현상의 규모의 상대적인 변화에 골치를 썩는다. 보일에 따르면 물질과 신의 권능에 관한 거대한 질문들은 실험에 입각한 해결책에 종속되는데, 그 해결책은 부분적이고 소규모의 것이다. 이제 홉스는 제1철학primary philosophy의 존재론적이고 정치적 이유들 때문에 진공의 존재 가능성을 부정하고, 계속해서 반드시 있어야만 하는 에테르의 존재를 주장하며, 심지어 보일의 작업자들이 펌프를 작동시키느라 너무나 숨이 찰 때에도 그렇게 주장한다. 달리 말하면, 그는 '거시'적 주장에 대한 거시적 대응을 요구하는 것인데, 즉 보일의 존재론이 필연적이지 않고 진공은 정치적으로 용인할 수 없는 것이라는 증명을 요구한다. 이제 보일은 그에 대응하여 무엇을 하는가? 보일은 그와는 반대로 실험을 복잡하게 만들고 자신의 이론을 무력화시킬 것이라고 홉스가 기대하면서 그 존재를 주장한 에테르 바람ether wind을 감지하는 장치 — 기껏 닭털일 뿐인! — 의 효과를 보여주기로 결심했다. 홉스는 정치 철학의 근본문제를 제기하지만 그의 이론들은 보일의 저택에 있는 유리관 안의 깃털에 의해 반박될 수 있다. 물론 깃털은 전혀 움직이지 않고 홉스는 틀렸고, 에테르 바람은 존재하지 않는다는 결론을 보일은 내린다. 그러나 홉스는 결코 틀릴 수 없는데, 홉스는 그가 이야기하고 있는 현상이 공화국 전체와는 다른 규모에서 산출될 수 있다는 것을 인정하지 않으려 하기 때문이다. 그는 근대적 권력의 본질적인 특징이 될 어떤 것을 부정한다. 그 특징이란 규모에 있어서의 변화이며 실험실 작업에 의해 전제되는 전치^{displacements}다(Latour, 1983). 새로운-장화신은 고양이인 보일에게는 이제 오직 괴물^{Ogre}에게 덤벼들어야 할 일만 남았다. 그리고 이 괴물은 바로 생쥐 크기로 줄어들었다.

2.5 비-인간의 증언

보일의 혁신은 놀라운 것이다. 홉스의 판단에 반대해서 그는 형법과 성서해석의 오래된 방식들을 점유하지만 그가 그렇게 하는 것은 실험실에서 시험대에 오른 사물들의 증언에 이를 적용하기 위해서다. 셰핀과 셰퍼는 다음과 같이 쓰고 있다.

> 스프랫과 보일은 그들의 결론의 도덕적 확실성을 유지하고 '그러한 확률의 일치'를 가능케 하는 증인의 수를 늘려야 한다는 주장을 지지하기 위해 '여기 잉글랜드 법원의 관행'에 호소하였다. 보일은 클라렌든 법전의 1661년 반역법^{Treason} ^{Act}의 조항을 이용하였는데 그에 따르면 그 조항은 판결을 위해서는 두 사람의 증인이 필요하다고 명시했다. 따라서 증인의 증언에 근거하는 권위의 법적이고 성직자적인 모델이

실험 과학자에게 근본적인 수단이었다. 믿을 만한 증인들은 사실상 신뢰할만한 공동체의 구성원들이다. 즉 교권주의자와 무신론자, 그리고 비국교회 신교도들은 그들의 이야기가 도전받고 있다는 것을 알았고, 증인의 사회적 지위가 자신의 신뢰성을 유지시켰으며, 많은 증인들의 일치하는 목소리가 극단주의자들을 도망가게 만들었다. 홉스는 이러한 관행의 기초에 도전했다. 그리고 다시 한번 그는 목격과 증언에 의해 유지되는 삶의 형식이 쓸모없고 파괴적인 기획이라는 것을 보여주었다.(Shapin and Schaffer, 1985, p. 327)

처음 보기에 보일의 방식은 별로 새로운 것이 없었다. 고전학자, 수도승, 법률가, 그리고 필경사들은 그러한 모든 수단들을 1천 년 이상 발전시켜왔다. 그 이전에는 증인이란 언제나 인간이거나 신이었다 — 결코 비-인간은 아니었다. 문서들은 인간, 혹은 신의 영감을 받아 쓰였다 — 결코 비-인간에 의해, 혹은 비-인간으로부터 영감을 받아 쓸 수는 없었다. 법정은 수많은 세속적인 문제를 다루는 재판, 혹은 종교 재판이 거쳐 가는 것을 보았다 — 변형된 실험실에서의 비-인간의 행위를 문제 삼는 사건은 결코 법정에서 본 적이 없었다. 그러나 보일에게 실험실에서의 실험은 명예로운 증인의 확인되지 않은 증언보다 더 많은 권위를 갖는 것이다.

'우리가 설명한 실험[잠수종diver's bell에 대한 실험]에서 물의 압력은 무생물인 물체의 영향을 통해 드러나는데, 이 물체들은 편견을 지닐 수도 없고, 우리에게 편파적인 정보를 줄 수도 없다. 물의 압력은 무지한 잠수부들의 의심스럽고 때때로 불일치하는 설명보다는, 편견 없는 사람들에게서 훨씬 더 큰 무게를 지니게 된다. 여기서 이 잠수부들의 편견에 사로잡힌 의견은 보다 편향되어 있고, 그들의 감각은 천한 사람들처럼 기질에 의해, 그리고 너무나 많은 다른 상황에 의해 영향을 받을 것이기 때문에 그들은 쉽게 착오를 범하게 되는 것일지 모른다.'(Shapin and Schaffer, 1985, p. 218)

여기 보일의 텍스트에서 우리는 새로운 헌법에 의해 인지되는 새로운 행위자의 개입을 목격하게 된다. 스스로 움직이지는 못하는 물체들이고, 의지나 편견을 가질 능력은 없지만 신뢰할 수 있는 증인들 앞에서, 보여주고 신호를 보내고 기록하고 실험실의 기구들 위에 낙서를 할 수 있다. 영혼은 없지만 의미를 부여받은 이들 비-인간은 보통의 인간들보다 훨씬 더 믿을 만한데, 인간에게는 의지는 있으나 현상을 믿을 만한 방식으로 알려줄 수 있는 능력이 부재하기 때문이다. 근대성의 헌법에 따르면 의심스러운 경우에 인간은 비-인간에게 호소하는 것이 낫다. 새로운 기호적 능력을 부여받은 비-인간은 새로운 형태의 텍스트에 기여하는데, 이는 실험과학

논문으로서, 성서 주석학의 오랜 양식 — 예전에는 성서와 고전 텍스트에만 적용되었던 — 과 새로운 문구를 기입하는 최신 도구의 하이브리드다. 이로부터 증인들은 밀봉된 공간 안에 있는 공기 펌프에 대한 토의를, 비-인간들의 의미 있는 행위에 대한 토의를 계속하게 될 것이다. 오래된 해석학은 사라지지 않겠지만, 양피지에는 과학의 도구들의 알아보기 힘든 서명이 추가된다(Latour and De Noblet, 1985; Law and Fyfe, 1988; Lynch and Woolgar, 1990). 이런 식으로 쇄신된 법정과 함께, 모든 나머지 권력은 전복될 것이고 이 상황이 바로 홉스를 그렇게도 당황하게 만들었다. 하지만 전복은 오직 정부의 정치적인 부분과 종교적인 부문 간의 모든 연결고리가 사라질 때에만 가능하다.

셰핀과 셰퍼는 사물과 실험실, 능력, 그리고 규모의 변화에 관한 자신들의 논의를 그 극단적인 결과에 이르기까지 지속시킨다. 만일 과학이 이념이 아니라 과학 자체의 실천에 근거하고 있다면, 그리고 그것이 공기 펌프의 투명한 관의 외부가 아닌 내부에 존재하고 있다면, 또한 그것이 실험의 공동체의 사적 공간 안에서 일어난다면, 어떻게 그것이 '모든 곳'에 도달하게 되는가? 어떻게 그것은 '보일의 법칙'이나 '뉴튼의 법칙'처럼 보편적이 되는가? 그에 대한 대답은 그것이 결코 보편적으로 되지 않는다는 것이다 — 최소한 인식론자의 용어로는 보편적이지 않다는 것이다! 실제의 연결망은 확장되고 안정화된다. 이 확장은 해리 콜린스Harry Collins의 책(1985)이나 트레버 핀치Trevor Pinch가 쓴 책(1986) 등에서 훌륭하게 설명되고 있는데, 이 책들은 새로운 과학학의 결실을 보여주는 주목할 만한 사례들이다. 유럽 전역에 걸쳐 공기 펌프 각각의 원형의 복제, 그리고 비용은 많이 들지만 문제가 적지 않고 상당히 번거로운 장비의, 모든 실험실에서 점점 표준이 되는 값싼 검은 상자로의 점차적인 변형과정을 추적하면서 저자들은 물리학 법칙의 보편적인 적용을 표준화된 실천의 연결망 내부로 되돌려 놓는다. 의심할 바 없이 보일의 공기 탄성에 대한 해석이 보급된다—그러나 그 보급 속도는 정확하게 실험과학자들의 공동체와 그들의 장비가 발전하는 정도와 동일하다. 어떤 과학도 과학적 실천의 연결망을 벗어날 수 없다. 공기의 무게는 실제로 언제나 보편적인 것이지만, 연결망 안에서 보편적인 존재이다. 이 연결망의 확장에 힘입어 능력과 장비는 진공을 만드는 데 있어서 충분히 일상적인 것이 되며, 이제 진공은 우리가 마시는 공기처럼 비가시적이 된다. 그러나 진공이 과거의 의미에서 보편적이게 되는가? 결코 그렇지 않다.

2.6 실험실과 리바이어던의 이중 구조물

홉스와 보일의 발명품들 사이의 대칭성은 얼마나 유지될 수 있을까? 셰핀과 셰퍼는 이 점에 관해서는 분명하게 말하지 않는다. 그러나 첫눈에는 보일과 그의 계승자들이 자연에 관해 말하기 위한 주요 기술들 중 하나를 발전시킨 반면('실험', '사실', '증거', '동료'), 권력에 대해 우리가 말할 수 있도록 하는 수단들을 홉스와 그의 제자들이 창조한 것처럼 보일 것이다('대표', '주권자', '계약', '재산', '시민'). 따라서 또한 우리가 각각의 다른 발명품이 아닌 오직 하나의, 홉스에게서는 정치이고, 보일에게는 과학인 그러한 두 주인공 사이의 권력 분립을 논하고 있는 것이다. 그러나 이것은 셰핀과 셰퍼의 결론이 아니다. 근대성의 가장 처음부터 두 중요 인물들이 제시한 실험의 실천과 정치 조직을 비교하도록 이끈 결정적인 일격을 받은 후에 셰핀과 셰퍼는 보일의 과학을 다루는 것과 동일한 방식으로 홉스의 정치를 대하기를 주저하면서 물러선다. 쉽게 이해는 안 되지만, 그들은 보다 확고하게 과학의 수단보다는 정치의 수단을 더 고수하는 것처럼 보인다.

그러나 셰핀과 셰퍼는 비의도적으로 근대적 비판의 기준점의 전통적 중심을 더 아래로 옮겨놓았다. 만일 과학이 삶의 형식과 실천, 실험실, 그리고 연결망에 근거하고 있다면 과학은 어디에 자리잡게 되는 것인가? 확실히 물자체의 편에 놓이지는 않는데, 사실들은 제조되기 때문이다. 하지만 그것은 또한 주체의 편 — 혹은 우리가 이것에 대해서 사회, 두뇌, 정신, 언어 게임, 지식^{episteme}, 혹은 문화와 같은 어떤 이름을 부여하든 — 에도 둘 수 없다. 질식하는 새, 대리석 실린더, 하강하는 수은 등은 우리 자신의 창초물이 아니며, 희박한 공기, 사회적 관계, 인간적인 범주들에 의해 만들어진 것도 아니다. 그렇다면 우리는 과학의 실천을 사물의 극과 주체의 극을 잇는 선의 중간 지점에 놔야만 하는 것인가? 이와 같은 실천은 두 극의 혼합이거나 하이브리드인가? 부분적으로는 사물이고 부분적으로는 주체인가? 혹은 정치적 맥락과 과학적 내용 모두에 의해 생겨난 이 이상한 존재를 위해 위치를 새로 고안해야 하는가?

저자들은 이런 질문들에 대해서는 마치 스스로의 발견에 대해 제대로 평가하는 데 실패했다는 듯이 분명한 대답을 주지 않는다. 홉스와 보일이 어떻게 실험을 수행할 것인가 하는 문제를 제외하고는 모든 것에 동의했던 것과 똑같이 저자들은 모든 것에 동의했지만 '사회적' 맥락 — 즉 대표될 수 있는 인간이라는 홉스의 대칭적 발명품 — 을 어떻게 다룰 것인가에 대해서는 불일치를 보였다. 책의 뒷부분에서 저자들은 자신들의 작품에 대한 홉스적 설명과 보일적 관점 사이에서 동요한다. 이 긴장은 단지 그들의 작품을 보다 재미있게 만들 뿐이다. 그리고 이 긴장은 과학 인류학에게 완벽하게 적합한 새로운 계통의 초파리를 제공하는데, 그 초파리들이 오직 몇 가지되지 않는 특징들에서만 차이를 보이기 때문이다. 셰핀과 셰퍼는 홉스가 전개하는, 보일에 비해 상대적으로 거시-사회적인 설명이, 홉스를 논박하는 보일의 주장보다 더 설득력이 있다고 생각한다! 과학사회학의 틀에서 훈련을 받은 저자들은 에든버러 학파에게 부과된 한계를 인정하는 것처럼 보인다. 즉 만일 모든 인식론적 질문이 사회질서에 관한 질문과 같은 것이라면 결국에는 사회적 맥락이 올바른 과학만큼이나 인식론의 요소를 포함하고 있기 때문이다. 그와 같은 비대칭성은 셰핀과 셰퍼가 '저 밖' 자연보다는 '저 위' 사회를 해체하는 데 준비가 덜 되도록 한다. 그들은 '저 위' 사회가 정말로 존재하며 그것이 홉스의 프로그램의 실패를 설명해준다고 믿는 것처럼 보인다. 혹은 — 보다 정확하게 말하면 — 저자들은 책의 7장에서 보여준 것을 결론에서 부정함으로써, 그리고 책의 마지막 문장에서 다시 한번 자신들의 주장을 부정함으로써 문제를 해결하지 못하고 있다.

우리의 과학적 지식도, 우리 사회의 헌법도, 그리고 우리 사회와 지식 사이의 연결고리에 대한 전통적인 진술도 더 이상

당연시될 수 없다. 우리의 지식형태의 관습적이고 인공적인 지위를 깨닫게 되면서, 우리는 우리의 지식의 원인이란 우리 자신이지, 외부의 실제가 아니라는 사실을 알 수 있게 되는 위치에 도달하게 된다. 지식은 국가만큼이나 인간 행위의 산물이다. 홉스는 옳았다.(p. 344)

그렇지 않다. 홉스는 틀렸다. 지식과 권력이 완전히 동일한 일원론적 사회를 발명한 바로 그 사람이 어떻게 옳다고 할 수 있는가? 사실에 관한 지식의 산출과 정치의 절대적인 이분법을 발명한 보일을 설명하는 데 어떻게 그렇게 조잡한 이론이 쓰일 수 있는가? 물론 '지식은 국가만큼이나 인간 행위 산물이다'라고 할 수는 있는 것이지만, 바로 그 때문에 보일의 정치적 발명품이 홉스의 과학사회학보다 훨씬 더 정교한 것이다. 만일 우리가 과학인류학으로부터 우리 자신을 분리시키는 최종적인 장애물을 이해하고자 한다면, 자연보다 더 견고하고 확고한 거시-사회 같은 것이 존재한다는 원칙에 따르는 홉스의 헌법적 발명품을 해체해야 한다.

홉스는 벌거벗고 계산만 하는 시민을 발명하였는데, 이 시민들의 권리란 소유권과 주권자라는 인공체에 의해 대표될 수 있는 권리로 제한된다. 홉스는 또한 권력과 지식이 동일하다는 원칙의 언어를 창조하였는데, 이 등식은 근대 현실주의 정치[권력정치]Realpolitik의 근간을 이룬다. 나아가 홉스는 마키

아벨리와 함께 오늘날 모든 사회과학의 기본 어휘로 남아있는 인간의 이익을 분석하는 용어들의 집합을 제공하였다. 달리 말해서, 비록 셰핀과 셰퍼가 '과학적 사실'이라는 표현을 수단이라기보다는 역사적이고 정치적 발명품을 의미하는 것으로 사용하는 상당한 세심함을 보이고 있기는 하지만 그들은 정치의 언어 자체와 관련해서는 그만큼 조심하지 않는다. 그들은 '권력'과 '이익', 그리고 '정치'와 같은 말들을 너무나 순진하게 사용한다(제7장). 그런데 누가 이 말들의 근대적 의미를 만들어냈는가? 그것은 홉스의 작품이다! 우리의 저자들은 이런 이유들 때문에 자신들을 '이중적으로 보고' 옆으로 걸어가면서 과학을 비판하지만 정치를 설명의 유일하게 타당한 원천으로 여기고 있다. 이제 누가 우리에게 권력을 통해 지식을 설명하는 이와 같은 비대칭적인 방식을 제공하는가? 그것은 다시 홉스인데, 홉스는 일원론적인 거시-구조와 오직 그 구조 안에서 사회적 질서를 지탱할 수 있는 지식을 구축함으로써 그러한 역할을 한다. 저자들은 공기 펌프의 진화와 유포, 그리고 대중화에 대한 해체를 훌륭하게 해낸다. 그런데 왜 그들은 '권력'이나 '힘'의 진화와 유포, 그리고 대중화를 해체하지 않는가? '힘'은 공기의 탄성보다 덜 문제적인가? 만일 자연과 인식론이 초역사적 실체들로 구성된 것이 아니라면 마찬가지로 역사와 사회학도 그러한 것이다 — 사회가 문제가 될 때에는 실재론자 realist의 입장을 취하면서 자연이 문제가 될 때는 구성론자 constructivist의 입장을 동시에 취하는 것에 동의하는 몇몇 저자들의 비대칭적인 태도를 채택하지 않는 한 그렇게 생각할 수는 없다(Collins and Yearley, 1992)! 그러나 공기의 탄성이 영국 사회 자체보다 더 정치적인 기반을 갖는다는 것은 대단히 그럴듯한 사실은 아니다….

2.7 **과학적 표상** representation**과 정치적 대표** representation

셰핀과 셰퍼와 달리 그들의 책의 논리를 우리가 끝까지 밀고 나간다면, 홉스와 보일이 동시에 성취한 작업의 대칭성을 이해할 수 있을 것이고 아마도 두 저자가 기술한 과학적 실천의 위치를 확인할 수 있을 것이다. 단지 홉스가 정치를 창조했던 방식대로 보일이 과학을 창조한 것은 아니다. 보일은 정치가 배제되어야 하는 정치 담론을 창조하였고, 반면 홉스는 실험 과학이 배제되어야만 하는 과학의 정치를 상상했다. 달리 말해서, 그들은 우리의 근대 세계를 발명하였다. 이러한 근대 세계에서 실험실을 매개로 한 사물들의 표상은 사회 계약을 매개로 한 시민들에 대한 대표로부터 영원히 분리된다. 따라서 과학의 정치에 대해 보일이 취한 입장을 과학사가들이 간과한 바로 그때 정치 철학자들이 홉스의 과학을 무시한 것은 단지 실수가 아니다. 그들 모두는 홉스와 보일의 시대 이래로 '이중적으로 봐야' 했고 비-인간의 표상과 인간의 대표 사이에, 그리고 사실의 작위성과 정치체Body Politic의 인위성 사이에 직접적인 관계를 수립해서도 안 되었다. 대표와 표상이라는 말은 동일하지만 홉스와 보일 사이에 일어난 논쟁은 이 단어의 두 가지 의미 간의 유사성을 생각할 수 없는 것으로 만든다. 오늘날 우리가 더 이상 완전히 근대인은 아니기 때문에 이 두 가지 의미는 다시금 보다 가깝게 접근하고 있다.

인식론과 사회 질서의 연결고리는 이제 완전히 새로운 의미를 띤다. 보일과 홉스가 발전시킨 정부의 두 부문은 각자의 편에서, 각자가 명백하게 분리되어 있을 때 권위를 갖는다. 홉스의 국가는 과학과 기술이 없이는 무능함에도 불구하고, 홉스 자신은 오직 벌거벗은 시민들을 대표하는 것에 대해서만 이야기한다. 반면 보일의 과학은 종교와 정치, 그리고 과학의 영역이 엄격하게 구분되어 있지 않으면 쓸모가 없다. 바로 이런 이유 때문에 보일은 홉스의 일원론에 대항하기 위한 노력을 기울이는 것이다. 홉스와 보일은 마치 짝을 이룬 건국의 아버지들과 같은 역할을 하는데, 그들은 정치 이론에 있어서의 하나의 동일한 혁신을 촉진하기 위해 조화를 이루며 움직인다. 비-인간의 표상은 과학에 속하지만 과학은 정치에 호소하는 일이 허용되지 않는다. 마찬가지로 시민을 대표하는 것은 정치의 일이지만 정치는 과학과 기술에 의해 만들어지고 동원되는 비-인간과 어떤 관계를 갖는 것도 허용되지 않는다. 홉스와 보일은 우리가 계속해서 아무 생각 없이 사용하는 두 가지 수단을 정의하기 위해서 싸우고 그들의 이중 전투의 강도는 그들이 발명하고 있는 것의 새로움을 아주 잘 보여준다.

홉스는 리바이어던, 즉 지상의 신이자 인공의 피조물을 설립하는 벌거벗은 계산적 시민을 정의한다. 리바이어던은 무엇에 근거하는가? 원자적 인간의 계산에 근거하는데 이 계산은 만인의 힘의 비가역적인 결합을 단 한 사람의 손에 넘겨주도록 결정하는 계약으로 이어진다. 이 힘은 어디에 존재하는가? 모든 벌거벗은 시민들에 의해, 그들의 이름으로 말할 단 한 사람에게 위임되는 권위 속에 존재한다. 그 한 사람이 행동할 때 누가 행동하고 있는 것인가? 그것은 바로 우리, 확실히 그에게 우리의 권력을 위임한 바로 우리다. 공화국은 시민들 모두를 대표할 시민 중 한 사람에게 권위가 부여되는 한에서만 결합될 수 있는 시민들로 이루어진 역설적이고 인공적인 피조물이다. 주권자는 자신의 이름으로 말하는 것인가? 아니면 그에게 권력을 부여해준 사람들의 이름으로 말하는 것인가? 바로 이것이 근대 정치 철학이 끝없이 씨름할 불가해한 문제이다. 사실상 말하는 주체는 주권자이지만 그를 통해 말하는 것은 시민들이다. 주권자는 시민들의 대변자이자 인격이며 시민들 전체를 의인화다. 주권자는 시민들의 말을 번역하고 따라서 그는 시민들을 배반할 수 있다. 시민들은 주권자에게 권력을 부여하며, 따라서 그를 탄핵할 수 있다. 리바이어던은 오직 시민, 계산, 동의, 혹은 분쟁으로 구성된다. 요컨대, 리바이어던은 단지 사회적 관계로만 구성된다. 혹은 차라리 홉스와 그 계승자들 덕에 우리는 사회적 관계와 권력, 힘, 사회라는 말이 무엇을 의미하는지 이해하기 시작했다.

그러나 보일은 한층 더 낯선 인공물에 대해 정의한다. 그는 사람의 손으로 만든 기계가 아무런 근거가 없는 현상을 그 내부에서 창조해내는 실험실을 발명했다. 그 기계들은 비록 인공의 것이며 많은 비용이 들고 복제하기도 어렵지만, 그리고 훈련된 믿을만한 증인은 소수임에도 불구하고 이 사실들은 실제로 자연을 있는 그대로 표상한다. 사실들은 실험실 안에서, 그리고 과학 논문들에서 제조되고 표상된다. 따라서 사실들은 증인들의 신생 공동체의 의해 인정받고 사실이라는 보증을 받는다. 과학자들은 사실들의 신중한 대변자인 것이다. 사실들이 말할 때 누가 말하는가? 의심의 여지없이 사실들 자신이지만 또한 그들의 권위를 위임받은 대변인이 말하는 것이기도 하다. 그렇다면 누가 말하는 것인가? 자연인가, 아니면 인간인가? 이것이 바로 또 다른 불가해한 문제로서 과학철학은 그 이후 3세기가 넘도록 이 문제와 씨름하게 된다. 그 자체로 사실들은 침묵하고 자연의 힘은 감정이 없는 메커니즘이다. 그러나 과학자들은 자신들이 말하는 것이 아니라 사실들이 스스로 말한다고 선언한다. 목소리가 없는 이 존재들은 따라서 실험실에 있는 특별하게 고안된 관 안에서, 혹은 진공펌프의 훨씬 더 공기가 희박한 관 내부에서 말할 수 있고, 쓸 수 있고, 의미를 가질 수 있다. 높은 신분의 사람들로 이루어진 작은 집단은 자연적 힘들로부터 증언을 듣고 자신들이 사물들의 말 없는 행동을 통해 거짓을 말하는 것이 아니라 그 행동들을 번역한다는 것을 서로에게 입증시킨다. 보일과 그의 계승자들과 함께 우리는 자연의 힘, 즉 목소리는 없지만 의미를 부여받거나 위탁받은 대상이 무엇인지 인식하기 시작하게 된다.

홉스와 보일의 후손들은 자신들의 공통된 논쟁을 통해 우리가 지금까지도 사용하고 있는 자원들을 제공한다. 한편으로 사회적 힘과 권력, 그리고 다른 한편으로는 자연의 힘과 메커니즘이 그것이다. 정치의 대변자들은 싸움이 끊이지 않는, 계산하는 시민들의 집단을 대표하게 되는 반면, 과학의 대변자들은 무언의, 물질로 이루어진 사물들의 집단을 재현하게 된다. 전자가 그들이 대리하는 당사자 principal들의 말을 번역할 때, 이들 당사자들 모두가 동시에 말할 수 없는 반면, 후자가 자신의 당사자들의 말을 번역할 때, 이들은 태생적으로 말을 할 수 없다. 전자가 배반을 할 수 있고, 마찬가지로 후자도 그렇게 할 수 있다. 17세기에 대칭성은 여전히 가시적이었고 두 진영은 여전히 각자의 대변인을 통해 상대방이 분쟁의 소지를 증가시킨다고 비난하면서 논전을 계속하였다. 이제는 아주 약간의 노력만으로도 그들의 공통된 기원을 보이지 않게 할 수 있는데, 인류의 편을 제외하면 더 이상 누구의 대변자도 없으며, 과학자들의 매개 작용도 보이지 않게 되었기 때문이다. 곧 '대표/표상'이라는 말은 선출된 대리인에 관한 것이냐, 혹은 사물들에 관한 것이냐에 따라서 두 가지의 서로 다른 의미를 갖게 된다. 인식론과 정치학은 정반대의 길을 가게 된다.

2.8 근대인에 대한 헌법의 보장

만일 사물들에 대한 표상의 권한을 지닌 과학권력과 주체들을 대표하는 권한을 지닌 정치권력의 분리를 근대성의 헌법이 고안해냈다고 하더라도 이제부터 주체들이 사물들로부터 멀리 떨어지게 되었다는 결론을 내리지는 말자. 그 반대다. 홉스는 『리바이어던』에서 물리학과 신학, 심리학과 법학, 성서 주석학, 그리고 정치학 모두를 한꺼번에 다시 쓴다. 그의 글과 서간문에서 보일은 과학적 수사와 신학, 과학 정치, 그리고 사실들의 해석학의 밑그림을 다시 그린다. 그들 모두는 신이 어떻게 지배해야 하고 잉글랜드의 새 국왕이 어떻게 법을 제정해야 하며 영혼이나 천사가 어떻게 행동해야 하는가, 물질의 속성은 무엇인가, 어떻게 자연을 탐구해야 하는가, 과학이나 정치의 논의의 한계는 어떻게 설정되어야 하는가, 어떻게 하위의 질서들을 단단하게 묶어둘 수 있는가, 여성들의 권리와 의무는 무엇인가, 수학으로부터 무엇을 기대할 수 있는가에 대해 쓰고 있다. 그래서 실제로 그들은 오랜 인류학적 지형 내부에 놓이게 되는데 그들은 사물과 사람들의 능력을 나누지만, 아직 순수한 사회적 힘과 순수한 자연의 메커니즘 사이의 어떤 분할도 수립하지는 않는다.

여기에 근대성 전체의 역설이 놓여있다. 만일 우리가 하이브리드들에 대해 생각한다면 우리는 오직 자연과 문화의 혼합물에 대해서만 논하는 것이 되며, 만일 우리가 정화과정을 생각한다면, 우리는 자연과 문화의 완전한 분리에 직면하게 된다. 내가 이해하려고 애쓰는 대상은 바로 이 두 가지 과제 사이의 관계이다. 보일과 홉스는 정치와 종교, 기술과 도덕, 과학과 법에 모두 참견하면서도, 홉스가 자신을 사물의 과학에 대해 제한하고 보일이 인간의 정치에 대해 자신을 제한하는 정도만큼 그 과제들을 분류한다. 그 두 가지 운동 사이의 긴밀한 관계란 무엇인가? 증식작용을 허용하기 위해서는 정화작용이 필요한가? 순수한 인간의 정치와 순수한 자연의 사물들이 존재하기 위해서 수많은 하이브리드들이 존재해야만 하는가? 각자가 계속해서 유효하려면 이 두 가지 운동 사이에 절대적인 구분이 필요한가? 어떻게 이와 같은 배치의 힘이 설명될 수 있는가? 그렇다면 근대 세계의 비밀은 무엇인가? 그 대답을 찾기 위한 시도 속에서 우리는 셰핀과 셰퍼가 성취한 결과들을 일반화하고 홉스와 보일이 그 초안 중 하나를 작성한 헌법의 완성본을 확인해야만 한다. 이에 필요한 역사학의 기술들을 내 동료들은 터득하고 있을 것이다. 하지만 나는 이를 전혀 익히고 있지 못하다. 그렇기 때문에 필요에 따라 실제로 그러한 헌법이 의식적으로 처음부터 견제와 균형의 기능을 하는 체계를 구축하려고 노력한 행위자들에 의해 작성되었다고 상정하는 순수하게 이론적인 행위와 같은 어떤 것에 기대야만 할 것이다.

모든 헌법이 그렇듯이, 이 헌법도 그것이 무엇을 보장하느냐에 따라 평가되어야 한다. 보일과 그의 수많은 과학자 추종세력이 홉스에 반대하여 정의하는 자연의 권력, 즉 무언의 사물들이 신실하고 잘 훈련받은 과학의 대변자들의 중재를 통해 말하도록 허용하는 이 권력은 다음과 같은 중요한 사실을 보장한다. 자연을 만드는 것은 사람이 아니다. 자연은 언제나 존재해왔고 언제나 이미 거기에 있었다. 우리는 오직 그 비밀을 발견하고 있는 것이다. 정치 권력은 홉스와 그의 많은 정치적 후예들이 보일에 반대해 정의하는 것으로서 시민들로 하여금 주권자의 번역과 배반을 통해서 하나의 목소리로 말하게 하며, 이때 주권자는 그들이 말하는 것만을 말한다. 이 권력은 동등한 중요성을 지닌 사실을 보증한다. 즉 인간이, 그리고 오직 인간만이 사회를 건설하고 자유롭게 자신들의 운명을 결정한다는 것이다.

만일 우리가 근대 정치 철학의 방식에 따라 이 두 가지의 보장을 각자 별도로 생각한다면 그것들을 이해할 수 없게 된다. 만일 자연이 인간에 의해서, 혹은 인간을 위해 만들어지지 않았다면 자연은 낯설고 영원히 우리와 동떨어져서 적대적인 채로 남아있게 된다. 자연의 초월성은 우리를 압도하거나 자연을 접근할 수 없는 것으로 만든다. 이에 대칭적으로 만일 사회가 오직 인간에 의해, 그리고 인간을 위해 만들어졌다면, 우리 자신을 동시에 형식이자 질료로 삼는 인공피조물인 리바이어던은 존속할 수 없다. 리바이어던의 내재성 자체가 자신을 단번에 만인의 만인에 대한 전쟁상태로 몰아감으로써 파괴할 것이다. 그러나 헌법이 제공하는 이 두 가지 보장은 결코 마치 전자가 자연의 비-인간성을 보증하고 후자가 사회적 영역의 인간성을 보장한다는 듯이 별도로 다뤄져서는 안 된다. 그 둘은 함께 창조되었다. 양자는 서로를 강화한다. 전자와 후자는 서로에게 평형을 잡아주는 견제와 균형의 역할을 한다. 그것은 단일한 새로운 통치기구의 두 부문일 뿐이다.

만일 이제 우리가 두 개의 부문들을 함께, 분리하지 않고 고려한다면 우리는 보장이 보류되어 있다는 것을 알게 된다. 보일과 그 후예들은 단지 자연법칙이 우리의 이해력을 벗어난다고 말하는 것이 아니다. 그들은 또한 이 법칙들을 실험실에서 제조해낸다. 법칙들이 인위적으로 공기 펌프 내부에서 만들어지지만 (그것이 바로 매개, 혹은 번역의 단계인데), 사실들은 인간에 의한 모든 조작가능성으로부터 완전히 벗어난다(그것이 정제의 단계이다). 홉스와 그 후예들은 단지 인간이 자신의 사회를 순전히 힘으로만 만들었다고 선언하는 것이 아니라 리바이어던이 영속성과 함께 견고함과 육중함을 지닌 강력한 존재라고 선언하는 것이다. 그들은 리바이어던이 상업과 발명품, 그리고 예술을 동원한다고, 그리고 주권자는 손에 잘 만들어진 강철 검과 황금 홀을 들고 있다고 말한다. 리바이어던은 인간의 손으로 만들어졌음에도 자신을 만든 인간보다 훨씬 우월한데, 리바이어던의 모든 모공, 혈관, 조직에서 그것은 자신에게 일관성과 내구성을 부여해주는 수많은 상품과 사물들을 동원해내기 때문이다. 사물들을 동원함으로써 (매개 작용을 통해 드러나듯이) 견고함을 얻었음에도 불구하고 이성적 추론의 힘만으로 리바이어던을 수립한 것은 우리 이외에 누구도 아니다 — 우리 가난하고 벌거벗은 맨손의 시민들이다(정화작용에서 보이듯이).

그러나 이 두 가지 보장은 모순적이며, 단지 상호 간에 모순적일 뿐만 아니라 내적으로도 모순적인데, 각자는 동시에 초월성과 내재성 모두에 대해 작용하기 때문이다. 보일과 그의 수많은 후예들은 자연을 인위적으로 만들어내면서도 자신들이 그것을 발견했다고 계속해서 말한다. 반면 홉스와 그의 새로 확정된 시민들은 계속해서 리바이어던을 계산의 힘과 사회적 힘을 통해 만들어내면서도 그것을 지탱하기 위해서 더욱더 많은 사물들로 보충한다. 그들은 거짓말을 하는 것인가? 스스로를 속이는 것인가? 그렇지는 않은데, 그들은 세 번째의 헌법적 보장을 추가하고 있기 때문이다. 자연의 세계(자연적임에도 불구하고 인간에 의해 구축되는)와 사회의 세계(사회적임에도 불구하고 사물들에 의해 지탱되는) 사이의 완전한 분리가 존재하게 될 것이다. 그리고 그다음에는 하이브리드의 작용과 정화작용 사이에는 완벽한 분리가 존재하게 될 것이다. 세 번째 보장이 첫 번째와 두 번째 보장을 영원히 분리된 채로 유지시키지 않는 한에서, 그리고 양자의 과도하게 명백한 대칭성이, 실천에 의해 해소는 되지만 결코 표면적으로 드러날 수 없는 두 개의 모순적 비대칭성으로 전환되지 않는 한에서, 양자는 상호모순적이다.

첫 번째 역설	
자연은 우리가 만들어낸 것이 아니다. 자연은 초월적이며 우리의 능력을 훨씬 능가한다.	사회는 우리가 자유롭게 만들어낸 것이다. 사회는 우리의 행위에 내재적이다.
두 번째 역설	
자연은 우리가 실험실에서 인위적으로 만들어낸 것이다. 자연은 내재적이다.	사회는 우리가 만들어낸 것이 아니다. 사회는 초월적이며 우리의 능력을 훨씬 능가한다.
헌법	
첫 번째 보장: 우리가 자연을 만들었지만 마치 우리가 자연을 만들어내지 않은 것 같다.	두 번째 보장: 우리가 사회를 만들지는 않았지만, 마치 우리가 사회를 만든 것 같다.
세 번째 보장: 자연과 사회는 반드시 절대적으로 계속 구분되어야 한다. 마찬가지로 정화의 작용은 매개의 작용으로부터 완전히 구분된 채로 유지되어야 한다.	

그림 2.1 자연과 사회의 역설들

홉스와 보일의 모범적인 논쟁에서 그 윤곽이 드러난 운

동을 완성하기 위해서는 훨씬 많은 저자들과 제도, 규칙들이 필요할 것이다. 그러나 전반적인 구조는 이제 쉽게 파악할 수 있다. 세 가지 보장을 함께 고려할 때 근대인에게 규모에 있어서의 변화가 가능할 것이다. 근대인들은 자연에 극단적인 초월성을 부여하면서도 자신들이 사회를 조직해내는 모든 지점에 자연이 개입하도록 만든다. 그리고 근대인들은 자신들의 사회가 자연을 동원함으로써만 통합되도록 하면서도 스스로의 정치적 운명에서 유일한 행위자가 될 수 있다. 한편으로 자연의 초월성은 자연이 사회에 내재적이 되는 것을 막지 않을 것이며, 다른 한편으로는 사회적인 것의 내재성은 리바이어던으로 하여금 초월성을 유지하는 것을 방지하지 않을 것이다. 우리는 반드시 이것이 다른 것에 의해 제한되는 것 말고는 모든 것을 할 수 있도록 만드는 잘 정돈된 구축물이라는 사실을 인정해야만 한다. 이 헌법이 사람들이 말하는 것처럼 '생산적 힘들을 해방하는 것'을 가능하게 만들었다는 사실은 결코 놀랍지 않다.

2.9 네 번째 보장: 소거된 신

그러나 두 가지 보장 사이의 대칭성을 지나치게 완벽한

것으로 보지 말았어야 하는데, 헌법 자체가 두 보장이 완벽을 기하는 것을 방지했을 것이기 때문이다. 네 번째 보장은 신의 문제를 해결하기 위해 신을 여전히 현존하고 쓸모가 있게 유지시키면서도 동시에 신을 사회적이고 자연적인 이중의 구축물로부터 완전히 제거해야 했다. 홉스와 보일의 추종자들은 이 과제를 수행하는 데 성공했다 — 홉스의 추종자들은 자연으로부터 모든 신성성의 흔적을 제거함으로써, 그리고 보일의 추종자들은 사회로부터 모든 기원의 신성성을 제거함으로써 이에 성공했다. 과학 권력은 '더 이상 이와 같은 가정을 필요로 하지 않았다.' 마찬가지로 정치가들에 대해서 말하자면, 그들은 리바이어던이라는 '지상의 신'mortal god을 만들어내면서 더 이상 천상의 신immortal God에 대해서 걱정할 필요가 없었는데, 천상의 신의 신성한 말은 이제 주권자에 의해서 오직 비유적으로만 해석되었기 때문이다. 신이 공화국의 법뿐만 아니라 자연법칙에 대해 개입하지 못하도록 하는 데 동의하지 않는 사람은 누구도 진정으로 근대인일 수 없다. 신은 형이상학에 있어서의 소거된 신이 된다. 소거된 신은 기독교인들의 전근대적 신과는 다른데, 이는 고대인들의 퓌지스physis가 실험실에서 만들어진 자연과 다르다는 것, 그리고 사회학자들이 발명한 사회가 오래된 인류학적 집단이나 그 집단의 비-인간 무리와 다른 것과 마찬가지이다.

그러나 지나치게 완벽하게 거리를 두는 것은 근대인들의 메커니즘을 완성하기 위해 필요한 비판적인 자원을 그들 자신으로부터 제거해버렸을 것이다. 자연-과-사회의 쌍생아는 진공 속에 매달려 있었을 것이고 누구도 정부의 두 권력 간에 분쟁이 있을 경우에—한쪽이 다른 쪽을 이겨야만 한다면—그에 대해 결정을 내리지 못했을 것이다. 더 심각한 것은 양자의 대칭성이 과도하게 분명해졌을 경우이다. 만일 이 헌법이 자신의 의도를 자각하고 있는, 의지와 통찰력, 그리고 명민함을 지닌 사람에 의해 작성되었다는 편리한 픽션fiction을 내가 계속 유지할 수 있다면, 나는 마치 근대인들이 그들이 자연과 사회에 대해 사용한 동일한 이중의 작용을 적용한 것처럼 소거된 신에 관련된 모든 일이 일어났다고 말할 수 있을 것이다. 신의 초월성은 신 자신으로부터 무한히 멀어졌고 그에 따라 신은 자연의 자율적인 작용과 사회의 자율적 작용 어느 것에도 간섭을 할 수 없게 되었지만, 그럼에도 불구하고 자연의 법칙과 사회의 법률이 충돌할 경우 신의 초월성에 호소할 수 있는 권리는 남겨졌다. 근대인 남녀는 따라서 심지어 종교적이면서도 무신론자가 될 수 있었다. 그들은 물질세계를 침략할 수 있었고, 자유롭게 사회세계를 재-창조할 수 있었지만 모두에게 버림받은 부모 없는 조물주demiurge의 감정을 경험할 필요는 없었다.

고대 기독교의 신학적 주제들에 대한 재해석은 신의 초월성과 내재성이 동시에 작용하는 것을 가능케 했다. 그러나 17세기의 과제인 과학적 사실과 시민의 연계된 발명이 16세기 종교개혁의 이 지루한 과제와 뒤섞이지 않았다면 이는 매우 다른 결과들을 낳았을 것이다(Eisenstein, 1979). 영성 spirituality은 다음과 같은 방식으로 재발명되었다. 전능한 신은 어떤 방식으로든 인간들의 외적인 문제들에 관여하지 않으면서도 인간의 마음의 핵심으로 내려올 수 있었다. 전적으로 개인적이고도 전적으로 영적인 종교는 신을 과학이나 사회 어느 쪽으로 끌어들일 필요 없이 과학의 우위와 사회의 우위 모두를 비판할 수 있도록 만들었다. 근대인들은 이제 동시에 세속적이면서도 종교적일 수 있었다(Weber, [1920] 1958). 이 마지막 헌법적 보장은 최고의 신이 아닌 부재한 신에 의해 주어진 것이다—물론 신이 부재하다고 해서 사람들이 각자의 마음속에서 사적으로 자신의 의지에 따라 신을 요청하는 것이 방지되는 것은 아니다. 신의 위치는 글자 그대로 이념적인ideal 것이 되었는데, 신은 한 번은 형이상학에서, 그리고 다시 한 번 영성에 있어서, 두 번 제외되었기 때문이다. 신은 더 이상 어떤 방식으로도 근대인의 발전을 저해하지는 못하지만, 그럼에도 신은 인간의 정신 안에서만 유효하고 유용한 것이 되었다.

삼중의 초월성과 삼중의 내재성은 모든 가능성을 봉쇄하는 엇갈린 도식 안에 있다. 여기에 나는 근대인의 권력을 위치시킨다. 근대인들은 자연을 만들지 않았고, 그들은 사회를 만든다. 그들은 자연을 만들지, 사회를 만들지 않았다. 그들은 자연과 사회 모두를 만들지 않았고 신이 모든 것을 만들었다. 신은 아무것도 만들지 않았고, 근대인이 모든 것을 만들었다. 만일 이 네 가지 보장이 각자에게 견제와 균형의 역할을 한다는 사실을 보지 않는다면 근대인을 이해할 방법은 없는 것이다. 첫 번째와 두 번째는 순수한 자연적 힘으로부터 순수하게 정치적인 힘으로의 직접적인 이행과 그 반대 방향으로의 이행을 통해 권력의 원천이 교체되는 것을 가능하게 한다. 설사 첫 번째와 두 번째의 보장이 자연과 사회 간에 빠른 교체를 허용하더라도 세 번째 보장은 자연에 속하는 것과 정치에 속하는 사이에 어떤 혼성도 배제한다. 세 번째 보장 —분리시키는—과 처음 두 가지 보장—교체하는—사이의 상호모순이 너무나 명백해지지는 않을까? 그렇지는 않은데, 네 번째의 헌법적 보장이 무한히 떨어져 있는, 전적으로 무능하면서도 동시에 주권적 판관인 신을 조정자로 정립시키기 때문이다.

 헌법에 대해 내가 그린 이 개요가 정확하다면 근대성은 인본주의의 발명이나 과학의 등장, 사회의 세속화, 혹은 세계의 기계화와는 아무런 관련이 없는 것이다. 근대의 고유성과 그 힘은 긴 역사를 가로지르는 세 쌍의 초월성과 내재성의 결합된 산물에서 기인하며 나는 홉스와 보일이라는 인물을 통해 그 역사의 한 단계를 제시하였다. 이 근대성의 헌법의 핵심은 그것이 하이브리드들을 결합하는 매개 작용을 수행하는데, 하이브리드들은 비가시적이고 사유할 수 없고 표상도 불가능하다. 이와 같은 표상의 결여가 어쨌든 매개 작용을 제한하지는 않을까? 그렇지 않다. 만일 그렇다면 근대 세계는 즉각적으로 기능하기를 멈출 것이기 때문이다. 다른 모든 집합체와 마찬가지로 근대 세계는 그러한 혼합작용에 의지해서 살아가기 때문이다. 그와는 반대로 (그리고 여기에서 근대성의 메커니즘의 묘미가 드러나는데) **근대적 헌법은 스스로 그 존재와 가능성 자체를 부정하는 하이브리드들의 확장된 증식을 허용한**다. 초월성과 내재성 사이에서의 연속적이고 동일한 세 번의 왕복을 통해 근대인들은 자연이 우리를 벗어나며 사회가 우리 자신의 작품이고 신은 더 이상 개입하지 않는다고 확신에 차서 주장하면서도 자연을 동원하고 사회적인 것을 객관화하며 신의 영적 현전을 느낄 수 있게 된다. 누가 이러한 구조물에 저항할 수 있었겠는가? 진정으로 예외적인 사건들이 이 강력한 메커니즘을 약화시켰던 것이 틀림없으며 그 덕에 나는 인류학자가 사라져가는 세계에 대해 그러듯이 이 메커니즘에 거리 두기를 하면서 그것을 묘사할 수 있게 되었다.

2.10 근대적 비판의 힘

근대인의 비판적 역량이 사라져가고 있는 바로 그 시점에 마지막으로 그 역량의 놀라운 효력을 측정하는 일은 유익할 것이다.

종교적 속박에서 풀려난 근대인들은 과거 권력이 은폐했던 물질적 인과성을 드러냄으로써 그 권력의 반-계몽주의를 비판할 수 있었다 — 근대인들이 이러한 현상 자체를 실험실의 인공적으로 밀봉된 공간 안에서 발명한 것만으로도 그런 비판은 가능해졌다. 자연법칙은 최초의 계몽주의 사상가들이 그 근거가 빈약한 인간 편견의 요구를 무너뜨릴 수 있도록 하였다. 이 새로운 비판 도구를 적용함으로써 근대인들은 이제 과거의 하이브리드들에서 부당한 혼합물을 보았고, 따라서 그들은 인간의 정념과 이익, 혹은 무지를 자연적 메커니즘으로부터 분리시킴으로써 정화작용을 해야만 했다. 지나간 시대의 이념들은 차례로 부적합하거나 어림짐작 같은 것으로 판명이 난다. 혹은 차라리 단순히 근대성의 헌법을 적용하는 것으로도, 지금까지와는 달리 '지난 시대'를 오늘날과는 완전히 다르게 창조하기에 충분하다고 할 수 있다. 고대의 어두움은 사회적 필요와 자연의 실제, 의미와 인과 관계, 기호와 사물을 한데 불합리하게 혼합하였는데, 이것은 이제 물질적 인과성을 인간의 환상으로부터 깔끔하게 분리하는 여명에 길을 내주었다. 결국 자연과학은 자연이 무엇인지 정의하였고 각각의 새로운 학문 분과들의 등장은 그 전-과학적 과거로부터, 그리고 그 구체제로부터 마침내 해방되는 총체적 혁명으로 경험되었다. 이 여명의 아름다움을 느끼지 못하거나 그 약속에 대해 흥분하지 않는 사람은 근대인이 아니다.

그러나 근대인의 비판은 단지 인간적 편견을 파괴하기 위해서 단지 자연의 편으로 돌아선 것은 아니다. 근대인의 비판은 자연화의 과잉을 무화시키기 위해 새롭게 정초된 사회과학으로 전환하여 새로운 방향으로 움직이기 시작했다. 이것이 두 번째 계몽주의, 즉 19세기의 계몽주의이다. 이번에는 사회에 대한 정확한 지식과 사회의 법률에 의해 통상의 반계몽주의의 편견뿐만 아니라 자연 과학이 창조한 새로운 편견들을 비판하는 것이 가능해진다. 사회과학의 확고한 지지에 힘입어 이데올로기라고 부를 수 있는 구성요소로부터 다른 학문들의 진정한 과학적 구성요소를 구분하는 것이 가능해졌다. 이데올로기의 잡동사니로부터 과학적 핵심을 구분해 내는 것이 선의의 근대화 주체의 세대를 위한 과제가 되었다.

두 번째 계몽주의의 집단은 최초의 계몽주의 사상가의 하이브리드들에서 거의 언제나 정화하지 않고는 용납할 수 없는 혼합물을 보았으며, 이를 물자체에 속하는 부분과 경제, 무의식, 언어, 혹은 상징의 기능이 부여될 수 있는 부분을 세심하게 나누었다. 과거 시대의 모든 이념들 — 특정한 유사-과학들의 이념들을 포함해서 — 은 부적합하거나 어림짐작에 가까운 것으로 판명이 났다. 보다 정확히 말하면 반대로 일련의 급진적 혁명들이 사회과학의 여명에 의해 곧 걷히게 될 '과거 시대'의 어두움을 만들어 냈다. 자연화의 함정과 과학적 이데올로기는 결국 불식되었다. 이 새벽을 기다리지 않고 그 약속에 흥분하지 않은 사람은 근대인이 아니다.

패배하지 않는 근대인들은 심지어 자신들이 권력의 그릇된 요구의 실체를 폭로하도록 자연과학을 사용함으로써, 그리고 자연과학과 과학주의의 그릇된 주장을 드러내기 위해 인문학을 사용함으로써 두 개의 비판적 움직임을 결합할 수 있다는 것을 알게 되었다. 총체적인 지식은 결국 도달할 수 있는 범위 안에 들어왔다. 만일 맑스주의를 벗어나는 것이 오랫동안 불가능하게 보였다면 이는 맑스주의가 근대 비판을 위해 개발된 가장 강력한 두 가지의 자원을 뒤섞고 영원히 결합되도록 한데 묶어버렸기 때문이다(Althusser, 1992). 맑스주의는 심지어 자연과학과 사회과학의 오염된 부분인 이데올로기를 제거하면서도 이들 과학에 속하는 진리의 부분을 유지할 수 있도록 하였다. 맑스주의는 최초의 계몽주의의 모든 희망을 제2의 계몽주의의 희망과 함께 실현했다—그리고 맑스주의의 장애물들이 사라지자마자 이를 마무리하였다. 물질적 인과성과 반계몽주의의 환영 사이의 첫 번째 구분은 과학과 이데올로기 사이의 두 번째 구분과 마찬가지로, 비록 우리의 동시대인들은 더 이상 맑스주의자들의 방식으로 토론을 종결시킬 수는 없으며 그들의 비판적 자본이 이제는 수많은 소액 주주들의 손으로 흩뿌려졌음에도 불구하고 여전히 근대인의 분노의 두 가지 주요 원천들로 남아있다. 내부에서 진동하는 이 이중의 권력을 결코 감지하지 못했다면, 그리고 합리성과 몽매함, 그리고 허위적 이데올로기와 진정한 과학 사이의 구분에 절대 집착하지 않았다면 결코 근대인이었다고 할 수 없다.

자연법칙의 초월적 확실성에 확고한 토대를 갖고 있는 근대인 남녀는 비이성적인 믿음과 정당화되지 않는 지배에 대해서 비판하고 정체를 드러내고 그에 대해 규탄하고 분노할 수 있다. 인간이 자신의 운명을 만들어간다는 확실성에 확고한 토대를 갖고 있는 근대인 남녀는 비이성적 믿음과 이데올로기의 편견, 그리고 행동과 자유의 제한을 확정했다고 주장하는 전문가들의 정당화되지 않은 지배를 비판하고 그 정체를 폭로하고 그에 대해 규탄하며 분노를 표할 수 있다. 우리의 행위의 결과가 아닌 자연의 독점적인 초월성과 우리

기준점(Anchor point)	비판적 가능성(Critical possibility)
자연의 초월성	우리는 결코 자연법칙을 거스를 수 없다
자연의 내재성	우리는 무한한 가능성을 지니고 있다
사회의 내재성	우리는 전적으로 자유롭다
사회의 초월성	우리는 결코 사회법칙을 거스를 수 없다

그림 2.2 기준점과 비판적 가능성들

가 계속해서 창조하는 사회의 독점적인 내재성은 그럼에도 불구하고 근대인을 마비시킬 것인데, 근대인들은 사물에 대하여 너무나 무능한 것으로 드러나고 사회의 내부에서는 너무나 강력한 것으로 판명 날 것이기 때문이다. 모순의 외형조차 띠지 않고도 원리들을 뒤집을 수 있는 이만큼 대단하게 유리한 입장이 있었던가! 초월성에도 불구하고 자연은 동원 가능하고 인간화할 수 있고, 사회화할 수 있는 것으로 유지된다. 매일매일 실험실과 표본들, 계산과 이윤의 중심부, 조사 기관과 연구기관들은 사회집단들의 다양한 운명들과 자연을 뒤섞는다. 반대로 사회는 우리가 계속해서 건설하는 것이지만 그것은 사라지지 않고 우리를 능가하고 우리를 지배하며

그 자체의 법률을 지니고 있고, 그래서 자연과 마찬가지로 초월적이다. 매일 실험실과 표본들, 계산과 이윤의 중심부, 조사기관과 연구기관들은 사회집단들의 자유의 한계를 규정하고 인간들의 관계를 누구도 만든 적이 없는 지속가능한 사물로 변형시킨다. 근대인의 비판적 힘은 이와 같은 이중적인 언어에 놓여있다. 근대인은 자연을 인간으로부터 무한히 떨어뜨려 놓는 동시에 사회적 관계의 핵심에서 자연을 동원한다. 또한 그들은 사회의 법률을 불가피하고, 필연적이며 절대적인 것으로 만드는 동시에 자신들의 사회를 만들고 허물 자유를 갖는다.

2.11 패배를 모르는 근대인

인간과 비-인간의 총체적인 분리를 믿기 때문에, 그리고 동시에 이 분리를 상쇄시키기 때문에 근대성의 헌법은 근대인들을 패배를 모르는 존재로 만들었다. 만일 근대인들에게 자연이 인간의 손에 의해 만들어진 세계라고 말하면서 비판한다면 그들은 자연은 초월적이고, 과학은 자연에 접근할 수 있도록 단지 매개자의 역할만을 할 뿐이며, 그래서 근대인들은 계속해서 자연에 손을 대지 않았다는 사실을 보여줄 것이다. 만일 근대인들에 대해 우리는 자유롭고 우리의 운명은 우리 자신의 결정에 맡겨져 있다고 한다면 그들은 사회는 초월적이며 그 법은 완전히 우리의 손에 닿지 않는 곳에 있다고 말할 것이다. 만일 근대인들에 대해 그들이 이중적이라고 이의를 제기한다면 그들은 자연법칙과 미리 정해놓을 수 없는 인간의 자유를 결코 혼동하지 않는다고 맞설 것이다. 근대인들을 믿고 관심을 다른 곳으로 돌릴 때, 근대인들은 자연의 수많은 사물들을 그 고정된 물질성을 취하면서도 그 사물들을 사회체로 변형시키는 데 이 관심을 이용할 것이다. 만일 아이들이 놀이를 하려 할 때, '엄마, 해도 돼요?'라고 물어보는 것처럼 당신이 갑자기 뒤돌아본다면, 근대인들은 결백하다는 모습으로, 그들은 마치 입장을 바꾼적이 전혀 없다는 듯이 멈춰 설 것이다. 여기 왼쪽에는 물자체가 있다. 그리고 저기 오른쪽에는 발언과 사고의 주체들의, 가치와 기호들의 자유로운 사회가 있다. 모든 것은 그 사이에서 일어나고 모든 것은 둘 사이를 지나가며 매개와 번역, 그리고 연결망이라는 방식으로 모든 일이 일어난다. 하지만 이 사이의 공간은 존재하지 않는다. 그 사이는 어떤 장소도 점유하고 있지 않다. 그것은 근대인들로서는 사유할 수 없는 자신들의 무의식이다. 집합체들을 자연의 초월성과 모든 인간의 자유라는 두 가지와 연합을 맺게 하면서도 동시에 자연을 자유에 대한 절대적

한계설정과 결합시킴으로써, 그 집합체들을 확장하는 보다 나은 방식이 존재하는가? 이것이 무엇이든 가능하게 만든다 — 그리고 그 반대도 가능하게 만든다.

미국의 원주민들이 백인들에 대해 한 입으로 두말을 한다고 비난한 것은 우연이 아니었다. 정치 권력의 관계들을 과학적 추론의 관계들로부터 분리함으로써, 그러면서도 이성으로 권력을 지탱하고 권력으로 이성을 지탱함으로써 근대인들은 언제나 불 속에 두 가지의 인두를 넣어놓은 것이다. 그들은 패배를 모르게 되었다.

천둥은 신성한 것이라고 생각하는가? 근대인들의 비판적 사고는 천둥이 인간사의 진행에 전혀 영향을 미치지 않는 단지 물리적인 인과 작용에 의해 발생하는 것임을 보여줄 것이다. 전통 경제를 극복하지 못하는가? 근대인들의 비판적 사고는 거대한 생산력을 동원함으로써 물리적 인과 작용이 인간사의 진행을 뒤집어 놓을 수 있음을 보여줄 것이다. 선조들의 영혼이 당신을 영원히 그들의 율법에 따르도록 만들 것이라고 생각하는가? 근대인들의 비판적 사고는 당신이 오직 자신에게 종속되며 영적 세계는 당신 자신의 인간적인 — 너무나 인간적인 — 창조물임을 보여줄 것이다. 그렇다고 모든 것을 할 수 있고 사회를 적당하다고 생각하는 방식으로 발전시킬 수 있을 것이라고 생각하는가? 근대인의 비판은 사회와 경제의 철칙이 선조들의 율법에 비해 훨씬 더 바꾸기 힘들다는 사실을 보여줄 것이다. 세계가 기계화되는 것에 분개하는가? 근대인의 비판은 모든 것이 그에게 속하는, 인간에게 모든 것을 준 창조자 신에 대해서 말해 줄 것이다. 사회가 세속적이라는 데 분개하는가? 근대적 비판은 사회가 세속화됨으로써 영성이 해방되었고 완전히 영적인 종교가 훨씬 우월하다고 말해 줄 것이다. 당신은 스스로를 종교적이라고 생각하는가? 근대인의 비판적 사고는 당신을 향해 마음껏 웃어줄 것이다!

이에 대해 어떻게 다른 문화-자연들은 저항할 수 있었겠는가? 그들은 반대로 전근대인이 된다. 그들은 초월적 자연이나 내재적 자연, 인간의 손에 의해 만들어진 사회나 초월적 사회, 혹은 멀리 떨어진 신과 가까운 신에 대해서는 반대할 수 있었을 것이다. 그러나 어떻게 이 여섯 가지 모두의 조합에 대해 저항할 수 있을까? 차라리 만일 근대적 비판의 여섯 가지 자원이 지금 내가 재구성하고 있는 그러한 단일한 작용 속에서 한 번에 눈에 들어왔다면 그들은 저항할 수 있었을 것이다. 그러나 이 수단들은 서로 충돌하면서, 그리고 근대적 통치 기구의 통약불가능한 부문들을 뒤섞으면서 각자가 서로 다른 근거에 호소하는, 서로 분리된 것처럼 보였다. 게다가 정화작용의 이 모든 비판적 수단들은 동시에 매개 작용의 실행으로 인해 상호모순을 일으켰지만 그 모순은 권력의 원천의 다양성이든, 아니면 그들 간의 숨겨진 통일성이든 간에 어디에도 영향력을 미치지 않았다.

그 같은 우월성과 독창성은 근대인들로 하여금 자신들의 팽창을 제한할지도 모르는 궁극적 제약들로부터 스스로가 자유롭다고 생각하도록 만들었다. 식민제국들이 교체되고 시간이 흐르는 가운데 불행한 전근대적 집합체들은 사물과 인간, 대상과 기호들의 끔찍한 혼란 상태를 야기한다는 비난을 받았는데, 그 비난을 제기한 사람들은 결국 그것들을 완전히 분리했다 ― 그것들을 지금까지는 우리가 몰랐던 그런 규모에서 즉시 재혼합하기 위해서였다…. 근대인들이 이 대분할을 공간적으로 확장한 이후에 그것을 또한 시간적으로 확장하게 되자 그들은 스스로 사물들과 사람들 사이의 정교한 관계망에 대해 설명하도록 요구하는 그들 과거의 터무니없는 제약에의 종속을 포기해 버릴 수 있는 절대적 자유를 갖는다고 느꼈다. 그러나 동시에 그들은 훨씬 더 많은 사물들과 훨씬 더 많은 사람들에 대해 설명하고 있었던 것이다….

근대인들에 대해 신념이 부족하다고 고발할 수도 없다. 만일 근대인들에게 그들이 무신론자라고 한다면 그들은 거대한 저 너머에 있는 무한히 멀리 떨어진 전능한 신에 대해 말해줄 것이다. 이 소거된 신이 이방인들과 같은 어떤 것이라고 말한다면 근대인들은 신이 사적인 마음속에서 말씀하신다고 할 것이고, 근대 과학과 정치가 있기는 하지만 자신들은 결코 도덕과 신앙을 저버린 적이 없다고 할 것이다. 만일 세계의 운행이나 사회의 방향 어디에도 영향을 미치지 않는 종교에 대한 놀라움을 표시한다면 근대인들은 그 종교가 세계와 사회를 심판한다고 말할 것이다. 그 심판의 내용이 무엇이냐고 묻는다면 근대인들은 종교가 무한히 과학과 정치를 능가한다는 사실을, 그리고 종교가 과학과 정치에 영향을 미치지 않는다는 사실을 거부하거나 종교가 사회적 구성물이거나 뉴런의 작용이라는 사실을 거부할 것이다!

그렇다면 그다음에는 무슨 말을 할 것인가? 근대인들은 모든 권력과 비판적 가능성의 원천들을 보유하고 있지만 또한 그들은 경우에 따라 매번 재빨리 그 위치를 옮기기 때문에 어떤 대가를 치르더라도 결코 그것을 붙잡을 수는 없다. 그렇다. 의심할 바 없이 근대인들은 지금도 패배를 모르며, 예전부터도 계속 그래왔고, 계속 거의 그랬으며, 자신들이 패배를 몰랐었다고 믿어왔다.

2.12 근대성의 헌법은 무엇을 밝히고 무엇을 애매하게 하는가?

그러나 근대 세계라는 것은 한 번도 존재한 적이 없는데, 이는 근대성의 헌법의 공식적인 조항의 내용만을 따라서 기능한 적은 결코 없었다는 의미에서 그렇다는 것이다. 근대적 헌법은 내가 각각 언급하고 주장한 존재의 세 가지 영역들을 근대적 비판의 여섯 가지 자원으로 결코 분리한 적이 없다. 번역작업은 언제나 정화작업과는 다른 것이었다. 다시 말해서 이 차이 자체는 헌법 상에 기록되어 있는데, 내재성과 초월성 사이에서의 세 행위자 각각의 이중 작용은 무엇이든 할 수 있도록 만들기 때문이다 — 그리고 반대로 아무것도 하지 못하게 하기 때문이다. 근대성의 헌법은 실천에 있어서의 교묘함을 위한 그 같은 여지를 허용하지 않았다. 그러나 이 자유에 대해 근대인들이 치러야 했던 대가란 바로 자신을 전근대인과의 연속선상에서 개념화할 수 있는 능력의 상실인 것이다. 근대인들은 자신들이 절대적으로 다르다고 생각해야 했고, 대분할을 발명할 수밖에 없었는데, 매개 작용 전체가 이 작용의 윤곽을 그리는 동시에 그 존재를 부정하는 헌법의 틀에서 벗어났기 때문이다.

이와 같은 방식으로 표현된다는 점에서 근대인의 곤경은 내가 그 실체를 밝히고자 하는 줄거리와 닮아 보인다. 허위의식은 근대인들로 하여금 자신들이 결코 적용할 수 없는 헌법을 상상하도록 강요하게 된다. 근대인들은 말하는 것이 허용되지 않는 바로 그것들을 실천하게 된다. 근대 세계는 따라서 거짓말쟁이들과 사기꾼들로 가득 차게 된다. 더 심각한 것은 그들의 환상을 폭로하고 근대인의 현실을 노출시키고 그들의 무의식을 탐구하고 그들의 이중 담론을 드러낼 것을 제안함으로써 나는 수많은 폭로자와 비판자들 사이에서 내 차례를 기다리면서, 실제로는 아주 근대적인 역할을 수행하는 것이 된다. 그러나 정화작용과 매개작용의 관계는 의식과 무의식의 작용의 관계도, 형식과 비형식적인 것의 관계도, 언어와 실천의 관계도, 환상과 실제의 관계도 아니다. 나는 근대인들이 스스로 무엇을 하는지 모른다고 주장하려는 것이 아니라, 단지 근대인들의 행위 — 거대 규모에서의 하이브리드들의 산출이라는 혁신 — 가 오직 그들이 자연 질서와 사회 질서 사이의 절대적 이분법을 확고하게 유지하기 때문에 가능하다고 말하는 것은 아니다. 왜냐하면 이 이분법은 그 자체가 정화작용과 매개 작용을 한꺼번에 고려하지 않을 때에만 가능한 것이기 때문이다. 여기에는 허위의식이 수반되지 않는데, 근대인들은 두 가지 과제를 숨기지 않기 때문이다. 근대인들은 근대적 헌법의 상반부와 하반부를 실행해야 한다. 내가 유일하게 추가하고자 하는 것은 저 실천의 서로 다른 두 집합들 사이의 관계이다.

그렇다면 근대성은 환상인가? 그렇지 않다. 근대성은 단순한 환상보다는 훨씬 더 실제적이고 본질보다는 훨씬 덜 실제적이다. 오랫 동안 근대성이 표상, 가속, 요약의 능력 — 근대성이 더 이상 전적으로 장악하고 있지 못한 능력 — 을 지녔다는 사실이 다른 것들에 부가된 힘인 것이다. 내가 제안하고 있는 수정주의적 관점은 지난 20여 년간 프랑스에서 진행된 프랑스 혁명에 대한 수정주의와 유사한 것이다 — 그리고 앞으로 보게 되겠지만 하나의 동일한 대상에 대한 두 가지의 수정이다. 1970년대 이래로 프랑스 역사가들은 마침내 프랑스 혁명에 대한 혁명적 독해가 당시의 사건들에 추가되었고 그것이 1789년 이래의 역사학을 조직했지만, 더 이상 그러한 독해가 사건들 자체를 정의하지는 못한다는 사실을 이해하게 되었다(Furet, [1978] 1981). 프랑수아 퓌레^{François Furet}가 제안하였듯이 '역사적 행위의 양상'으로서의 혁명은 '과정'으로서의 혁명과 구분되어야 한다. 1789년의 사건들은 근대 세계가 근대적이었던 것 이상으로 더 혁명적이었던 것은 아니다. 1789년의 행위자들과 사건의 기록자들은 그들에게 일어난 것을 이해하고 그들 자신의 운명에 영향을 미치기 위해 혁명이라는 생각을 사용한 것이다. 유사하게 근대의 헌법은 사실 역사 속에서 존재하고 활동하는 것이지만 그것은 더 이상 우리에게 일어나는 일을 정의해주지는 않는다. 근대성은 여전히 자신의 토크빌을 기다리고 있으며 과학 혁명은 여전히 자신의 프랑수아 퓌레를 기다린다.

따라서 근대성은 근대인들의 허위의식이 아니며, 우리는 혁명이라는 생각의 경우에서와 마찬가지로 그 헌법의 고유한 효과를 인정하는 데 있어서 매우 조심해야 한다. 그것은 매개 작용을 제거하기는커녕 매개 작용이 팽창하도록 허용한다. 혁명이라는 생각이 혁명가들로 하여금 그런 생각 없이는 시도할 엄두도 내지 못했을 불가역적인 결정을 내리도록 했던 것처럼 근대성의 헌법은 근대인들에게 그 헌법에 의해서가 아니면 결코 허용되지 않을 규모에서의 사물과 사람들의 동원을 감행할 용기를 주었다. 규모의 이러한 변화는 인간과 비-인간의 분리 — 근대인 자신이 생각하듯이 — 에 의해서가 아니라 반대로 그들 간의 접촉을 증폭시킴으로써 성취되었다. 그 다음에 이것의 성장은 (자연이 동원가능하다는 전제 하에서) 초월적인 자연이라는 생각에 의해, (사회가 초월성을 유지한다는 전제 하에서) 자유로운 사회라는 생각에 의해, 그리고 (신은 마음을 통해서 말한다는 전제 하에서) 모든 신성성의 부재에 의해 이루어졌다. 그들의 대립이 존재하면서도 동시에 사고할 수 없는 것인 한, 그리고 매개 작용이 하이브리드들을 증식시키는 한 이들 세 가지 생각은 대규모의 것을 이용할 수 있게 만든다. 근대인들은 그와 같은 팽창에 성공할 수 있었던 이유가 오직 자신들이 신중하게 자연과 사회를 분리시켰기 때문이라고 생각하지만 그들은 단지 엄청나게 많은 인간과 비-인간을 한데 뒤섞으면서 어떤 것도 유보하지 않고 어떤 조합도 배제하지 않았기 때문에 성공한 것이다! 정화작용과 매개 작용 사이의 연결은 근대인을 태어나게 하였지만 근대인들은 자신들의 성공이 오직 전자 덕분이라고 여긴다. 이렇게 말하면서 나는 공식적으로 인정된 독해 배후에 숨겨진 실체를 드러내는 것이 아니라 단지 하반부를 상반부에 추가하고 있는 것뿐이다. 그 두 가지는 모두 함께 필요한 것이지만 우리가 근대인인 이상 양자는 단지 하나의 단일하고 일관된 형태로 보일 수는 없다.

그렇다면 근대인들은 자신들이 하고 있는 일에 대해 알고 있는 것인가, 아니면 모르는 것인가? 전근대인들에 대해 인류학자들이 우리에게 말하는 내용을 살펴본다면 그 역설에 대한 해법은 그렇게 찾기 어려운 것은 아닐 것이다. 혼성화를 수행하기 위해서는 언제나 그것이 헌법에 어떤 심각한 결과도 초래하지 않는다는 믿음이 필요하다. 이와 같은 예방책은 두 가지 방식으로 받아들일 수 있다. 첫째로는 사회 질서와 자연 질서의 긴밀한 연결점을 통해서만 전적으로 사고함으로써 부주의하게 위험한 하이브리드가 도입되지 않도록 하는 방법이다. 두 번째로는 한편으로는 혼성화 작용 전체를 괄호로 묶고 다른 한편으로는 사회와 자연 질서의 이중구조를 괄호 안에 집어넣는 것이다. 근대인들이 스스로에 대해 사회질서에 대한 그들의 혁신의 결과에 대해 전혀 생각하지 않도록 확실히 하였다면 전근대인들은—우리가 인류학자들을 믿는다면—끊임없이 강박적으로 자연과 문화의 그러한 관계로부터 결코 떠나지 않는다. 조야하게 말한다면 하이브리드에 대해 가장 많이 생각하는 사람들은 하이브리드들을 최대한 제한하는 반면 어떤 위험한 결과로부터도 차단함으로써 하이브리드들을 무시하고자 하는 사람들은 그것들을 최대한 발전시키는 것이다. 전근대인들은 모두 그들의 자연-문화의 헌법상 모두 일원론자들이다. '토착민들은 논리의 축적자'라고 끌로드 레비 스트로스Claude Lévi Strauss는 말했다. '토착민은 쉼 없이 실제의 모든 측면들을 넘나들면서 영원토록 실들을 묶고 있다. 그 측면들이 물리적이든, 사회적이든, 아니면 정신적이든 간에'(Lévi-Strauss, [1962] 1966, p. 267). 신성한 요소들과 인간적 요소들, 그리고 자연적 요소들의 혼합체들을 개념으로 가득 채움으로써 전근대인들은 이들 혼합체의 실질적인 팽창을 제한한다. 자연 질서를 바꾸지 않고 사회 질서를 변화시키는 것은 불가능한데—그리고 그 역도 마찬가지인데—이 불가능성은 전근대인들을 최고도로 신중하게 행위 하도록 만든다. 모든 괴물은 가시적이며 사유의 대상이 될 수 있고 명백하게 사회 질서나, 우주, 신법divine law에 심각한 문제를 야기한다(Horton, 1967, 1982). 데콜라는 아추아르족에 대해 다음과 같이 쓰고 있다.

> 아마존 강 유역의 '죽은 사회들'의 평형상태가 유지될 수 있었던 것은 클라스트르Clastres가 '야만인들'의 사회의 특징이라고 간주했던, 정치적 소외에 대한 암묵적인 거부의 결과(Clastres, 1974) … 라기보다는 실제 사회가 어떻게 기능해야 하는가를 명시하는 범주들을 통해서가 아니면, 자연을 사회화하는 과정을 표상할 수 없는 사유 체계의 관성 효과의 결과다. [이들 사회가] 진화론적 이론가들이 종종 영향을 받는 지나치게 성급한 기술적 결정론과는 반대 방향으로 나아갔기 때문에, 사회가 그 물질적 기반을 변형시킬 때 이는 생산의 물질적 양식의 개념적 틀을 포괄하는 사회조직의 형태들의 이전의 변화에 의해 결정된다고 주장할 수 있을지 모른다.(Descola, [1986] 1993; p. 405; 강조는 인용자)

반대로 우리의 헌법이 허용하는 것이 있다면 그것은 분명히 비-인간 존재의 가속화된 사회화일 것인데, 그것이 절대로 비-인간을 '실제 사회'의 요소들로 보이지 않게 할 것이기 때문이다. 혼합물들을 사유할 수 없는 대상으로 만듦으로써, 그리고 근대 권력의 세 가지 원천에 의해 정의된 중심 공간 내부에 열린 장을 비우고 쓸어내어 깨끗이 정화함으로써 근대인들은 가능한 한 모든 괴물들이 사회의 조직에 어떤 영향도 미치지 않게 하면서, 혹은 사회가 심지어 이 괴물들과 결코 접촉하지 않게 하면서도 괴물들을 재조합하는 매개 작용을 실행하도록 한다. 이 괴물들의 존재만큼 이상하게도 그들은 어떤 문제도 일으키지 않는데, 그들의 존재는 드러나 있지 않고, 괴물들이 초래하는 무시무시한 결과들은 추적이 불가능하기 때문이다. 전근대인들이 언제나 배제해온 어떤 것을 근대인들은 허용할 수 있는데, 사회질서는 결코 모든 지점에서 자연 질서와 대응하는 것이 아니기 때문이다.

예를 들어 보일의 공기펌프는 오히려 무서운 키메라처럼 보일 텐데, 그의 펌프는 실험실에서 인공적으로 진공을 만들어내고, 이 진공은 동시에 자연법칙의 정의, 신의 행위, 그리고 명예혁명기 잉글랜드에서의 논쟁들의 종결을 가능하게 하기 때문이다. 로빈 호튼Robin Horton에 따르면 야생의 사고는 위험요소들을 단번에 마술로 쫓아버렸을 것이다. 이때부터 잉글랜드의 17세기는 왕실과 자연, 신학을 과학공동체와 실험실을 통해 만들어내게 될 것이다. 공기의 탄성은 잉글랜드에 거주하는 행위자들과 결합한다. 그러나 이러한 새로운 연합의 확충은 어떤 문제도 야기하지 않는데, 자연법칙을 발견한 것 이외에는 어떤 일도 벌어지지 않았기 때문이다. **사회질서와 자연의 관계의 직접적 개념화가 불가능할수록 바로 자연을 동원할 수 있는 범위가 커진다.** 근대인들이 스스로에 대해 덜 혼합되었다고 생각할수록 그들은 더욱더 혼합되어 있는 것이다. 과학이 더욱더 절대적으로 순수할수록 과학은 사회의 짜임새와 더욱더 가깝게 묶여있게 된다. 근대적 헌법은 집합체들의 배치 — 내가 앞서 보여주었듯이 사회적 관계로만 구성된 사회와는 다른 — 를 가속화하거나 촉진하는 데 그것에 대한 개념화는 허용하지 않는다.

2.13 비판 Denunciation의 종식

사실 헌법이 효력을 갖기 위해서는 그것이 무엇을 허용하는지 몰라야 한다는 사실을 확인함으로써 나는 은폐된 것의 정체를 밝히는 작업을 하는 것이지만 그 대상은 더 이상 근대적 비판과 동일하지 않으며, 더 이상 그것과 동일한 동기에 의해 촉발되는 것도 아니다. 우리가 기꺼이 헌법에 대해 충실했던 한에서 그것은 우리가 모든 분쟁을 정리하도록 해 주면서 또한 개인들에게 공격과 폭로에 대한 정당화를 제공하면서 비판정신의 기초로 작용했다. 그러나 헌법 전체가 이제 단지 전체의 절반인 것으로 드러난다면, 그리고 이 절반이 나머지 절반을 우리가 이해하지 못하도록 한다면, 근대적 비판의 토대 자체가 곧 확실치 않다는 것이 밝혀진다. 나는 따라서 근대적 헌법을 근대적인 유형의 폭로에 기대지 않으면서 그 베일을 벗겨내는 까다로운 일을 시도하는 것이다. 이를 위해 나는 우리가 최근에 근대화에 대해 무능력한 것처럼 비판의 능력도 상실했다는 이 모호하고 불편한 감정에 대해 설명하려고 한다. 비판적 관점을 취하기 위한 상위의 근거는 우리로부터 떠난 것 같다.

그러나 때때로 자연에 호소하거나 혹은 사회에 호소하거나 신에 호소함으로써, 그리고 이 세 가지 용어 각각의 초월성을 또한 각각의 내재성에 계속해서 대립시킴으로써 근대인들은 자신들의 분노의 동기가 잘 마무리되었음을 알게 되었다. 어떤 종류의 근대인이 자연 초월성에 더 이상 의지하지 않으면서 권력의 반계몽주의를 비판할 수 있는가? 자연의 내재성에 의지하지 않고 인간의 관성을 비판할 수 있는가? 사회의 내재성에 의지하지 않고 인간의 굴복과 자연주의의 위험을 비판할 수 있는가? 사회의 초월성에 의존하지 않고 개인의 자유라는 인간적 환상을 비판할 수 있는가? 신의 초월성에 기대지 않고 인간의 판단력과 사물의 불변성에 호소할 수 있는가? 신의 내재성에 의존하지 않고 기존의 교회와 자연주의적 믿음, 사회주의적 몽상을 비판할 수 있는가? 그것은 꽤 불쌍한 종류의 근대인이거나 혹은 아예 탈근대인일 것이다. 여전히 비난에 대한 격렬한 욕망으로 살아가지만 그들은 여섯 개의 항소법원 중 어느 것의 정당성도 믿을 힘을 더 이상 지니고 있지 못하다. 근대인으로부터 분노를 제거하는 것은 그들로부터 모든 자존심을 제거하는 것이나 마찬가지 일로 보인다. 비판적 지식인으로부터 그들의 비판의 여섯 가지의 토대를 제거하는 것은 명백하게 근대인들의 삶의 이유를 뺏어가는 것이다. 근대적 헌법에 대한 우리의 진심 어린 충성을 잃으면서 우리 자신에게 최선의 것을 잃고 있다는 인상을 가지지는 않는가? 그것은 우리의 에너지, 도덕적 힘, 그리고 윤리의 근원이지 않은가?

그러나 뤽 볼탄스키Luc Boltanski와 로랑 테브노Laurent Thévnot는 근대적 비판에서 벗어났는데, 그들의 책은 이 글에서 셰핀과 셰퍼의 책만큼이나 중요하다. 볼탄스키와 테브노는 프랑수아 퓌레가 이전에 프랑스 혁명에 대해서 했던 일을 비판적 분개의 작업에 대해 행했다. 퓌레는 '프랑스 혁명은 끝났다'고 썼는데, 같은 맥락에서 『규모의 경제』*Économie de la grandeur*는 '근대적 비판은 끝났다'는 부제가 붙어야 했을지 모른다(Boltnaski and Thévenot, 1991). 바로 그 지점에 이르기 전까지 비판적 폭로는 자명한 것으로 보였다. 단지 분노의 원인을 선택하고 가능한 한 최대한의 열정을 갖고 허위적인 비판을 반대하는 것만이 문제일 뿐이다. 폭로. 그것은 우리의 신성한 과제이며, 우리 근대인의 과제이다. 허위의식에 가려진 진정한 계산을 드러내는 것, 혹은 허위적인 계산에 가려진 진정한 이익을 발견하는 것이 우리의 과제이다. 특별한 이유 때문에 여전히 약간씩 입에 거품을 물지 않는 사람이 어디 있는가? 이제 볼탄스키와 테브노는 비판의 모든 원천들—정의의 다양한 원칙을 제공하는 도시들—을 조용히 비교함으로써, 그리고 우리가 오늘날 프랑스에서 사안들을 사법적 판단으로 가져가는 1,001가지 방법들을 뒤섞어 놓음으로써 항-광견병 백신의 등가물을 발명하였다. 그들은 다른 사람들을 비난하지 않는다. 그들은 누구의 정체도 폭로하지 않는다. 그들은 우리 모두가 서로를 고발하게 되는 방식을 보여준다. 비판적 정신은 비판을 위한 자원이 아니라 하나의 토픽, 즉 다른 권한들 중 하나인, 우리의 분노의 문법이 된다. 비판적 사회학에 착수하는 대신에 저자들은 조용하게 비판의 사회학을 시작한다.

체계적인 연구에 의해 갑자기 열린 이 작은 틈 덕분에 우리는 근대의 비판적 정신에 더 이상 완전하게 충실할 수 없게 된다. 속죄양을 만들어내는 메커니즘이 밝혀졌는데 어떻게 여전히 우리가 진심 어린 고발을 할 수 있겠는가? 심지어 인문학도 더 이상 외형에 가려진 실제 동기를 결국 구별할 수 있게 만들 궁극적인 보고가 아니다. 인문학 또한 분석의 구성요소로 이루어져 있다(Chateauraynaud, 1990). 그리고 인문학은 또한 문제를 판사에게 가져가며 분개하고 비판한다. 인문학의 전통은 더 이상 행위자의 무의식적 행위 밑에 있는, 정체를 드러내야 할 실체를 구분함으로써 행위자 위로 올라설 수 있는 특권을 지니고 있지 않다 (Boltanski, 1990). 인문학이 우리의 동료들인 이 저자들의 틀grid 안에 있는 자리를 차지하지 않으면서 분개하는 것은 불가능하다. 비난자는 그가 비난하는 대상이라고 주장했던 보통 사람들의 형제이다. 비난을 진짜로 믿는 대신에 우리는 이제 비판의 작용을 '역사적 양상'으로 경험한다. '역사적 양상'은 확실히 우리의 일상사에 영향을 미치지만 혁명적 양상이 1789년의 사건들의 과정을 설명하는 것 이상으로 이 일들을 설명하지는 못한다. 오늘날 비판과 혁명은 진부해졌다.

볼탄스키와 테브노의 작품은 르네 지라르René Girard가 예견하고 묘사했던 운동을 완성했고 그에 따라 근대인들은 더 이상 진심에서 우러나는 고발을 할 수 없게 되었다. 그러나 볼탄스키와 테브노는 지라르와는 달리 대상들을 경멸하지 않는다. 희생자 형성의 메커니즘이 기능하기 위해서는 군중에 의해 공개적으로 희생되는 피고발인은 정말로 죄가 있어야 한다 (Girard, [1978] 1987). 만일 희생자가 속죄양이 된다면 고발의 메커니즘은 그 정체가 밝혀진다. 즉 어떤 범죄도 저지르지 않은 채 붙잡힌 사람이, 그를 희생시킴으로써 공동체를 조화시킨다는 것 이외에는 어떤 이유도 없이 부당하게 고발되는 것이다. 희생에서 책임 전가로의 전환은 따라서 고발을 무효로 만든다. 이러한 후퇴는 그러나 근대인들을 약화시키지는 않는데, 그들이 일련의 범죄를 저지른 이유는 바로 그들 스스로 진정으로 죄가 있는 자들을 정말로 고발할 수 있는 능력이 결코 없었기 때문이다.(Girard, 1983). 그러나 지라르는 자기 자신이 그래서 보다 심각한 단죄를 하고 있다고 보지는 않는데, 그는 실제로 고려되지 않는 대상들을 고발하고 있기 때문이다. 우리가 우리의 논쟁의 객관적인 관심사를 상상하는 한, 지라르는 우리가 모방 욕망의 환상에서 벗어나지 못한다고 주장한다. 바로 이 욕망이, 이 욕망만이 대상들에 내재하지 않는 가치로 대상들을 치장할 수 있다. 그 자체로의 대상들은 고려되지 않는다. 대상들은 아무것도 아니다. 고발의 과정을 드러냄으로써 지라르는 볼탄스키와 테브노처럼 우리의 비난하려는 습성을 영구히 소진시킨다. 그러나 그는 근대인들이 지닌 대상들을 경멸하는 경향을 훨씬 더 심화시킨다—그리고 지라르는 진심으로 고발한다. 그는 정말로 그것을 믿으며, 그는 도덕성의 최상의 증거를 이 고생 끝에 얻어낸 경멸 속에서 찾는다(Girard, 1989). 여기에 근대의 비난자들의 1.5배의 비난자가 있는 것이다. 볼탄스키와 테브노의 책의 위대함은 그들이 판단의 시험대에 오른 대상을 자신들의 분석의 핵심에 놓는 바로 그런 방식으로 비난을 총망라하여 소진시켰다는 사실에서 기인한다.

비난이 소진되고 나면 우리는 어떤 도덕적 토대도 결여하게 되는가? 그러나 비난에 의거하는 도덕적 판단 아래에는 또 다른 도덕 판단이 언제나 등급 매기기와 선택을 통해 작동한다. 그것은 배치, 조합, 제휴로 불리며, 또한 협상, 혹은 타협이라고도 불린다. 샤를르 페기Charles Péguy는 유연한 도덕은 경직된 도덕보다 훨씬 더 가혹하다고 말하곤 했다(Péguy, 1961b). 동일한 주장이 지속적으로 근대인들의 현실적 해결책을 선택하고 배분하는 비공식적 도덕에 대해서도 적용된다. 비공식적 도덕은 경멸의 대상이 되는데, 그러한 도덕은 분개할 것을 허용하지 않기 때문이지만, 이러한 도덕은 적극적이고 관대한데, 상황과 연결망의 수많은 구부러진 길들을 따라가기 때문이다. 이를 경멸하게 되는 것은, 그것이 대상들 —대상들은 우리의 정신적 범주들의 단순한 용기가 아닌 것처럼 우리 욕망의 자의적인 관심사도 아니다— 을 설명하기 때문이다. 마치 근대의 헌법이 자신이 감추고 있는 하이브리드들을 경멸하듯이, 공식 도덕은 그것을 떠받치는 실질적인 배치와 대상들을 경멸한다. 대상과 주체의 대립 밑에는 중재자들의 혼란상태가 존재한다. 도덕의 웅대함 밑에는 상황과 경우들에 대한 세심한 선별작업이 존재한다.

2.14 우리는 결코 근대인이었던 적이 없다

이제 나는 선택을 해야 한다. 근대의 헌법을 이루고 있는 두 부분의 완전한 분리를 믿거나 다음의 두 가지를 모두 연구해야 한다. 이 헌법이 무엇을 허용하고 금지하며, 무엇을 명확하게 하고, 무엇을 모호하게 만드는지를 연구해야 한다. 나는 정화작용을 변호하거나—그리고 나 자신은 헌법의 정화자이자 빈틈없는 수호자로서 봉사를 해야 한다—그렇지 않으면 매개작용과 정화작용 모두를 연구해야 한다—그러나 나는 이때 완전한 근대인이기를 멈춘다.

근대성의 헌법이 자신에 대한 이해를 허용하지 않는다고 주장함으로써, 그것을 존재하도록 하는 실천을 드러내기를 제안함으로써, 비판의 메커니즘이 그 유용성을 잃었다고 주장함으로써 나는, 우리가 근대인들의 시대를 뒤따를 새로운 시대에 들어서고 있는 것처럼, 행동하고 있는 것인가? 그렇다면 나는 정말로 탈근대인이 되려 하는가? 탈근대주의는 징후일 뿐 새로운 해결책은 아니다. 탈근대주의는 근대적 헌법 하에서 살고 있지만 더 이상 그것의 보장을 믿지 않는다. 탈근대주의는 근대적 비판 속에서 실패한 어떤 것을 감지하지만 그 비판의 토대를 믿지는 않지만 그것을 연장하는 것 이외에는 어떤 일도 할 수 없다(Loytard, 1979). 자신들이 비난하는 정화작용에 의미를 부여하는 연결망에 대한 경험적 연구를 진행하는 대신에 탈근대주의는 모든 경험적인 작업을 환상에 불과한 기만적인 과학주의로 치부한다(Baudrillard, 1992). 실망한 합리주의자들인 탈근대주의의 신봉자들은 정말로 근대주의가 끝장났다는 것을 감지하지만 계속해서 근대주의가 시간을 분할했던 방식은 받아들인다. 따라서 탈근대인들은 연속된 혁명들의 관점에서만 시대를 구분할 수 있다. 그들은 자신들이 근대인들 '이후에' 왔다고 느끼지만 더 이상의 '이후'가 없다는 편치 않은 감정을 느낀다. '미래는 없다.' 이것은 '과거는 없다'는 근대인들의 모토에 덧붙여진 슬로건이다. 무엇이 남는가? 연결되지 않은 순간들과 근거가 없는 비난만 남는데, 탈근대인들은 그들이 비난하고 또한 분개할 만한 이유들을 더 이상 믿지 않기 때문이다.

우리가 공식적인 헌법 자체와 함께 그것이 무엇을 금지하고 허용하는지를 추적하자마자, 그리고 우리가 하이브리드들의 산출작업과 이 동일한 하이브리드들을 제거하는 작업을 자세하게 연구하기 시작하자마자 다른 해결책이 등장한다. 그러면서 우리는 우리 자신이 헌법에 명시된 의미에서는 결코 근대인이었던 적이 없다는 사실을 발견하게 되는데, 이를 근거로 나는 내가, 자신들이 주장하는 바와는 반대의 것을 실천하는 사람들이 갖고 있는 허위의식에 가려진 본질을 드러내는 일을 하고 있지 않다고 주장한다. 누구도 근대인이었던 적은 없다. 근대성은 시작조차 하지 않았다. 근대 세계는 존재한 적도 없다. 과거완료시제의 용법은 여기서 중요한데 그것이 회고적인 감정의 문제이며 우리 역사를 다시 읽는 문제이기 때문이다. 나는 우리가 새로운 시대에 들어서고 있다고 말하려는 것이 아니며 반대로 우리는 더 이상 탈-탈-탈근대주의자의 무분별한 비행을 계속할 필요가 없다는 것, 따라서 우리는 더 이상 훨씬 더 정교하고 더욱 비판적이며, '의심의 시대'로 더욱 깊숙이 들어가려고 하지 않는다고 말하려는 것이다. 그게 아니라 우리는 스스로가 결코 근대의 시대에 들어서기 시작한 적이 없다는 것을 발견한다. 따라서 우스꽝스러운 암시는 탈근대 사상가들을 언제나 따라다닐 것이다. 왜냐하면 그들은 심지어 시작하지도 않은 시대를 뒤따라온 것이라고 주장하기 때문이다!

이와 같은 회고적인 태도는 밝혀내기보다는 배치하며, 제하기보다는 부가하고 비난하기보다는 친밀해지고 폭로하기보다는 분류하는데, 이를 나는 근대적이지 않은 것nonmodern으로 (혹은 비非근대적인amodern 것으로) 규정한다. 근대인의 헌법과 함께 그 헌법이 증식시키기를 거부하면서도 허용하는 모든 하이브리드를 동시에 고려할 때에 누구나 비근대인인 것이다.

헌법은 모든 것을 설명하지만 중간에 있는 것은 그냥 내버려둠으로써만 그렇게 한다. 헌법은 연결망에 대해 '그것은 아무것도, 정말 아무것도 아니면 단지 잔여물'이라고 말한다. 이제 하이브리드들, 괴물들 — 다나 해러웨이Donna Haraway가 '사이보그' 내지는 '트릭스터'라고 부르는(Haraway, 1991), 헌법이 설명하기를 포기한 존재들 — 이 곧 모든 것이다. 그것은 우리 자신의 집합체로만 이루어진 것이 아니라, 부당하게 전근대인이라고 불리는 타자들의 집합체들도 포괄한다. 맑스주의의 이중의 계몽주의가 모든 것을 설명한 것처럼 보인 바로 그 순간에, 그리고 맑스주의의 총체적 설명의 실패가 탈근대주의자들의 자기비판의 절망 속으로의 침몰로 이어지는 바로 그 순간 우리는 설명은 아직 시작된 적도 없고 이것이 진상임을 발견하게 된다. 즉 우리는 근대인이었던 적이 없고 비판적이었던 적도 없다는 것, 지나간 과거라는 것, 혹은 '구체제'라는 것도 존재한 적이 없다는 것(Mayer, 1982), 오래된 인류학적 원형을 정말로 떨쳐버린 적이 없다는 것, 그리고 그것은 반대로 될 수도 없었다는 것.

우리가 근대인이었던 적이 없다는 사실과 단지 작은 분

할만이 다른 집합체들로부터 우리를 분리시킨다는 사실에 주목한다고 해서 내가 반동적이라는 것을 의미하지는 않는다. 반근대적 반동은 근대적 헌법의 효과에 반대하여 맹렬하게 투쟁하지만 그 헌법을 완전히 받아들인다. 반근대인들은 지역성이나 정신, 혹은 합리성, 과거, 보편성, 자유, 사회, 혹은 신과 같은 존재가 마치 정말로 존재하고 근대성의 헌법이 그들에게 허용한 형태를 정말로 갖고 있다는 듯이 그것들을 방어하고자 한다. 단지 그들의 분노의 징후와 방향이 달라질 뿐이다. 반근대인들은 심지어 근대인들의 가장 기이한 측면인 비가역적으로 지나가버리고 과거 전체를 최초의 순간부터 무화시키는 시간관도 받아들인다. 그러한 과거를 보존하려고 하든, 혹은 폐지하려고 하든 간에 두 경우 모두에서 특히 혁명적 관념, 즉 혁명이 가능하다는 생각은 존속한다. 오늘날 그런 생각 자체가 우리에게는 과장된 것이라는 인상을 주는데, 혁명은 역사들에서의 여러 다른 것들 중에서 단지 하나의 자원이며 이들은 역사에 대해 전혀 혁명적이지도 않고 비가역적이지도 않기 때문이다. 근대 세계는 '그 가능성에 있어서는'in potentia 과거와 단절하는 총체적이고 비가역적 발명품이다. 마치 프랑스 혁명과 볼셰비키 혁명이 '그 가능성에 있어서는' 탄생하는 새로운 세계의 산파였던 것처럼. 그러나 연결망으로서 볼 때에 근대 세계는 혁명처럼 실천들의 작은 연장,

지식의 순환에 있어서의 약간의 가속, 사회들의 조그만 확장, 행위자들의 수의 미미한 증가, 과거의 믿음에 대한 약간의 변경 이상의 어떤 것도 거의 허용하지 않는다. 우리가 그것들을 연결망으로 간주할 때 서구의 혁신은 여전히 인지가능하고 중요한 것으로 남지만 대신에 더 이상 영웅담의 소재로 충분치 않다. 그 영웅담은 급진적인 단절과 돌이킬 수 없는 운명, 비가역적으로 운이 좋거나 나쁜 거대한 어떤 것이다.

반근대인들은 탈근대인들처럼 그들의 상대방의 경기장을 받아들였다. 다른 경기장 — 훨씬 더 넓고, 훨씬 덜 논쟁적인 — 이 우리 앞에 열려 있다. 이는 비근대적 세계들의 장이다. 그것은 중기 왕국Middle Kingdom이며 중국만큼이나 광활하면서도 거의 알려져 있지 않다.

3장

혁명

3장

혁명

3.1 근대인 : 성공의 희생자들

만일 근대인의 비판 기구들이 근대인 자신을 진정 무적으로 만들었다면, 왜 그들은 오늘날 스스로에게 주어진 미래로 나아가길 주저하고 있는가? 헌법의 유효성이 바로 자신의 그 모호한 절반에 기대고 있다면, 지금 나는 어떻게 그 나머지의 명백한 절반을 이 헌법과 연관 지을 수 있을까? 내가 사회에서 실제로 일어나는 정화와 번역의 방식을 추적할 수 있었던 것은 분명 이러한 두 가지 방식들 간의 관계가 변화하였기 때문이다. 우리가 진정으로 근대화 과업들에 더 이상 얽매이지 않을 수 있다면 이는 분명 우리가 아직 발견하지 못한 근대화에 대한 방해요소들이 작용했다는 반증이다. 도대체 불과 몇 년 전까지만 해도 관계망들의 전개가 근대성의 부조리하고 언어도단적 측면이라고 생각했던 우리가 이제 정화작용이야말로 있을 수 없는 일이라고 생각하게 된 계기는 무엇인가?

우선 근대인들이 자신들의 성공의 희생자라는 점을 지적해 두자. 이는 내 생각에도 아직 너무나도 거친 설명이긴 하지만 집합체들을 광범위하게 동원한 결과 확대 재생산되는 수많은 하이브리드들이 생겨남으로써, 이들의 존재를 부정하거나 허용하는 헌법이 더 이상 통제권을 잃은 것이 아닌가 생각된다. 근대적 헌법은 그 자신의 무게를 버티지 못하고 무너져 내렸다. 근대적 헌법은 혼합물들을 실험재료로서는 허용하면서도 이들이 사회 전반에 미치는 영향을 은폐한 결과로 침몰한 것이다. 결국 제3신분이 수적으로 너무나 비대해져 더 이상 대상들의 질서나 주체들의 질서 어느 쪽으로도 충실하게 표상되거나 대표될 수 없는 지경에 이르렀다.

여기에서 관건이 되었던 것이 단지 몇 개의 새로운 진공 펌프의 출현이었다면, 이들을 자연법칙이나 정치적 대표성 두 가지 종류 중 하나로 분류하는 것이 그에 대한 해결책이었을 것이다. 하지만 우리가 냉동 배아, 전문가 시스템, 디지털 기기, 센서 기반 로봇, 이종교배 옥수수, 데이터베이스, 향정신성 의약품, 레이더 신호기가 부착된 고래, 유전자 합성기기, 청중 분석 장치 등등에 둘러싸이게 된다면, 일간지마다 연일 수십 페이지에 걸쳐 이들에 대한 뉴스를 게재한다면, 그리고 이 키메라들이 대상이나 주체 그 어느 진영에도(혹은 그 중간 어디에도) 속하지 못한다면 분명 어떤 조치를 취해야 한다. 이 존재들을 해방시키는 동시에 부정하는 이 헌법의 매개과정으로 인하여 마치 더 이상 하이브리드들을 다시 분리시켜줄 판사나 비판자가 충분치 못하다는 듯이 그것의 양극이 궁극적으로 합성된 것처럼 보인다. 정화작용의 체계는 오늘날 우리의 사법체계와 마찬가지로 정체 상태에 이르렀다.

만일 근대성의 기본 틀이 그 발전과정에서 자연과 인간 대중을 분리하지 않았다면 스스로를 조금 더 오랫동안 유지할 수 있었을지도 모른다. 자연이 인간으로부터 충분히 떨어져 있으면서도 인간의 통제 하에 있는 한, 자연은 여전히 대략적으로나마 전통적인 헌법의 한 축의 모습을 유지할 수 있고, 과학은 자연의 본질을 밝히는 단순한 중간매체intermediary 매개물의 역할을 유지할 수 있었을 것이다. 이때 자연은 예비적이고 초월적이며 무한한 멀리 떨어져 있는 대상으로 보이게 된다. 그렇다면 과연 오존층 파괴나 지구온난화 혹은 산림 파괴 문제를 어떻게 분류해야 할 것인가? 이러한 하이브리드들을 무엇이라고 이해해야 하는가? 이들은 인간 영역에 속하는가? 이들이 우리의 작품이기에 인간 영역에 속한다. 그렇다면 이들은 자연의 영역에 속하는가? 우리가 만들어낸 것이 아니기에 이들은 자연의 영역에 속한다. 이들은 국지적 영역에 속하는가? 아니면 전지구적 영역에 속하는가? 양자 모두에 속한다. 의학과 경제학의 장단점이 작용한 결과 인류의 규모가 폭발적으로 증가한 현상의 경우, 이를 어디에 분류할 것인가는 어려운 문제다. 이 다중들을 어느 지역에 정착시킬 것인가? 우리는 이를 생물학, 사회학, 자연사, 윤리학, 사회 생물학 중 어느 영역에서 논의해야 하는가? 그 현상이 우리 자신의 행위의 결과지만, 인구학과 경제학의 법칙은 우리 손을 완전히 벗어나 있다. 인구 폭발로 인한 재앙은 국지적 영역의 문제인가, 전지구적 영역의 문제인가? 양자 모두다. 따라서 헌법의 두 가지 보장—사물들의 보편 법칙과 주체의 양도할 수 없는 권리—은 자연의 편이든 사회의 편이든 어디서나 더 이상 인정될 수 없다. 기아선상에 있는 다중들의 운명과 우리의 궁핍한 행성의 미래는 하나의 고르디오스의 매듭에 의해 엮여있고 알렉산드로스 대왕과 같은 어떤 위대한 인물도 다시는 이 매듭을 잘라 버릴 수 없을 것이다.

그렇다면 근대인이 함몰된 것이라고 해 보자. 그들의 헌법은 몇 가지의 반증이나 예외적인 경우들을 흡수할 수 있었을 것이다—사실 근대의 헌법은 반증과 예외 덕에 번성했다. 하지만 이와 같은 예외적 경우들이 증식할 때, 즉 만물의 제3신분과 제3세계가 연합하여 '대규모로' 헌법 상의 공식적 주체들의 회의체들로 침략할 때 헌법은 그에 대해 무력하다. 야생의 사고와 다를 바 없는 이와 같은 예외들을 인정하기 위해서는 (아래 그림 참조) 근대적 헌법의 공간이 아닌 새로운 공간의 밑그림을 그려야 하는데, 그 공간은 헌법 상에는 비어있는 것으로 간주되는 중간지대를 차지하게 될 것이기 때문이다. 정화작용(수평축)에 대하여 매개작용(수직축)을 추가해야 한다.

하이브리드의 증가 추이를 수평축 상에서만 추적해보기보다는 수직적 변화와 함께 이해할 필요가 있다. 이 글의 발단이 된 위기의 진단은 이제 명확해 보인다. 하이브리드의 증식으로 인해 근대인의 헌법은 포화상태에 이르렀다는 것이다. 근대인은 실제로는 언제나 정화와 매개의 두 가지 차원을 모두 이용했으며 두 차원을 따로 대할 때는 숨김없는 태도로 일관했지만 이 두 종류의 활동의 관계에 대해서만은 결코 솔직해 본 적이 없다. 비-근대인이 근대인의 성공과 최근

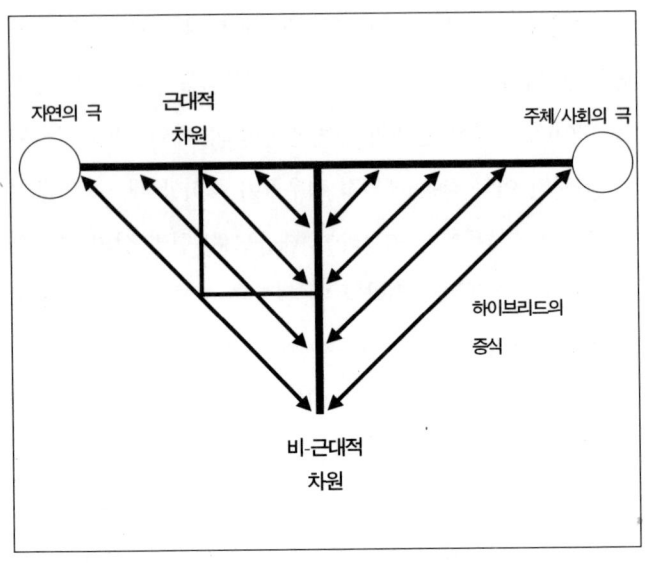

그림 3.1 정화와 매개작용

드러난 실패를 모두 이해하고 탈근대주의로 일탈하는 실수를 범하지 않으려면 이들의 관계를 강조해야 한다. 이 두 차원을 동시에 활용함으로써 우리는 하이브리드들을 수용할 수 있고 그것들에게 분명한 장소, 이름, 근거지, 철학, 존재론, 그리고 내가 희망하는 새로운 규약을 부여할 수 있을지도 모른다.

3.2 준대상이란 무엇인가?

수평축과 수직축이라는 두 차원을 동시에 활용함으로써 이제 우리는 이 낯설고 새로운 하이브리드들의 위치를 밝혀 내는 것이 가능해질 것이며, 미셸 세르(Michel Serres, 1987)의 주장에 따라 준대상, 준주체라고 부르고자하는 존재들을 정의해 내기까지 왜 과학학 방법론들을 기다렸어야만 했는지를 이해할 수 있게 될지 모른다. 이를 위해서는 그림 3.2의 작은 만화를 훑어보기만 해도 된다.

오랫동안 사회과학자들은 보통 사람들의 신념체계를 비방하는 데 몰두해 왔다. 그들은 이 신념체계를 '자연화'라고 부른다(Bourdieu and Wacquant, 1992). 보통 사람들은 신의 권위, 화폐의 객관성, 패션의 매력, 예술적 아름다움이 사물의 본질에 내재한 어떤 객관적 속성에서 비롯되는 것으로 상상한다. 다행히도, 사회 과학자들은 문제에 대해 더 깊이 이해하고 있어서 인과관계가 반대방향, 즉 사회로부터 대상의 방향으로 존재한다는 사실을 보여준다. 여러 신들과, 화폐, 패션 그리고 예술은 우리의 사회적 수요와 이해관계가 투사되는 그 표면만을 제공해줄 뿐이다. 이러한 주장은 적어도 에밀 뒤르켐Emile Durkheim이래로 사회학자가 되기 위해 최소한의 요구사항이 되었다(Durkheim, [1915] 1965). 사회 과학도가 된다는 것은 대상의 내적 속성이 의미가 없으며, 대상은 인간 범주들의 수용체에 불과하다는 사실을 깨닫는 일이다.

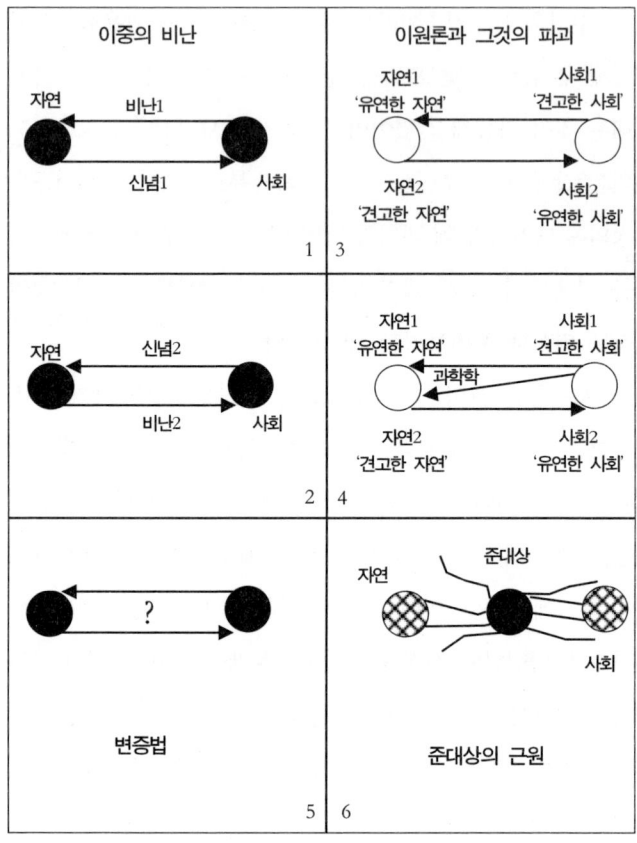

그림 3.2 준대상이란 무엇인가?

하지만 정작 어려운 일은 이와 같은 형태의 비난과 그 정반대로 향하는 또 다른 형태의 비난을 화해시키는 일이다. 일반인 즉, 단순 사회적 행위자, 평균적인 시민들은 그들이 자유로운 존재이고 자신의 욕망, 동인, 그리고 이성적인 전략을 자신들의 의지대로 변경시킬 수 있다고 믿는다. 이들의 신념은 이제 주체/사회의 극으로부터 자연의 극으로 향하게 된다. 하지만 다행스럽게도 사회 과학자들이 이를 감시하고 있다가 일반인들이 갖는 주체로서의 인간과 사회의 자유에 대한 순진한 생각을 비난하고 뒤집으며 조롱하는 역할을 맡았다. 이때 그들이 이용하는 것은 사물의 속성 즉, 과학에서 도출된 반박 불가능한 결과들인데, 사회 과학자들은 이를 이용하여 그 속성들이 어떻게 인간의 연약하고 유순한 의지를 규정하고, 정보를 제공하며 의지를 형상화하는가를 밝힌다. '자연화'는 이제 더 이상 부정적인 단어는 아니지만 사회 과학자들이 자연 과학과 연합하도록 만드는 전문용어가 된다. 이제 모든 과학(자연과학과 사회과학)은 인류를 오직 자연 과학자나 사회 과학자만이 알아볼 수 있는 객관성의 힘에 의해 조종되는 무수한 인형으로 전환시키는 데 동원된다.

앞서 말한 두 가지의 비판의 수단들이 동시에 고려될 때, 우리는 이제 사회 과학자들이 대상에 대해 합의를 이끌어내기 어려운 이유를 이해할 수 있다. 그들에게도 '이중으로 보이기' 때문이다. 첫째 비난 속에서 대상들은 무의미한 존재다. 대상은 그저 사회가 자신의 영화를 투사하기 위한 영사막에 불과하다. 하지만 둘째 비난에서 대상은 너무나도 강력해져서 인간 사회의 모습을 결정하는 반면에 정작 이들을 만들어낸 과학이라는 사회 구조는 여전히 베일에 싸인 채로 남는다. 대상, 사물, 소비재, 예술품 등은 너무나 미약하거나 반대로 너무나 강력하다. 하지만 더욱더 이해할 수 없는 것은 사회가 계승하는 역할들이다. 첫째 비난에서 사회는 독자성을 획득할 정도로 강력하며 그것이 대체하게 되는 초월적 자아만큼이나 근거가 없다. 사회는 자의적이고 무정형의 물질에 불과한 것들을 찍어내고 형상화할 수 있을 정도로 독자성을 갖는다. 그러나 둘째 비난에서 사회는 무력화되어 강력한 객관성의 힘들에 의해 그 행위를 완전히 통제당한다. 사회는 궁극적으로 지나치게 강력하고 지나치게 자의적인 대상들에 비하여 너무나도 강력하거나 반대로 너무나도 허약하다.

이와 같은 이중의 모순된 비난에 대한 해결책은 이원론이라고 불리는 것으로 널리 보급되어 사회 과학자들에게 지금까지 상식으로 받아들여지는 대부분의 지식을 제공해 왔다. 이제 자연의 극은 두 개의 집합으로 나뉜다. 첫째 목록에는 자연의 보다 '유연'soft한 요소들이 포함되고 ─ 예컨대 사회 범주들을 투사 받는 막들이 그것이고 ─ 또 다른 목록에는 보다 '견고'hard한 요소들 ─ 인간적 범주들의 운명을 결정하는 근거(과학과 기술)들 ─ 이 포함된다. 주체/사회 극에도 동일한 분리가 나타나 '견고'한 요소들 ─ 독자적으로 사회적인 요소들 ─ 과 '유연'한 요소들 ─ 과학과 기술발전이 발견한 힘에 의해 결정되는 것들—로 나뉜다. 사회 과학자들은 기꺼이 거리낌 없이 하나의 그룹과 다른 그룹 사이를 왕복할 것인데, 이를 통해서 예컨대 신은 단지 사회 질서의 요구에 따라 형상화되는 우상에 불과한 반면에 사회 법칙들은 생물학에 의해 결정된다는 것을 보여주게 될 것이다.

물론 이러한 왕복운동은 그 설득력이 떨어진다. 그 이유는 첫째, 이 목록들이 임의로 작성되었기 때문이다. 다시 말해 자연의 '유연'한 요소들의 목록의 경우 사회 과학자들이 어쩌다 보니 혐오하게 된 모든 것들—종교, 소비, 대중문화와 정치—을 모아놓게 되었고, 반면에 '견고'한 요소들의 목록에는 각 시대마다 사회 과학자들이 고지식하게 믿게 된 제 과학들—경제학, 유전공학, 생물학, 언어학, 두뇌 과학—이 포함되었다는 것이다. 둘째, 만일 대상들이 아무런 의미가 없다면 이러한 자의적 대상들에 왜 사회가 투사되어야 하는지 그 이유가 명확하지 않다. 이 사회가 너무나도 허약해서 끊임없는 소생술이 필요하기 때문일까? 사회가 메두사의 얼굴처럼 너무나 무서운 것이어서 거울을 통하지 않고서는 바라볼 수 없기 때문일까? 그리고 만일 종교나 예술, 혹은 패션이 사회를—사회 이론가들이 선호하는 동사들을 사용해 보면—'반영'하거나 '구체화'하거나 '실현' 혹은 '체현'해야만 한다면, 대상도 궁극적으로 자신의 공동 생산자가 아닐까? 사회란—비유적

의미에서가 아닌—문자 그대로 신, 기계, 과학, 예술과 패션으로 만들어진 것이 아닌가? 그렇다면 과연 1번의 경우의 맨 밑의 화살표가 향하는 '일반' 행위자의 환상이란 어디에 있는가? 사회 과학자들이 단순히 사회가 사물에 자신을 투사하기 이전에 사회가 존재하고, 구성되고 건설되어야 한다는 점을 잊은 것은 아닐까? 또한 만일 사회가 비사회적, 비-인간의 자원으로 건설되는 것이 아니라면 어떤 재료로 만들어지는가? 하지만 사회과학은 이러한 결론을 도출할 수 없는데, 이제는 연약하고 무형의 성격을 지니는 사회질서를 단지 결정할 뿐인 매우 강력한 대안적인 '견고'한 과학 'hard' science이 전해준 대상에 대한 관점만을 인정하기 때문이다.

이원론이 엉성한 해결책일지는 모르지만 사회 과학의 비판적 수단의 99퍼센트가 이 이원론에 의해 제공된 것이며, 그나마 과학학이 전통 방식을 뒤엎지 않았다면 이원론의 더 없이 완벽한 불균형은 지금껏 지속되었을 것이다. 그렇게 되기 직전까지 이원론은 효과적으로 작동했던 것 같다. 그것은 사회의 '견고한' 부분이 '유연한' 대상에 사용되고, '견고한' 대상은 사회의 '유연한' 부분에만 사용되었기 때문에 가능했다(Bourdieu & Wacquant, 1992). 사회 과학자들은 그들이 엮어낸 사회의 견고한 과학을 이용하고 자신들이 완전히 신뢰할 수 있는 과학을 받아들여 사회 질서를 구축하는 방식으로 그들이 신뢰하지 않는 행위들을 비난하고 추방시킬 수 있었다. 이는 에든버러의 과학사회학파가 금기시되었던 학제 간의 교차crossover를 통해 이룬 영광이다(Barnes, 1974; Barnes and Shapin, 1979; Bloor, [1976] 1991; MacKenzie, 1991; Shapin, 1992). 이 학파의 학자들은 자연의 '유연한' 부분들을 다루기 위해 만들어진 특정의 비판 수단을 '견고한' 부분인, 과학 자체의 정체를 폭로하는 데 사용했다! 그들은 뒤르켐이 종교에 대하여, 부르디외가 패션과 취향에 대해 했던 작업을 과학에 대해 해보길 원한 것이며, 그들은 순진하게도 이런 작업이 이루어지더라도 사회 과학이 변화하지는 않을 것이며 그것이 종교나 예술을 삼켜버렸듯이 과학도 삼킬 수 있으리라 생각했다. 하지만 여기에는 그때까지 아직 드러나지 않은 큰 차이점이 있었다. 바로 사회 과학자들이 종교나 대중의 소비 현상은 결코 신뢰하지 않았던 반면, 과학에 대해서는 그들의 과학적 진심에서 우러나는 신뢰를 보냈다는 점이 그것이다.

따라서 이원론자들의 게임에 균열이 생기자마자 그들의 기획은 파산하고 만다. 물론 과학에 대한 '사회적' 연구라는 이름으로 시작된 기획도 실패하였으며, 바로 이러한 이유에서 이원론은 단지 — 자신의 치명적인 약점을 드러낼 정도의 — 극히 짧은 기간 동안만 지속될 수 있었던 것이다. 자연의 보다 '견고'한 요소들을 보다 유연한 요소들과 동일한 방식으로 다룸으로써 — 독자적인 사회의 이해와 요구에 따라 결정되는 자의적인 구축물로서 다루었기에 — 에든버러의 무모한 학자들은 이 원론자들에게서 — 그리고 곧 스스로 깨닫게 되듯이 자신들로부터도 — 연구 대상의 절반을 앗아가 버렸다. 따라서 사회는 우주론에서 생물학, 화학, 그리고 물리학 법칙에 이르는 모든 것들을 스스로 자의적으로 산출해내야만 했다! 이러한 주장이 자연의 '견고'한 요소들에 있어서 신빙성 없음이 너무나도 명백하기 때문에 우리는 돌연 그것이 '유연한' 요소에 대해서도 설명력이 떨어진다는 점까지 깨닫게 된 것이다. 대상은 그것이 '견고'하든 '유연'하든 간에, 사회 범주들에 대한 무형의 수용체가 아니다. 이원론자가 갖고 있는 책략을 혼란시킴으로써 과학 사회학도는 두 종류의 비난의 완벽한 비대칭성을 밝혀내었고, 동시에 최소한 부정적인 시각에서 사회 이론과 인식론(비난행위들과 짝을 이루었던)이 얼마나 잘못 구성되었는가도 밝혀내었다. 사회는 강력하지도 유약하지도 않았다. 대상 또한 앞서 주장한 대로 그렇게 유약하지도 강력하지도 않았다. 대상과 사회라는 이원론은 근본적으로 재고될 수밖에 없게 되었다.

변증법적인 사고에 의존하는 것은 결코 '과학학'이 사회과학을 끌어들인 난제들로부터의 탈출구가 될 수 없었다. 자연과 사회라는 양극을 무수한 화살표와 순환고리로 아무리 연결해도 내가 고려해 보고자 하는 준대상이나 준주체의 제자리를 찾아주지 못한다. 오히려 변증법은 문제의 핵심에 대한 무지를 이원론적 패러다임이 아직 제 기능을 수행할 때보다도 더 심화시킬 뿐인데, 이는 변증법이 온갖 원환loop과 나선, 기타 복잡한 도식들을 사용하여 이 문제를 극복한 척하기 때문이다. 변증법은 사실상 주변만을 맴돈다. 준대상은 양극의 사이와 그 아래에, 이원론과 변증법이 매듭을 짓지 못하고 끊임없이 돌기만 한 그 자리에 있다. 준대상은 훨씬 더 사회적이고 훨씬 더 조작된 산물이며 자연의 '견고한' 요소들보다도 더 집합적인 성질을 띠지만 반면 결코 완성체로서의 사회에 대한 자의적인 수용체는 아니다. 또 다른 측면에서 볼 때, 준대상은 사회가(아직 명확하지 않은 목적을 위해) 스스로를 '투사'할 필요가 있는 무형의 스크린보다는 훨씬 실재적이고, 비-인간적이며 객관적이다. 사회과학자들은 수 세대에 걸쳐 '유연'한 사실들을 비난하거나 무비판적으로 견고한 과학을 이용하려고 노력했다. 그 이후에 견고한 과학적 사실들을 사회적으로 설명하려는 불가능한 작업을 시도함으로써 과학학은 사람들에게 공동체의 건설에 있어 대상의 역할을 새롭게 재조명하도록 강요하였고 따라서 철학에 도전했다.

3.3 메울 수 없는 간극 위로 펼쳐진 철학이론

과연 주요 철학들은 근대의 헌법과 준대상 — 지속적으로 확장하는 '중기왕국' — 모두를 흡수하려 했던 것일까? 상당히 단순화시켜서 우리는 3가지 주요 전략을 추출해낼 수 있다. 첫 번째는 대상과 주체 간의 거대한 간극을 만들어놓고 이를 꾸준히 넓혀가는 방법이다. 두 번째는 '기호학적 전환'semiotic turn이라고 알려져 있는 방법인데, 중간영역에만 초점을 맞추고 양극단인 주체와 대상들을 포기하는 것이고, 마지막으로는 '존재'Being의 개념만을 남기고 대상, 담론, 주체라는 구분 전체를 폐기하는 방법이 있다.

우선 첫 번째 유형을 재빨리 살펴보자. 준대상이 증가할수록 주요 철학들은 헌법의 양극인 주체와 대상의 화해가 가장 시급한 과제라고 주장하면서도 양극을 통약불가능한 것처럼 다룬다. 따라서 이러한 철학은 그들이 용인하는 것을 금지하고 또 금지한 것을 다시 용인하는 자신들만의 방식으로 근대성의 역설을 설명한다. 물론 이들 각각의 철학들은 내가 불충분하게 요약한 내용보다는 훨씬 더 교묘한 방식을 취하고 있다. 이들 철학은 그 정의상 비근대적인데 근대주의는 정말로 시작조차 되지 않았기 때문이다. 따라서 내가 미숙한 방식으로라도 다루려고 하는 동일한 문제를 이들 철학도 명시적으로 다룬다. 하지만 그럼에도 불구하고 여기서 이 철학들이 내세우는 공식적인 해석은 그들 자신의 다음과 같은 과제를 정의하는 방식에 있어서 놀라울 정도의 일관성을 확인시켜준다. 그 과제란 우리를 우리 자신의 과거로부터, 그리고 다른 자연-문화들로부터 모두 분리시켜주는 '대분할'을 유지시키기 위해 어떻게 준대상들을 인정하지 않으면서도 증식시킬 것인가 하는 문제이다.

앞서 살펴본 바와 같이 홉스와 보일이 그렇게 심각하게 논쟁했던 이유는 그들에게는 원천적으로 말할 능력이 없는 비-인간이라는 한 극단과 의식주체로 발언하는 시민들이라는 다른 한 극단을 가까스로 구분하는 일도 힘겨웠기 때문이다. 그럼에도 불구하고 이 두 인공물은 너무나도 유사했고 공통의 기원에 가까이 있었기 때문에 두 철학자 모두 하이브리드들의 표면으로부터 깊이 들어가지는 못했다. 우리의 헌법이 진정 규범으로서 공인되는 것은 칸트 철학을 통해서이다. 그저 단순한 구분이 완전한 분리, 하나의 '코페르니쿠스적 전회[혁명]'로 탈바꿈한다. 물자체란 이해할 수 없는 것이 되는 반면, 이에 대칭적인 선험적 주체는 세계로부터 완전히 떨어져 있는 대상이 된다. 하지만 현상들의 고유한 위치인 중간지점에서 물자체와 주체라는 두 가지 순수형태의 적용을 통해서만 지식이 가능하기 때문에 이 양자에 대한 보증은 명확히 대칭 상태를 유지한다. 물론 하이브리드들도 인정되지만 순수 형태들이 동등한 비율로 섞여 있는 혼합체로서만 허용된다. 칸트가 멀리 떨어진 사물 세계가 보다 멀리 떨어진 자아 세계로 이행하는 데 필요한 단계의 수를 늘려 놓았기 때문에 매개 작용의 가시성을 유지한다. 그럼에도 불구하고 이러한 매개는, 단순한 중간 단계에게는 순수 형태를 드러내거나 전달하는 역할만 허용되며 인식 가능한 대상은 오직 순수 형태들뿐이다. 매개의 층위들을 늘림으로써 준대상의 역할을 용인하는 것이 가능하게 되지만 이들 준대상에게 하나의 존재론을 부여하여 '코페르니쿠스적 전회[혁명]'가 다시 의문의 대상이 되도록 하지는 않는다. 이러한 칸트의 서술은 오늘날까지도 인간 정신이 형태는 없지만 실재하는 질료에 임의적으로 형태를 부여할 능력이 있다고 인정하는 모든 곳에서 여전히 가시적이다. 물론 대상들이 태양왕을 중심으로 공전하며, 태양왕은 다른 무수한 경쟁자들 — 사회, 지식 episteme, 정신 구조, 문화적 범주, 상호 주관성, 언어 — 에 의해 결국 폐위당하겠지만 이 궁정 반란으로 인해 내가 바로 앞에서와 같은 이유로 주체/사회라고 부른 그 중심 지점은 바뀌지 않는다.

변증법의 위대함은 정화와 매개의 역할 간의 칸트주의적 모순을 회피하기 위해 신, 사회, 자연의 존재들을 망라함으로써 최종적으로 전근대인의 순환고리 전체를 가로지르려 시도

한다는 점에 있다. 하지만 변증법은 잘못된 모순을 선택했다. 변증법은 주체극과 대상극 간의 모순을 밝혀내기는 했지만 스스로 막 확립해 가고 있던 근대의 헌법 전체와—우리 시대의 특징을 이루는 만큼 19세기의 특징이기도 했던—준대상의 증식현상 간의 모순을 간과했다. 다시 말해, 변증법은 전자를 해소함으로써 후자를 흡수할 수 있을 것으로 생각했다. 하지만 헤겔은 스스로 칸트의 물자체와 주체의 구분을 폐지한다고 여겼기 때문에 반대로 그러한 분리에 보다 완전한 생명력을 불어넣게 된다. 헤겔은 그 구분을 모순의 차원으로 끌어올리고, 그 한계와 그 너머까지 밀어붙여 역사의 추진력이 되도록 하였다. 17세기의 구분이었던 것이 18세기엔 분리가 되고 19세기에 와서는 한층 더 완전한 모순으로 탈바꿈한다. 모순은 그의 전체 작업의 핵심적 동인이 되었다. 근대적 역설을 이보다 더 잘 설명할 수 있을까? 변증법은 더 나아가 대상극과 주체극의 심연을 더욱더 넓혔을 뿐이지만 종국에는 이 심연을 정복하고 폐기함으로써 칸트를 극복했다고 생각한다! 변증법은 오직 매개에 대해서만 이야기하지만 변증법이 그 찬란한 역사 속에 담고 있는 무수한 매개들은 순수 존재론적 질quality들—변증법의 우파식 판본에서 말하는 정신의 질이건, 좌파에서 말하는 질료의 질이건 간에—을 전달해주는 중간매체 intermediary에 불과하다. 결국, 이 세상에 결코 화해시킬 수 없는 두 가지가 있다면, 그것은 자연과 정신의 극일 텐데, 양자 간의 대립이 유지 또는 폐기되었기 — 즉 거부되었기 — 때문이다. 이보다 더 근대적일 수는 없다. 변증법론자들은 이론의 여지없이 우리 중 최고의 근대화론자이며, 가장 강력한데 특히 그들이 사실상 지식과 과거 총체성을 집대성하였고 근대적 비판에 모든 자원을 집중시켰다는 점에서 그렇게 보이는 것이다.

하지만 준대상들은 계속해서 증식한다. 제1, 제2, 제3의 산업혁명이 만들어낸 괴물들, 사회화된 사실들, 그리고 자연세계의 요소가 되어버린 인간적 범주들은 계속 증식하고 있다. 총체성들은 완결되자마자 전체적으로 부서져 내리기 시작한다. 역사의 종말 이후에도 어떤 식으로든 다른 역사가 이어지기 마련이다.

다시 한 번, 그리고 마지막으로, 현상학이 거대한 간극을 구축하려 하였으나 그 결과는 이전의 시도보다 덜 안정적이다. 현상학은 순수 의식과 순수 대상의 양극을 내던지고 스스로를 글자 그대로 가운데까지 펼침으로써 더 이상 흡수 불가능하다고 자신이 판단한 현재의 커져만 가는 구멍을 가려보려고 시도하였다. 다시 한번 근대의 역설은 더 심화된다. 지향성 개념이 하나의 구분, 하나의 분리, 하나의 모순을 대상과 주체 사이의 극복할 수 없는 긴장으로 변형시킨다. 변

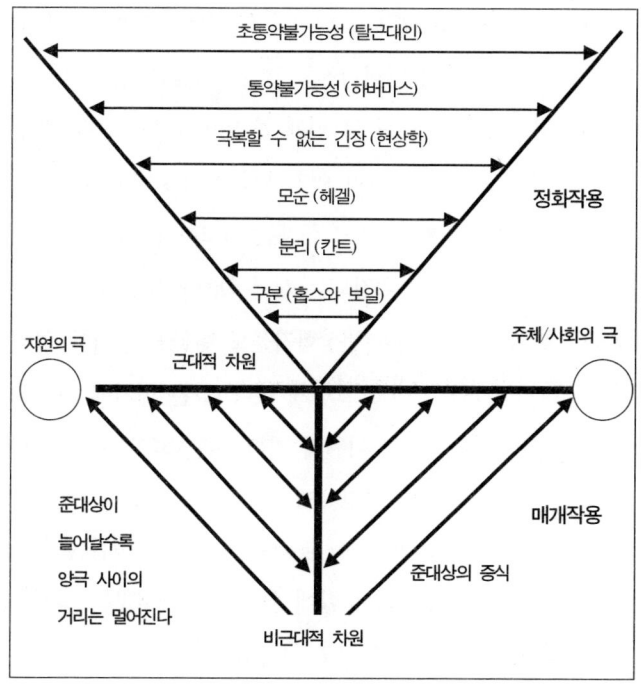

그림 3.3 근대적 역설

증법에 걸었던 기대는 사라졌는데, 그것이 야기한 긴장으로는 아무것도 해결할 수 없기 때문이다. 현상학자들은 자신들이 순수 주체나 순수 대상에 대하여 그 어떤 종류의 본질적 성질도 인정하지 않게 되었다는 점에서 칸트, 헤겔, 그리고 맑스보다도 더 나아갔다고 정말로 생각하는 듯하다. 진정 그들은 그 어느 극도 지킬 필요가 없이 오직 하나의 매개만을

3장 혁명 **155**

논한다고 여기는 것 같다. 그럼에도 불구하고 불안해했던 수많은 근대화론자들과 마찬가지로 현상학자들은 오로지 극과 극 사이의 선상을 따르며 그 선에 큰 의미를 부여한다. 순수한 객관성과 순수한 의식이 여기에서 빠져있지만 그럼에도 불구하고—사실 훨씬 더—그 존재는 확고하다. '무언가에 대한 의식'은 점진적으로 확장되는 심연 위에 걸쳐진 연약한 인도교에 불과하게 되었다. 현상학자들도 함몰될 수밖에 없었다—그리고 그들은 결국 그렇게 했다. 같은 시기에 가스통 바슐라르Gaston Bachelard의 이원적 기획—상식과의 단절에 힘입어, 과학의 객관성을 더욱 과장하고, 동시에 인식론적 단절을 통해 대상을 갖지 않는 상상력의 힘을 과장하는—은 이 해결 불가능한 위기, 이 도식, 이 4등분할에 완벽하게 들어맞는 상징을 제공한다(Bachelard, 1967; Tile, 1984).

3.4 모든 종말들의 종말

이번 이야기의 귀결은 부지불식간에 희극적 전기轉機를 맞이하게 된다. 간극이 벌어지면 벌어질수록 이 사태 전체가 외줄타기 곡예사가 다리를 벌리고 균형을 잡는 모양새가 되어간다. 지금까지 살펴본 모든 위대한 철학 사조들은 심오하고도 진지한 것들이었다. 그들은 준대상의 놀라운 발전과정을 입증하고, 탐구하고, 그에 동행하였고, 무엇보다도 이 대상이 집어삼키고 소화시킬 수 있는 어떤 것이라고 믿고 싶어 했다. 순수성에 대해서만 논함으로써 하이브리드의 저작물만을 이해하고자 했다. 이 모든 철학자들이 엄밀한 과학, 기술, 경제학에 열정적인 관심을 보였는데, 이는 그들이 그 속에서 위험과 동시에 구원의 가능성을 발견했기 때문이다. 그렇다면 이후에 출현한 철학들은 어떻게 평가해야 할까? 그리고 무엇보다도 그들을 무어라 불러야 하는가? 근대철학인가? 이후의 철학들은 더 이상 사슬의 양쪽 끝에 집착하지 않는다는 점에서 근대철학이 아니다. 그럼 탈근대철학인가? 그것은 아직 이르다. 아직 최악의 상황은 시작되지도 않았다. 일단 이 철학들이 과도기적이라는 점을 상기시키기 위해 전-탈근대적pre-postmodern이라고 해두자. 이들은 한때 하나의 구분에 지나지 않다가 이후 하나의 분리가 되고, 또 하나의 모순으로, 그리고 이후 해소될 수 없는 긴장이 된 것을 다시 통약불가능성incommensurability의 수준으로 격상시킨다.

근대적 헌법 전체가 전반적으로 이미 주체의 세계와 대상의 세계를 모두 측정할 공통의 척도는 없다고 선언한 바 있다. 하지만 바로 그 동일한 헌법이 이와는 상반된 행위를 하고 인간과 사물을 동일한 기준으로 측정하여 중간매체의 탈을 쓴 매개자들을 증식시킴으로써 그 거리를 일순간 단축시켜버리기도 한다. 전-탈근대의 인간들은 진심으로 발화 주체들이 자연적 대상이나 기술적 효율성과는 통약불가능한 존재이거나, 발언하는 주체들은 아직 통약불가능한 존재가 아닐 때에만 비로소 발화 주체가 될 수 있다고 믿고 있다. 따라서 그들이 스스로 근대 기획을 복원시킨다고 주장하면서도 실제로 이를 무력화시키는 것은 그들이 순수성에 대해 발언하는 헌법의 절반을 따르면서도 혼성화에만 전력하는 다른 절반을 무시하기 때문이다. 그들은 매개자는 존재하지 않고 존재해서도 안 된다고 믿는다. 주체의 편에서 그들은 담론, 해석법, 그리고 의미를 발명하고 사물의 세계는 천천히 진공 속으로 흘러가도록 내버려 둔다. 거울의 반대편에서는 물론 과학자와 기술관료들이 이에 대칭이 되는 태도를 취한다. 해석학이 그 망상 조직을 뽑아낼수록 자연주의도 동일한 작업을 한다. 하지만 역사적 분할의 이 같은 반복은 풍자적이 된다. 윌슨E. O. Wilson과 그의 유전자가 한편에, 라깡Lacan과 그의 환자analysand들이 다른 한편에 선다. 이 한 쌍의 쌍둥이는 더 이상 근대적 지향에 충실하지 않은데, 더이상 역설을 통해 사고하려는 수고를 하지 않기 때문이다. 그 역설이란 상부에서는 그 존재가 배제된 하이브리드들을 아래에서 증식시킨다는 역설이며, 또한 양자 간의 불가능한 관계를 상상한다는 역설이다.

이보다도 최악의 상황은 근대적 기획이 사라지지 않도록 보호하려 할 때 발생한다. 위르겐 하버마스Jürgen Habermas는 이 중에서도 가장 필사적인 시도를 한 사람이다(1987). 그는 인간과 사물이 근본적으로 분리된 적이 없다는 사실을 증명할 것인가? 그는 다시 한번 근대적 기획을 떠맡을 것인가? 그는 헌법의 정당화의 근간이 되는 실제의 장치들을 보여주고 드디어 드골과 닉슨이 결국 중국의 존재를 인정한 것과 같이 대규모의 하이브리드의 존재를 인정할 것인가? 아니다. 그 정 반대다. 그는 가장 큰 위협은 발언하고 사고하는 주체들과 전통적인 인식론이 문을 열어준 순수하게 과학적이고 기술적인 합리성 간의 혼돈에서 비롯된다고 생각한다! '대상에 대한 지식의 패러다임이 발언하고 행동할 수 있는 주체들 간의 상호이해로 대체되어야 한다고 이미 나는 주장한 바 있다.'(p. 295~6) 이보다 더 엉뚱한 대상을 적으로 삼기도 힘들 것이다. 자리를 옮겨 온 이 20세기 칸트주의는 주체와 그가 인지한 대상을 한편에 놓고, 소통적 이성을 다른 한편에 놓은 다음에 양자 사이의 심연의 간극을 벌려놓으려 시도한다. 그러나 사실은 대상을 겨냥하고 따라서 헌법 상의 양극의 인공적 기원을 생각해낸 공로는 기존의 의식 개념에 있다. 이에 반하여 하버마스는 준대상이 증식하여, 자율성을 갖는 발화 주체나 구체화된 자연적 대상과는 완전히 다른 것이 된 바로 그 시점에서 양극을 통약불가능한 것으로 설정하고자 한다. 칸트는 이미 이들을 떼어내어 첫 산업혁명의 중심에 놓는 데 실패했다. 그런데 어떻게 하버마스가 제6, 제7의 산업혁명이 지난 후에 이를 성공할 수 있었겠는가? 설령 그가 성공했다 하더라도, 칸트는 중간적 존재의 층위들을 늘린 덕분에 물자체와 선험적인 자아 간의 이행을 재정립할 수 있었다. 인간 존재들 사이의 자유로운 토론으로부터 기술적인 이성을 가능한 한 멀리 떼어놓은 상태에서는 이러한 작업이 불가능하다.

전-탈근대인들은 구체제가 몰락할 당시 그에 대해 대응했던 봉건시대의 사람들의 상황과 공통점이 있다. 한편으로는 사람들이 명예에 대해 과민하였고 고결함의 정도를 엄밀하게 계산하면서도 다른 한편으로 이처럼 제3신분과 귀족을 극단적으로까지 분리하기에는 이미 너무나 늦었던 것이다! 코페르니쿠스적 전회[혁명]를 일으키기에는 조금 늦었고 상호주관성을 중심으로 새로운 질서를 만들 수도 없는 일이다. 하버마스와 그의 제자들은 오직 모든 경험적 탐구의 중단을 통해서 근대 기획을 유지할 수 있었다(하버마스 자신의 500쪽이 넘는 대작 어디에도 사례연구는 없다)(Habermas, [1981] 1989). 그들이 경험적 탐구를 수행했다면 너무나 일찍 제3신분의 문제가 대두되었을 것이며, 너무나도 직접적으로 불쌍한 처지에 놓인 발화 주체들과 혼동되었을 것이다. 소통적 이성이 승리할 것 같은 상황이라면 연결망은 소멸하게 놔두라고 하버마스는 말할 것이다.

그럼에도 불구하고 그는 정직한 학자로서 존경을 받을 자격이 있다. 근대적 기획의 캐리커처에서조차도 여전히 우리는 지금은 사라진 18세기 계몽주의의 광채나 19세기적 비판의 잔향을 발견할 수 있다. 의사소통으로부터 객관성을 분리하려는 그의 집착 속에서도 우리는 그러한 분리의 실현 불가능함에서 기인하는 하나의 흔적, 단서, 혹은 상처를 찾아낼 수 있다. 탈근대인들에게 있어 근대적 기획을 포기하는 일은 완결되었다. 나는 이와 같은 지적 운동 — 보다 정확히 말해서, 인간과 비-인간이 정처 없이 떠돌아다니도록 하는 이 지적 부동상태 — 을 지칭하기에 충분히 흉한 말을 찾지 못했다. [그래서] 나는 이를 '초-통약불가능성'이라 부르고자 한다.

한 근대인의 사례가 이 사상의 퇴조와 그들이 자초한 탈근대적 기획의 패배를 보여준다. '한 사람의 철학자로서 나는 재앙의 대차대조표를 보여주려 한다'고 장-프랑수아 리오타르Jean-Francois Lyotard는 일군의 과학자들로부터 과학과 인간 사회의 연결을 정의해달라는 선의의 질문에 대답한다.

나는 과학의 팽창에는 인간적 측면이 존재하지 않는다고 주장합니다. 아마도 인간의 뇌는 복잡화 과정의 임시적인 담지자에 불과할지도 모르겠습니다. 그렇다면 문제는 이 과정과 그것의 지지대를 분리하는 데 있을 것입니다. 저는 이것이 바로 당신들(과학자들!)이 현재 하고 있는 작업이라고 확신합니다. 컴퓨터과학, 유전공학, 물리학과 천체물리학, 우주비행공학, 로봇공학과 같은 분야는 이미 복잡성을 지구상의 생명과는 무관한 생명의 조건들 밑에 두려고 노력 중입니다. 하지만 나는 이것이 어떻게 인간적일 수 있는지 의문입니다. 여기서 인류를 지구상의 특정 지역에서 특정 기간에 걸쳐 축적된 각각의 문화전통을 포함한 집합체 collective들이라고 정의한다면 말이죠. 나는 과학이 주장하는 '비-인간적'a-human 과정이 파괴적 효력이 있음에도, 인류에게 일부 주변적이긴 하지만 유용한 이익을 가져줄 수 있다는 점을 부인하지는 않습니다. 그러나 이는 인류의 해방과는 아무런 관계가 없습니다(Lyotard, 1988, p.xxxviii).

이러한 비참한 평가를 의외라고 생각하고 아직도 철학자들이 자신들에게 유용할 수 있다고 믿는 과학자들에게 리오타르는 안쓰럽다는 듯이 '그러려면 아마 한참을 더 기다려야 할 것!'이라고 답한다. 하지만 정작 와해되는 것은 철학이 아니라 탈근대주의다(Hutcheon, 1989; Jameson, 1991). 탈근대인들은 한편으로는 물질적인 것과 기술적인 것의 총체적 분리를, 그리고 다른 한편으로는 발화주체의 언어게임을 받아들임으로써 — 따라서 그들은 근대적 헌법의 하반부를 망각함으로써 —, 혹은 자유롭게 부유하는 연결망과 콜라주¹의 혼성적 성격 안에서만 즐거워한다는 점에서 — 따라서 이 경우에는 근대 헌법의 상반부를 망각함으로써 —, 자신들이 여전히 근대인들이라고 생각한다. 그러나 진정한 근대인은 언제나 정화작용뿐만 아니라 하이브리드의 광범위한 팽창을 개념화하기 위해서 비밀리에 중간적 존재들을 증식시켜왔다는 점에 대해 탈근대인들은 오해하고 있는 것이다. 보일의 진공펌프나 홉스의 리바이어던에서도 보았듯이 과학은 언제나 공동체들과 밀접한 관계를 맺고 있었다. 근대적 모순이란 이중적 모순, 즉 한편으로는 자연과 사회라는 헌법의 두 보장 간의 모순이자 다른 한편으로 정화와 매개의 작용 간의 모순이다. 3항 간의 완전한 분리를 믿음으로써, 과학자란 외계의 존재이고, 질료는 비물질적이며, 기술은 비인간적ahuman이고 정치는 순수한 시뮬라크럼simulacrum²이라고 진정 믿음으로써 탈근대인은 실제로는 지금까지 긴장을

---

1. [옮긴이] 신문지·헝겊·벽지·인쇄물 또는 일상생활에서 취한 물건 등을 화판이나 캔버스에 붙여 만드는 미술기법.
2. [옮긴이] 시뮬라크럼(simulacrum) : 원본을 모방한 복제물이라는 의미로 고대 철학에서부터 사용된 개념이다. 고대 철학에서는 원본(진리)을 충실히 모방해야 한다는 점과 그렇지 않을 때의 위험성에 대해 강조가 되었다면 현대 철학에서는 원본과 상관없이 스스로 진리와 사실의 지위를 지니는 모방물의 자율성을 나타내는 개념으로 사용된다.

일으킨 원인이었던 주 동인을 확실히 치워버리고 근대주의를 종결시킨다.

탈근대인에 대해 긍정적으로 말할 수 있는 것은 단 한 가지뿐이다. 그들 이후에는 아무것도 없다는 점이다. 그들은 정말로 종언을 고한 것이 아니라 종말들의 종말을 고했다 — 즉 종말을 고하는 방식들의 종말이자, 훨씬 더 급진적이고 혁명적인 비판들이 한층 더 정신없이 빠르게 교체되는 연속성에 이르는 이행의 방식들의 종말이다. 자연과 사회 간의 긴장이 부재하거나 혼성화와 정화작용이 서로 분리된 상태에서 우리는 어떻게 논의를 진전시킬 수 있겠는가? 새로운 극-초-통약불가능성을 상정해야 하는 것일까? '포스트모던주의자들 postmods'은 역사의 종언이며 여기에서 가장 흥미로운 점은 그들이 진정으로 이 종말을 확고히 믿는다는 것이다. 그러면서도 자신들이 지나치게 순진하지 않다는 점을 과시하기 위해 그들은 스스로 이 종말을 즐긴다고 말하기까지 한다! 보드리야르Jean Baudrillard와 리오타르는 '우리에게 아무것도 기대하지 말라'고 의기양양하게 말한다. 그렇다. 그들에게서 우리가 기대할 것은 아무것도 없다. 그럼에도 불구하고 그들에게 역사를 끝낼 힘이 없는 것과 마찬가지로 그들이 순진하지 않다는 평가는 잘못이다. 그들은 단지 더 이상 뒤따르는 무리들이 없는 모든 전위들이 처하게 되는 막다른 골목에 갇힌 것일 뿐이다. 보드리야르가 항변하듯이 그들을 이번 천 년이 끝날 때까지 잠들어 있게 놔두고 우리는 갈 길을 가도록 하자. 즉 우리의 발걸음을 다시 따라가면서 더 이상 앞으로는 나아가지 않도록 하자.

3.5 기호적 전환

근대화를 꾀했던 철학들이 증식된 준대상들을 흡수하기 위해 헌법의 양극단 간의 간극을 넓히고 있을 때, 지속적으로 확장하고 있던 중앙을 차지하기 위해서 새로운 전략이 등장한다. 정화작용의 극단적 예들에 집중하는 대신에 이 전략은 그것의 매개물, 즉 언어에 초점을 맞춘다. '기호론', '기호학', 혹은 '언어적 전환' 등 이것을 어떻게 부르든 간에, 이러한 철학들의 공통된 목적은 담론을 인간 주체와 자연 세계를 연결하는 투명한 중간매체가 아닌 자연과 사회 모두로부터 독립된 매개물로 간주하는 것이다. 이와 같은 의미 영역의 자율화는 지난 반세기 동안의 최고 석학들의 마음을 사로잡았다. 설령 그들도 우리를 하나의 막다른 골목으로 인도했다 하더라도, 그것은 근대주의자들이 오늘날 비판하듯이 '인간을 망각'했다거나 '지시관계를 포기'했기 때문이 아니라 스스로 논의의 범위를 담론에만 국한시켰기 때문이다.

이 일군의 철학은 한편으로는 발화 주체와 사고 주체의 동일성에 대한 판단을 유보하고 다른 한편으로는 자연 세계를 지시하는 문제에 대한 판단을 유보하지 않고는 의미를 자율화시킬 수 없다고 보았다. 그들에게 있어서 언어는 아직 근대 철학의 중앙 공간(칸트의 경우 현상의 교착점)을 차지하고 있다. 하지만 그 공간을 다소 투명하게 혹은 불투명하게 만들거나, 조금 더 사실에 가깝거나 거짓으로 만들기보다는 전체 영역으로 확장시켰다. 언어는 자신을 향하는 법률이 되었다. 즉 이 법률은 언어 자신과 스스로 구축한 세계까지 관장한다. '언어체계', '언어유희', '기표', '글쓰기', '텍스트', '텍스트성', '서술구조', '담론' 등은 바르트Roland Barthes가 제목으로 삼기도 한 기호의 제국을 명시하기 위해 사용된 무수한 개념의 일부로 이 제국의 확장에 이용된다(Barthes, [1970] 1982). 근대화 철학자들이 대상과 주체를 통약불가능한 것으로 만들어버림으로써 양자 간의 간극을 점차 부활시키고 있을 동안, 언어, 담론, 텍스트의 철학들은 지금까지는 비어두었던 중앙을 차지하고 그들이 제외시킨 자연이나 사회 개념들과 자신들이 무관한 것으로 생각한다(Pavel, 1996).

이러한 철학들은 지시 대상과 발화 주체라는 두 가지의 전제정tyranny의 영향을 받지 않으면서 더 이상 단순한 중간매체나 자연으로부터 화자에게로 혹은 그 반대로 의미를 전달하는 단순한 전달자가 아닌 매개자로서의 명예를 회복시켜준 개념들을 개발했다는 점에서 위대하다고 할 수 있다. 텍스트와 언어는 의미를 생산하며 담론과 그 담론의 화자에 내재하는 지시물까지도 생성해 낸다(Greimas, 1976; Greimas & Courtes, 1982). 자연들과 사회들을 만들어 내는 데 있어 그들 자신들만으로도 충분하다. 그들은 기이한 방식으로 혼자만의 공작을 통해 여타의 서사형태들로부터 현실 원리를 추출해 낸다. 언어철학들이 기표에 최고의 지위를 부여하기 때문에 무수한 기의들은 아무런 대우도 받지 못한 채 주변에서 북적거리게 된다. 텍스트가 우선적이 되며 무엇이 표현되고 전달되는가는 부차적인 문제로 전락한다. 발화 주체는 의미작용들이 만들어내는 수많은 허구로 변질되고, 저자의 경우에도 자신이 창작한 작품의 인공물에 불과하게 된다(Eco, 1979). 말의 대상은 글쓰기의 표면을 미끄러져 가는 현실의 효과가 되었다. 건축, 요리, 패션, 신화와 정치 등 심지어 무의식까지도 모든 것은 기호와 기호체계로 치환된다(Barthes, [1985] 1988).

그러나 이 철학들의 최대 약점은 자율성을 획득한 담론과 그것이 잠정적으로 보류한 것 사이의 연계connection를 보다 어렵게 만들었다는 것이다. 그것은 지시대상 — 자연 측에서의—과 화자—사회/주체 측의—사이의 연계다. 또다시 과학학이 훼방꾼으로 나선다. 기호학이 소설뿐만 아니라 과학 담론에 적용되면 담론의 자율화는 하나의 기만이 된다(Bastide, 1994). 수사학의 경우는 사실에 입각한 확신과 유혹 대신에 진실과 증거를 흡수함으로써 자신의 의의를 완전히 바꾸었다(Latour, 1987). 우리가 과학과 기술을 다룰 때, 우리를 스스로 쓰여지는 텍스트, 스스로 발언하는 담론, 기의 없는 기표들의 유희라고 가정하고 이를 유지하기란 어려운 일이다. 우주 전체를 거대 서술구조로, 소립자^{subatomic}의 물리법칙을 하나의 텍스트로, 지하철망을 수사학적 장치들로, 모든 사회 구조를 담론으로 환원하는 것은 어렵다. 기호의 제국은 알렉산드로스 대왕의 제국만큼이나 단명하였고, 그의 제국과 마찬가지로 분할되고 분리되어 각 부하들에게 분배되었다(Pavel, 1988). 일각에서는 발화 주체나 심지어 사회 조직을 재정립하여 언어의 자율적 체계를 더 그럴듯하게 만들어보기를 원했으며 이를 위해 심지어 옛 사회학을 연구하기까지 했다. 다른 한편에서는 지시 대상과의 접촉을 재정립하여 기호론의 부조리한 측면을 줄여보고자 노력했으며 담론의 기반을 강화하기 위해 과학이나 상식의 영역을 선택하기도 했다. 언제나 그러하였듯이 그들에게 주어진 선택의 여지는 많지 않다. 사회학화 sociologization 혹은 자연화, 둘 중 하나를 선택해야 한다.

또 다른 사람들은 기호의 제국의 본래 동인을 간직한 채 스스로에 대한 해체를 시도했다. 즉, 자가분해autodissolution될 때까지 자율적인 주석에 또다시 자율적인 주석을 달았다.

이 결정적인 전환점으로부터 우리는 자연화와 사회학화라는 두 함정에서 탈출할 수 있는 유일한 방법은 언어에 자율성을 부여하는 것뿐이라는 점을 배웠다. 언어의 자율성 없이 어떻게 자연과 사회들 간의 중앙공간이 준대상, 준주체들을 수용하도록 활용될 수 있었겠는가? 기호론의 다양한 형태들은 언어의 매개작용들을 추적하는 데 훌륭한 도구상자가 된다. 하지만 지시대상으로의 연결과 맥락으로의 연결이라는 이중의 문제를 회피함으로써 이들은 우리가 준대상을 근본까지 추적하는 것을 허락하지 않는다. 앞서 말한 바와 같이 준대상이란 실제적이고, 종잡을 수 없으면서도 동시에 사회적인 존재이다. 이들은 자연, 집합체, 그리고 담론에 소속된 것들이다. 누군가 자연을 인식론자들에게 인계하려 할 때, 사회를 사회학자에게 넘겨주고 담론에 자율성을 부여하려 한다면 그는 다시는 이 세 가지 자원들을 봉합하지 못하게 될 것이다.

탈근대적 조건은 최근에 — 자연, 사회 그리고 담론이라는 — 3가지의 근대적 비판의 최고의 수단들을 연결해보려는 시도도 없이 병치하려 했다. 서로 구분되는 상태에서 이 세 가지가 혼성화작용으로부터 분리된다면, 그로부터 주어지는 근대세계의 이미지는 진정 공포를 자아낼 것이다. 그 세계에서 자연과 기술은 전혀 결점이 없고, 사회는 완전히 허위의식으로 구성되어 있고, 담론은 모든 것으로부터 분리된 의미작용으로만 이루어질 것이다. 이와 같은 현상형태의 전체세계는 콜라주의 방식으로 모든 장소와 모든 시대에서 빌려와 아무렇게나 조합될 수 있는 단절된 연결망들의 요소들 옆을 정처 없이 떠다닌다. 누구나, 벼랑에서 뛰어내리는 것에 대해 진지하게 고민하게 만들기에 충분하다. 이것이 탈근대인들의 경박한 절망, 그들이 전임자들, 즉 부조리의 대가들의 불안 angst으로부터 물려받은 절망의 원인이다. 하지만 탈근대인들은 — 이점이 중요한데 — 자신들이 존재를 망각했다고 생각하지 않을 정도로 조롱의 대상이 되거나 그러한 포기상태에는 이르지 않을 것이다.

3.6 누가 존재를 망각했는가?

처음에는 존재와 존재자의 구별이라는 생각이 준대상에 임시거처를 제공하는 효과적인 방법처럼 보였고, 근대화 철학자들과 언어적 전환의 전략에 대한 제3의 전략으로 추가되었다. 준대상은 자연이나 사회, 혹은 주체에 속하지 않으며 언어의 것도 아니다. 형이상학을 해체함으로써 (다시 말해, 근대적 헌법을 혼성화 작용으로부터 격리하여) 마르틴 하이데거Martin Heidegger는 모든 것을 하나로 유지시켜 주는, 주체와 대상 모두로부터 멀리 떨어져 있는 중심점을 지정한다. '존재에 대한 사유가 우리에게 낯선 것은 그 단순성 때문이다. 바로 이것이 우리를 존재로부터 멀어지게 만든다'(Heidegger, 1977a). 이 배꼽, 이 중심의 주위를 돌면서 이 철학자는 형이상학적 정화와 매개의 작용 간의 분절이 존재함을 확신한다. '사유란 그 잠정적 본질의 빈곤함으로 내려가는 것이다. 사유는 단순한 발언 속으로 언어를 끌어모은다. 이러한 방식으로 구름이 하늘의 구름이 되듯이 언어는 존재의 언어가 된다'(p. 242).

하지만 그 즉시 이 철학자는 그가 선의로 상정한 단순성을 잃어버리고 만다. 왜일까? 얄궂게도 그는 빵 굽는 가마 안에서 휴식을 취하곤 했던 헤라클레이토스Heraclitus에 대한 한 교훈담에서 자신의 입으로 그 원인을 밝혔었다. 헤라클레이토스는 자신의 몸을 다른 사람의 것처럼 덥히고 있는 광경에 속아 놀란 손님들에게 이렇게 말한다. '여기에도 신이 존재한다'Einai gar kai entautha theous(Heidegger, 1977b, p. 233). '여기에도 신이 존재한다.'Auch hier namlich wesen Gotter an. 하지만 하이데거도 헤라클레이토스의 순진한 손님들과 마찬가지로 그의 모방자들과 함께 숲길Holzwege의 검은 숲 주변 밖에서는 신을 찾게 되리라 기대조차 하지 않는다는 점에서 속은 것이나 마찬가지다. 존재는 보통의 존재자들에는 있지 않다. 사방이 사막이다. 신들은 기술에도 존재하지 않는다. 왜냐하면 기술은 존재에 대한 순수한 닦달Ge-Stell 3이기 때문이며 피할 수 없는 운명Geschick이고 궁극의 위험Gefahr이기 때문이다(Zimmerman, 1990). 과학에서도 신들을 찾을 수는 없는데, 과학의 본질은 무엇보다도 기술이기 때문이다(Heidegger, 1977b). 신은 정치학, 사회학, 심리학, 인류학, 역사 — 실제로는 신의 역사이고 천년 단위로 시대를 구분하지만 — 에는 부재한다. 신은 경제학 — 존재자들의 근심 속에 영원히 처박힌 계산 — 에도 존재하지 않는다. 신은 철학, 존재론에서도 찾을 수 없다. 이들은 모두 2500년 전에 자신이 가야 할 길을 잃어버렸다. 따라서 하이

---

3. [옮긴이] 닦달(Ge-Stell) : 기술의 본질을 설명하기 위한 하이데거의 개념. '놓다, 세우다'라는 의미의 독일어 stellen에서 온 말이며 원래는 '받침대, 작업대'라는 의미다. 하이데거는 독일어의 전철 Ge-의 쓰임새에 대한 사고를 통해 Ge-Stell에서 '집약하여 세우다'는 의미를 이끌어낸다. 하이데거는 따라서 인간과 기술의 관계에 대해서 다음과 같이 말한다. "우리는 스스로를 탈은폐시키고 있는 그것을 부품으로 주문요청하도록 인간을 집약시키고 있는 그것을 이제 작업대(닦달)라고 부르자"[마르틴 하이데거, 『기술과 전향』, 이기상 옮김 (서울 : 서광사, 1993), 53면. 여기에는 기술의 본질에 대한 중립적이고 도구적인 접근, 즉 기술을 '목적에 대한 수단'으로만 보는 관점의 위험성에 대한 경고가 담겨있다.

데거는 헤라클레이토스가 손님들이 그를 대한 것과 마찬가지로 경멸감을 갖고 근대 세계를 대한다.

그럼에도 불구하고 라인강가의 수력발전소에도, 소립자들에도, 손으로 만든 나막신뿐만 아니라 아디다스 신발에도, 오래된 풍경 속뿐만 아니라 산업화된 농업agribusiness에도, 횔덜린Hölderlin의 비통한 시에서뿐만 아니라 가게주인의 계산에도, '여기에도 신이 있다'. 그렇다면 철학자들이 더 이상 이들을 알아보지 못하는 이유는 무엇인가? 그것은 철학자들이 근대 헌법이 자신에 대해 말하는 바를 그대로 믿기 때문이다! 이러한 역설은 이제 놀랄 일도 아니다. 근대인들은 분명 기술이란 순수한 도구적 숙달일 뿐이며 과학은 순수한 닦달Das Ge-Stell이라고 선언한다. 그들에게 경제학은 순수한 계산이며, 자본주의는 순수한 재생산, 주체는 순수한 의식이다. 어디나 순수성이다! 그들은 이렇게 주장하지만 우리는 그들의 말을 문자 그대로 이해하는 우를 범하지 말아야 하는데, 그들이 단언하고 있는 것은 근대 세계의 절반, 즉 혼성화 작업이 공급하는 것들을 증류하는 정화의 작업에만 해당되기 때문이다.

그럼 누가 존재를 망각했단 말인가? 아무도 망각한 적은 없다. 만일 존재를 잊었다면 자연은 순수한 '재고품'stock이어야 할 것이다. 주변을 살펴보라. 과학의 대상은 주체, 대상인 동시에 담론으로 떠돌아다니고 있다. 기계의 경우에는 주체와 집합체로 인하여 고민하고 있다. 어떻게 존재자가 존재와의 차이와 자신의 불완전성, 그 상처와 흔적을 지울 수 있겠는가? 이는 모든 이들의 능력 밖의 일이다. 그렇지 않다면 우리는 진정으로 근대적이었다고 생각해야 하고 근대 헌법의 상반부에 흡수되어야 마땅하다.

하지만 정말로 존재를 망각한 사람이 있지 않을까? 그런 사람들이 있다. 진정으로 존재가 망각되었다고 생각하는 사람들이 그들이다. 레비-스트로스Levi-Strauss가 말했듯이 '야만성이 존재한다고 믿는 사람이야말로 야만인이다.'(Levi-Strauss, [1952] 1987, p. 12). 과학, 기술, 법학, 정치학, 경제학, 신학 혹은 픽션에 대한 경험적 연구를 수행하지 못한 사람들은 모두 존재자들 사이에 어디에나 존재하는 존재의 흔적을 놓친 것이다. 만일 당신이 경험주의를 경멸하여 엄밀한 제 과학들을 배제한다면 그다음에는 사회과학을, 그리고 다시 전통철학, 언어학을 배제하게 될 것이며 당신은 당신의 숲속에 숨게 될 것이고, 진정 비참한 상실을 맛보게 될 것이다. 하지만 이때 당신이 놓치는 것은 세계가 아니라 바로 당신 자신이다! 하이데거의 우화는 이러한 명백한 약점을 강점으로 바꾸어 놓는다. '우리는 경험적인 것에 대해 무지하지만 어차피 당신네들의 세계에 존재는 부재하므로 그것은 중요치 않다. 우리는 존재의 꺼져가는 작은 불씨를 모든 것으로부터 보호하고 있으며 따라서 나머지 전 세계를 가졌다는 당신들은 실은 아무것도 갖지 않은 것이다'. 하지만 실은 그 반대다. 우리는 존재와 존재자들을 갖고 있기 때문에 모든 것을 가지고 있으며, 우리는 결코 존재와 존재자 간의 차이를 잠시도 잊은 적이 없었다. 우리는 하이데거에 의해 수행된 불가능한 기획을 계속하고 있는 것이다. 그런데 하이데거는 근대의 헌법이 스스로에 대해 말한 바를 그대로 믿었기 때문에 결국 과거의 인류학적 모체를 결코 포기하지 않은, 전체 메커니즘의 오직 절반만이 문제가 되어 왔다는 점을 이해하지 못했다. 아무도 존재를 망각하지 않았는데, 근대세계는 존재한 적이 없었고, 마찬가지 의미에서 형이상학도 존재한 적이 없기 때문이다. 우리는 언제나 소크라테스 이전, 데카르트 이전, 칸트 이전, 니체 이전에 머물러 있다. 급진적인 혁명도 우리를 이들 과거와 떼어놓을 수 없기에 버려진 적 없는 과거로 우리를 되돌려 줄 반동적인 반혁명은 필요치 않다. 그렇다. 하이데거보다도 헤라클레이토스가 더 좋은 길잡이인 셈이다. '여기에도 또한 신이 있다.'

3.7 과거의 시작

따라서 준대상의 증식은 세 가지의 서로 다른 전략으로부터 환영을 받았다. 첫째 자연의 극—물자체—과 사회 혹은 주체의 극—사람들 자신people-among-themselves—간의 영원히 벌어지는 간극, 둘째 언어 혹은 의미의 자율화, 그리고 마지막으로 서양 형이상학의 해체가 그것이다. 4가지의 서로 다른 자원들, 즉 자연화, 사회학화, 담론화, 그리고 마지막으로 존재의 망각이라는 자원을 동원하여 근대적 비판은 그 신랄함을 발전시켰다. 하지만 이 자원들 중 그 어느 것도 근대 세계의 이해를 가능하게 해주는 것은 아니다. 이들을 한자리에 모은다 해도 분리되어 있다면 우리가 탈근대주의의 징후인 반어적인 절망으로 인도될 뿐이기 때문에 상황은 훨씬 심각한 것이다. 이 모든 비판의 재료들은 모두 하이브리드들의 증식 작용과 정화작용 양자 모두를 따르는 오류를 범하고 있다. 탈근대인들의 마비상태에서 벗어나기 위해서는 이들 재료들을 재활용하는 것으로도 충분한데, 재료들을 하나로 합쳐서 준대상들이나 연결망들을 뒤덮을 수 있도록 만들어야만 한다.

그런데 비판의 재료들이 서로 분쟁적인 상황에서 이들을 어떻게 연동하도록 만들어야 할까? 우리는 정화작용과 매개작용의 과제—즉 근대 세계를 이루는 두 절반—를 수용할 만큼 충분히 큰 지적 영역을 전개하기 위해 우리의 발자취를 거슬러 올라갈 필요가 있다. 하지만 우리의 발자취를 어떻게 거슬러 올라갈 것인가? 근대 세계란 시간의 화살로 표시되지 않았는가? 이 세계는 과거를 탕진해 버리지 않았는가? 그것은 과거와 완전히 단절하지 않았는가? 현재의 굴복의 원인은 곧 '탈'근대 시대가 필연적으로, 일련의 파국적인 대변동들 속에서 전근대를 계승한 근대를 다시 계승할 수밖에 없었기 때문이지 않은가? 역사는 이미 종언을 고하지 않았던가? 준대상들을 그들의 헌법과 동시에 수용할 방안을 찾기 위해 우리는 근대인들의 시간성의 기본구조를 고려하지 않을 수 없다. 우리는 지금 탈근대주의자들 '이후'로의 이행을 거부하고 있기 때문에 시간의 경로 그 자체의 변경 없이 우리가 떠나 본 적 없는 비근대적 세계로 회귀하자고 주장할 수는 없다.

우리는 준대상의 정의로부터 시간의 정의로 인도되는데, 시간 또한 근대적인 차원과 비근대적인 차원, 경도와 위도를 지닌다. 이 점을 『클리오』 *Clio*라는 역사의 주조에 대한 놀라운 고찰에서 샤를르 페기 Charles Peguy보다 더 잘 표현한 사람은 없었다(Peguy, 1961a; Latour, 1977 참조). 달력이란 형태의 시간은 통제된 일련의 날짜들과의 관계 속에서 사건들의 위치를 정해주지만 역사성은 같은 사건들을 각각의 강도에 따라 다르게 자리매김한다. 이것이 역사의 뮤즈가 빅토르 위고 Victor Hugo의 졸작 『레 뷔르그라브』 *Les Burgraves* — 역사성 없는 시간의 축적—을 보마르셰Beaumarchais의 짧은 명언—역사 없는 역사성의 완벽한 사례—을 비교하면서 익살스럽게 설명해 주는 바다.

'사람들이 내게 베로나 후작이자 놀릭의 성주 마뉴스의 아들 하토가 골로이스의 아버지이며, 골로이스는 하토의 아들(서자)이자 사렉의 성주라고 말했을 때 나는 아무것도 새로 알게 된 것이 없다고 그녀[Clio]는 말한다. '나는 그들을 알지 못한다. 나는 앞으로도 알지 못할 것이다. 하지만 체루비노가 죽었다는 이야기를 들었을 때, 그가 **배속된 적이 없었던** 요새가 **급습을 당하는** 외중에 죽었다는 이야기를 들었을 때 나는 정말로 무언가를 배운다. 나는 무슨 말을 들었는가를 명확히 알고 있다. 은밀한 떨림이 내가 들은 사실에 대해 경고하는 것이다'(p.276; 저자의 강조).

시간의 근대적 경과passage란 역사성의 하나의 특수한 형태에 불과하다. 우리는 시간이 경과하고 있음을 어떻게 아는가? 바로 근대적 헌법으로부터 알게 된다. 여기서 인류학이 우리에게 다음의 사실을 상기시켜준다. 시간의 경과는 다양한 방식으로—순환, 혹은 타락으로서, 몰락, 혹은 불안정성으로서, 회귀, 혹은 연속적인 현존으로서—해석될 수 있다는 것이다. 이러한 경과의 해석을 시간 자체와 주의 깊게 구분하기 위해 시간성temporality이라고 부르기로 하자. 근대인들은 경과하는 시간이 이미 지나친 과거를 파괴하기라도 하는 것으로 이해하려는 이상한 경향이 있다. 그들은 자신들을, 마치 한 번 지나간 자리에는 풀 한 포기 다시 자라지 않게 한다는 아틸라Attila로 간주한다. 그들은 자신들이 이미 수 세기 동안 중세로부터 떠나왔다는 점을 실감하지 못하면서도 코페르니쿠스적 혁명이나, 인식론적 단절, 인식의 파열에 의해 너무나 급격하게 분리됨으로써 자신들 안에서 그 과거의 어떤 부분도 살아남지 못한다고 — 그리고 저 과거의 어떤 부분도 자신들 안에서 살아남아서는 안 된다고 — 느낀다.

> '진보에 관한 저 이론은 본질적으로 저축은행의 이론에 가깝다'고 클리오Clio는 말한다. '전체적으로, 보편적으로 볼 때, 그 이론은 인간 전체 공동체를 위한 거대한 보편적인 저축은행을 가정하고 만들어낸다. 이것은 거대한 지적 저축은행이며 인간 전체 공동체를 위한 일반적이고 보편적이기까지 하며 자동적인 저축은행이다. 여기에서 자동적이라 함은 전 인류가 그곳에 저축은 하면서도 절대로 인출은 하지 않을 것이라는 의미이며, 또한 예금이 그 스스로의 힘에 의해 영원히 불어날 것이라는 의미에서다. 이것이 진보의 이론이다. 이것이 그 청사진이다. 하나의 사다리다'(Peguy, 1961a, p.129).

일단 경과한 것은 모두 제거되기 때문에 근대인들은 정말로 시간을 비가역적 화살, 자본화, 진보로 이해한다. 하지만 이러한 시간성이 상당히 다른 방식으로 작동하는 시간성의 체제에 부과되었기 때문에 불화의 징후들이 증폭되고 있다. 니체가 오래전에 관찰한바, 근대인은 역사주의라는 질병을 앓고 있다. 그들은 자신들이 과거와 완전히 단절되었다고 믿기 때문에 모든 것을 간직하고 모든 날짜를 기록하고자 한다. 그들이 더 많은 혁명을 축적할수록 그들은 더 많은 것을 아낄 수 있고, 그들이 자본화를 더 심화할수록 그들은 박물관마다 더 많은 것들을 전시하게 된다. 광적인 파괴는 똑같이 광적인 보존에 의해 균형을 이룬다. 역사가들은 과거를 세부묘사 하나하나에 공들여 정교하게 재구성하는데, 과거가 그들에게는 영원히 사라져버린 존재이기 때문이다. 하지만 우리가 생각하는 만큼 진정으로 과거로부터 멀리 떨어진 것인가? 아니다. 근대의 시간성이 시간의 경과에 그리 많은 영향을 미치지 않는다는 점에서 그렇다. 따라서 과거는 남아있고 심지어 회귀하기까지 한다. 이제 이러한 부활은 근대인들에게는 이해할 수 없는 것이 된다. 따라서 그들은 이를 억압된 것들의 귀환으로 취급한다. 근대인들은 이를 의고주의archaism로 본다. 그들은 '만일 우리가 조심하지 않는다면 우리는 과거로 돌아갈 것이고, 결국 암흑기로 떨어질 것이다'라고 생각한다. 근대인들이 시간이란 경과하는 것이라는 인상을 유지하기 위해서는 당연히 제거해야 하는 것들이 있는데, 근대인들의 제거 능력 부재의 두 가지 징후가 역사적 재구성과 의고주의다.

만일 내가 혁명이 과거를 폐기하려 들지만 이를 달성할 수는 없다고 설명한다면 나는 다시 한번 반동으로 몰릴 위험을 감수해야 한다. 왜냐하면 근대인들에게—그들의 거짓 적敵인 탈근대인들뿐만 아니라 반근대적인 적들에게도 마찬가지로—시간의 화살이란 애매하지 않기 때문이다. 즉 시간은 앞으로 나아갈 수 있지만 과거와 단절해야만 하고, 뒤로 가는 선택을 취할 수도 있지만 이미 자신들의 과거와 극단적으로 그 관계를 끊은 근대화의 전위들과 반드시 단절해야만 한다. 이러한 일방적 요구는 지난 몇 년 전까지만 해도 근대 사상을 조직했다—물론 매개 작용, 즉 언제나 시대와 장르, 이념들을 전근대인들이 하듯이 이질적으로 남겨놓은 채로 혼합하는 작용에 대해 아무런 영향을 미치지 않으면서. 이제 와서야 다 알게 되었지만 우리가 할 수 없는 작업이 있다면 그것은 바로 혁명이며, 그것이 과학, 기술, 정치학이나 철학에서의 혁명인가는 중요하지 않다. 그럼에도 불구하고 이러한 사실을 하나의 실망스러운 일로 해석할 때, 마치 의고주의가 모든 것을 침범하게 되었다는 것으로 해석할 때, 마치 이미 억압된 재료들을 우리 뒤에 쌓아 둘 수 있는 공용 매립지가 더 이상 존재하지 않는 것으로 해석할 때, 우리는 여전히 근대인일 것이다. 우리가 역대의 모든 요소들—똑같이 오래되고 시대에 뒤처진—을 하나의 콜라주로 병치함으로써 이러한 실망감을 극복하려 한다면 우리는 여전히 탈근대인으로 남게 될 것이다.

3.8 혁명의 기적

시간성의 근대적 형태와 근대적 헌법은 어떻게 연결되는가? 이 헌법은 암묵적으로 자연과 사회라는 두 대칭성을 연결하며 그 아래에서 하이브리드들의 증식을 허용한다. 근대적 헌법이 시간을 언제나 계속해서 다시 시작해야만 하는 하나의 혁명으로 경험하도록 하는 이유는 무엇인가? 이에 대한 해답은 과학학의 역사로의 대담한 진출을 통해 다시 한번 제시된다. 과학의 사회사는 일반적인 문화사의 도구들을 더 이상 유연하고 우발적이며 국지적인 인간사들에 적용하는 것이 아니라 자연이라는 견고하고 필연적이고 보편적인 현상에 적용하는 것이다. 다시 한번 역사가들은 이를 역사의 성채에 단순히 새로운 벽을 추가하는 쉬운 과제로 생각했다. 그리고 다시 한번 모든 과학의 역사로의 흡수는 역사가들로 하여금 사회학, 철학 혹은 인류학의 가설들을 재고하게 만든 것과 똑같이 '표준적인' 역사에 숨은 가설들을 재고하도록 강요했다. 근대적 시간관은 그것이 역사 분야 속에 배태됨에 따라—기이하게도—자연의 대상들을 속속들이 억압하면서 대상들의 갑작스러운 출현을 마치 기적인 것처럼 제시하는 특정한 과학관에 의존한다.

근대의 시간은 과학이나 기술의 역사와 일반적인 역사 간의 구분에서 기인하는 설명할 수 없는 출현의 연속이다. 만일 보일과 홉스, 그리고 그들 간의 논쟁을 억압한다면, 진공 펌프의 제작, 동료들에 대한 설득, 말소된 신의 발명, 영국 왕실의 복원의 과정을 모두 무시하고서 보일의 발견을 어떻게 설명할 수 있겠는가? 공기의 탄성은 난데없이 등장한다. 그것은 완전히 무장한 채로 나타난다. 최고의 미스터리가 될 이 것을 설명하기 위해서는 언제나 그 자리에 존재했던 것이 이와 같이 기적처럼 새로운 사물로서 등장하는 것과 아직 시도한 바 없는 인간의 조작들에 적합한 시간의 이미지를 구성해야 한다. 급진적 혁명이라는 생각은 근대인들이 그들의 헌법을 통해 금지하는 동시에 허용하는 하이브리드들의 출현을 설명하고 또 다른 괴물, 즉 사물 자체에도 고유의 역사가 존재한다는 생각을 피하기 위해 고안해낸 유일한 해법이다.

정치적 혁명 개념이 과학 혁명 개념으로부터 차용되었다고 생각할 근거는 충분하다(Cohen, 1985). 우리는 그 이유를 이해할 수 있다. 라부아지에Lavoisier의 화학이 어떻게 절대적으로 새롭지 않았을 수 있는가? 이 위대한 과학자가 자신의 구축물의 모든 흔적을 소거하고 앞선 시대의 과학자들과 그를 묶어주는 연결고리를 모두 잘라버렸는데도 그가 어찌 새롭지 않을 수 있었겠는가? 그가 그의 선구자들을 처형하는 데 사용했던 똑같은 단두대에 그가 올라가야만 했다는 사실, 그것도 똑같은 반계몽적 계몽주의의 이름으로 처형되었어야 했다는 사실이 역사의 불행한 아이러니이다(Bensaude-Vincent, 1989). 과학적, 혹은 기술적 혁신의 기원이 근대 헌법 안에서 이렇게까지 신비로운 것이 되는 이유는 오직, 국지적이고 조작된 법칙의 보편적 초월이 생각할 수 없는 것이 되었고 또 다른 스캔들을 피하려면 계속 그러한 상태를 유지해야 하기 때문이다. 한편 인간의 역사는 의미 없는 소음에 흔들리는 우연적인 것으로 유지될 것이다. 따라서 이제부터는 두 종류의 서로 다른 역사가 존재하게 될 것이다. 하나는 언제나 존재해 온 보편적이고 필연적인 사물들에 관한 것으로 비록 역사성은 결여되어 있지만 전면적인 혁명이나 존재론적 단절의 역사다. 그리고 다른 하나는 다소 우연적이거나 사물들로부터 분리된 초라한 인간의 어느 정도 계속되는 동요에 초점이 맞추어진 역사다.

필연성과 우연성의 구분, 역사적인 것과 초시간적인 atemporal 것의 구분을 통하여 근대인의 역사는 비-인간 — 피타고라스의 정리, 지동설, 만류인력의 법칙, 증기기관, 라부아지에의 화학, 파스퇴르의 백신, 원자폭탄, 컴퓨터 등 — 의 출현으로 한 시기가 마감될 것이며, 이때마다 시간은 이 기적적인 기원들로부터 시작되는 것으로 인식될 것이다. 그리고 이를 통해 초월적 과학들의 역사에서 각 시대의 화신들은 세속화될 것이다. 사람들은 그들이 예수의 탄생을 기준으로 '기원전'과 '기원후'를 구분하였듯이 컴퓨터의 발명을 전후로 '기원전'과 '기원후'를 나눌 것이다. 근대인의 운명에 대한 선언들을 동반하는 떨리는 목소리로 사람들은 심지어 '유대 기독교적 시간관'에 대해 논하기까지 할 것이다. 하지만 이러한 관념은 시대착오적인데, 유대교 신비주의자나 기독교 신학자 어느 누구도 근대 헌법에 경도된 적이 없기 때문이다. 근대인들은 자신들의 시간의 체제를 현전Presence(다시 말해 신의 현존)을 중심으로 구축하였지 진공의 출현이나 DNA, 집적회로나 자동화 공정 등을 중심으로 구축하지 않았다.

근대적 시간성에 '유대 기독교적'인 것이라곤 없으며, 다행스럽게도 지속적인 것도 없다. 그것은 중기 왕국을 하나의 선, 역사는 없지만 역사 속에 출현하는 것들 — 자연의 사물들

―과 역사를 떠나지 않는 것―인간의 노동과 정념―들 간의 무자비한 분리로 인해 화살이 된 선 위에 투사한 것이다. 이제 자연과 문화 간의 비대칭성은 과거와 미래 간의 비대칭성이 된다. 지금까지 과거는 사물과 인간의 혼동의 시기였고, 미래란 더 이상 양자를 혼동하지 않게 되는 시기가 된다. 근대화란 사회의 요구와 과학적 진리가 뒤엉킨 불명료한 시대로부터 끊임없이 탈출하여 시간을 초월한 자연에 속하는 것과 인간으로부터 비롯된 것, 사물에 속하는 것과 기호에 속하는 것을 마침내 구분하는 새 시대로 진입하는 것을 말한다. 근대적 시간성은 과거와 미래 간의 차이를 그보다 더 중요한 매개와 정화 간의 차이 위에 포개 놓을 때 발생한다. 현재란 우리가 다시는 회귀하지 못하도록 막아주는, 수많은 역회전 방지 톱니바퀴들을 이루는 일련의 극단적인 단절들, 혁명들에 의해 그 윤곽을 얻는다. 원래 이 선은 메트로놈의 박자만큼이나 비어있다. 하지만 근대인들이 준대상의 증식을 투사하는 것은 바로 이 선상이며 이러한 대상의 도움으로 두 가지 역행될 수 없는 진행의 연속체―하나는 위로, 진보하는 것이며 다른 하나는 아래로, 쇠퇴하는 것―들을 추적할 수 있다.

3.9 지나가는 과거의 종말

세계와 공동체들의 역대 최대 규모의 동원으로 인해 우리의 자연과 사회들을 구성하는 행위자들의 수는 급격히 늘었지만 이러한 동원 어디에도 질서정연하고 체계적인 시간의 경과는 내포되어 있지 않다. 하지만 그들만의 아주 특이한 시간성의 형태 덕분에 근대인들은 자본주의의 형태, 정복의 축적, 혹은 야만족의 침입이나 연속하여 벌어지는 파국 등의 새로운 행위자의 확산을 주문하게 될 것이다. 진보와 쇠퇴는 그들에게 가장 큰 두 가지 자원이며, 양자 모두 같은 기원을 갖는다. 달력의 시간, 진보, 쇠퇴라는 세 가지 선 위에서라면 근대적 시간성을 수용하면서도 그 진행 방향을 뒤집으려 하는 반근대인을 찾아내는 것이 가능할 것이다. 이들은 진보 또는 퇴보를 청산하기 위해 과거로의 회귀를 원한다—마치 과거가 실제로 존재했다는 듯이!

우리가 지금 과거와 절연된 새로운 시간을 살고 있다고 하는 근대적인 인상의 원천은 무엇인가? 시간성이라고는 전혀 없는 그 자체로 하나의 연속, 하나의 반복인 이것의 원천은 무엇인가(Deleuze, 1968) 시간의 비가역적인 경과라는 인상은 우리의 일상 세계를 구성하는 요소 군들을 하나로 묶을 때에만 발생한다. 우리에게 시간이 경과한다는, 미래로부터 과거로 이어지는 연속적인 흐름이 존재한다는—페기Peguy가 말하는 사다리의—인상은 이 요소들의 체계적인 응집력에 의해, 그리고 이어지는 기간 동안 이 요소들이 다른 마찬가지로 응집력 있는 것들에 의해 교체됨으로써 생겨난다. 시간이 하나의 흐름이 되기 위해서는 존재들이 단계적으로 이동함으로써 당대의 것으로서 만들어져야 하고 이들과 마찬가지로 잘 정렬된 다른 사물들에 의해 대체되어야만 한다. 근대적 시간성이란 존재들에 강요된 재교육의 결과인데, 이 존재들은 이 같은 가혹한 훈육이 없다면 모든 종류의 시간에 들어맞을 수 있고 모든 종류의 존재론적 지위들을 갖게 될 것이다.

진공 펌프는 그 자체로 혁명적이지도 않은 만큼 근대적이지도 않다. 진공 펌프는 수많은 행위자들을 모으고, 결합시키고 재배치한다. 여기에 관여하는 행위자들 중에는 신선하고 새로운 것들—영국의 국왕, 진공, 공기의 중량—도 있지만 그렇다고 모두 새롭다고 볼 수는 없다. 이들의 응집력은 과거와 깨끗이 단절할 수 있을 정도로 충분치는 않다. 시간에 맞춰 단계적으로 이행하는 근대화라는 인상을 획득하기 위해서는 분류와 정화, 구분이라는 보충적인 작업 전체가 필요하다. 만일 우리가 보일의 발견들을 영원성에 위치시키고 나서 이들이 이제 돌연히 영국 위로 떨어진다면, 만일 우리가 이 발견들을 '과학적 방법'을 통해 갈릴레오나 데카르트의 발견들과 연결시킨다면, 그리고 최종적으로 만일 우리가 기적에 대한 보일의 신념을 고대적이라고 거부해 버린다면, 우리는 완전히 새로운 근대적 시간의 인상을 받게 될 것이다. 비가역적인 화살—진보이거나 혹은 쇠퇴의—의 관념은 준대상들을 정렬하는 한 방식에서 비롯되는데, 근대인들은 이를 설명할 수 없다. 시간의 흐름의 비가역성은 그 자체가 근대인의 이해력의 범위를 완전히 벗어나는 과학과 기술의 초월성에 기인하는데 근대적 헌법의 두 부분[상반부와 하반부]이 결코 상술된 적이 없기 때문이다. 그것은 하부에서 진행되는 매개 작용으로부터, 자연적 존재들과 사회적 존재들의 인정받을 수 없는 기원을 은폐하기 위한 분류 장치다. 그들이 모든 하이브리드들의 세부사항을 제거하듯이 마찬가지로 근대인들은 이질적인 재배치들을 모든 것을 한데 묶어놓는 체계적인 총체성들로 해석한다. 근대화 과정은 달력에 의거하여 동시대의 모든 요소들이 같은 시간에 속하는 조건하에서만 생각할 수 있는 것이다. 이것이 가능하기 위해서는 이 요소들이 완전하고 인지 가능한 집단을 이루어야 한다. 그럴 때에만 시간은 하나의 연속적이고 진보하는 흐름을 형성하여 전근대인들은 완전한 침체의 변방에 남겨지는 반면, 근대인들은 스스로를 전위로 선언할 수 있고, 반근대인들은 후방의 방어자라고 선언할 수 있는 것이다.

이러한 아름다운 질서는 준대상들이 서로 다른 시기들,

존재론들, 혹은 장르들을 뒤섞고 있다고 보기 시작하는 시점에서 동요하게 된다. 그렇게 될 때 하나의 역사적 시기란 거대한 뒤범벅이라는 인상을 주게 될 것이다. 우리는 얇은 판들의 흐름 대신에 주로 소용돌이와 급류들로 이루어진 휘몰아치는 흐름을 겪게 될 것이다. 비가역적이던 시간은 가역적인 것이 된다. 초기에는 이러한 흐름이 근대인을 괴롭히지 않는다. 그들은 보조를 맞추어 전진하지 않는 모든 것들을 고대의 것, 비이성적이거나 보수적인 것으로 여긴다. 그리하여 근대의 계획에 의해 주어진 반동의 역할을 기꺼이 수행하는 반근대인들과 마찬가지로 반계몽주의를 상대로 투쟁하는 빛나는 전진의 위대한 드라마들(혹은 이성적인 보수주의자들에 대항하는 미친 혁명가들의 반드라마)이 관객의 더 큰 즐거움을 위해서 전개될 수도 있다. 하지만 근대화의 시간성이 계속해서 작동하려면 같은 동시대의 시간을 공유하는 존재들의 질서정연한 전선이 그 신뢰성을 유지해야 한다. 따라서 이에 대한 반례들이 너무 많아서는 안 된다. 이러한 예들이 지나치게 늘어난다면 의고주의나 억압된 것들의 회귀에 대해 말할 수 없게 된다.

준대상의 급격한 증식은 헌법과 함께 근대적 시간성을 폭발시켰다. 근대인들의 미래로의 비행은 누구도 시간의 정규적 흐름 속에 그 위치를 차지하지 못한 예외들의 증가와 함께 20년, 아니면 10년 전에, 혹은 작년에 중단되었을 것이다. 우선 탈근대 건축(이 유감스러운 표현은 바로 건축에서 비롯된 것이다)의 마천루들이 있었다. 그리고 아무도 그것이 혁명적인 것인지 반동적인 것인지 규정하지 못한 호메이니의 이슬람 혁명이 일어났다. 그 이후 수많은 예외들이 끊임없이 튀어나오고 있다. 이제 더 이상 그 누구도 하나의 일관된 집단을 이루면서 '같은 시간에 속하는 행위자들을 범주화할 수 없게 되었다. 피레네 산맥에 곰을 방사하기, 구소련의 집단농장 콜호스, 에어로졸, 녹색 혁명, 천연두 백신, 스타워즈, 이슬람교, 자고 사냥, 프랑스 혁명, 서비스 산업, 노동조합, 저온 핵융합, 볼셰비즘, 상선 등등이 시대에 뒤처진 것인지, 첨단의 것인지, 미래지향적인 것인지, 초시간적인지, 비존재적 nonexistent인지 또는 영원한 것인지 더 이상 누구도 알 길이 없다. 탈근대인들이 미술과 정치학이라는 두 전위적 운동에서 그렇게도 일찍 너무나도 민감하게 간파했던 것이 바로 시간적인 흐름 속의 이와 같은 소용돌이인 것이다(Hutcheon, 1989).

하지만 언제나 그러했듯이 탈근대주의는 어떤 징후일 뿐 해법이 아니다. 탈근대인들은 근대의 기본 틀을 간직하고 있지만 근대인들이 질서정연한 덩어리로 한데 모아놓은 요소들을 분산시켜 버린다. 탈근대인들은 그 분산에 관해서는 옳다.

모든 동시대적 결집은 다–시간적polytemporal이다. 그러나 근대의 기본 틀을 유지하고 근대주의가 요구한 지속적인 혁신에 대해 계속해서 믿은 것은 잘못이었다. 과거의 요소들을 콜라주와 인용의 형식으로 한데 섞어놓음으로써 탈근대인들은 이러한 인용들이 얼마나 진정 시대에 뒤처진 것들인가를 깨닫는다. 나아가 이들이 시대에 뒤진 것이기 때문에 탈근대인들이 이를 다시 파헤친 것이며 더 이상 어느 제단을 경배해야 하는지 모르게 된 이전의 '근대주의적' 전위들을 놀라게 하기 위해 그렇게 하는 것이다. 하지만 결코 사라진 적이 없는 과거를 재현하고 반복하거나 재고하기 위해 정말로 완료된 과거로부터 추출된 도발적인 인용구를 만들어내려면 아직 멀었다.

3.10 선별작업과 다중적인 시간들

다행히도 아무도 우리에게 근대적 시간성을 그 시간성에 속하는 급진적 혁명의 연속을 유지하라고 강요하지 않는다. 그리고 자신들이 과거라고 생각하는 것으로 회귀하는, 여전히 이 시간성에 속하는 반근대인들을 이 시간성과 함께 유지하라고 강요하지도 않는다. 또한 연속적인 진보에 대한 반대와 동의, 연속적인 쇠퇴에 대한 반대와 동의라는 근대적 시간성에 속하는 이중의 찬사와 불평의 조화를 이 시간성과 함께 유지하라고 강요하지 않는다. 우리 자신의 과거도 미래도 이해할 수 없게 만들고 인간적이고 또한 비-인간적인 제3세계들 전체를 무시하도록 강요하는 이 시간성에 우리가 영원히 붙어있는 것이 아니다. 근대적 시간성은 그 경과를 멈추었다고 하는 것이 더 적합할 것이다. 우리의 실제 역사가 근대화의 추진자들이나 그들의 적들이 강요한 프로크루스테스의 침대4와의 아주 희미한 관계만을 유지하고 있었다는 사실에 슬퍼하지 말자.

시간은 일반적인 기본 틀이 아니라 존재들 간의 연결 관계의 잠정적인 결과물이다. 근대적 학제는 동시대의 요소 군들을 재조립하고 함께 엮어서 체계화함으로써 그것이 함께 뭉쳐있도록 하고 따라서 체계에 속하지 않는 요소들을 제거하려 한 것이었다. 하지만 이러한 시도는 실패했다. 그것은 언제나 실패했다. 이제는 더 이상 다음과 같은 요소들을 제외

---

4. [옮긴이] 프로크루스테스의 침대 : 프로크루스테스는 그리스 신화에 등장하는 도적으로 자신이 마법의 쇠 침대를 가지고 있어서 누구나 그 침대에 누우면 침대가 누운 사람의 키에 맞게 바뀐다고 행인들을 현혹하였다. 그러나 실제로는 행인이 침대에 누우면 프로크루스테스는 그의 키가 침대보다 크면 다리를 절단하고, 침대보다 작으면 몸을 억지로 늘려서 침대 길이에 맞추었다. 결국 프로크루스테스는 테세우스에 의해 자신의 침대에서 최후를 맞게 된다. '프로크루스테스의 침대'는 자의적인 기준에 대상을 억지로 끼워 맞추는 것을 의미한다.

하면 아무것도 존재하지 않는다—그리고 결코 존재했던 적이 없다. 이제 존재하는 것은 체계를 벗어나는 요소들이며 날짜와 지속성이 불확실한 사물들이다. 트랜지스터와 전통적인 행동양식, 플라스틱 양동이와 동물 가죽으로 만든 주머니를 뒤섞는 것은 베두인족이나 쿵!Kung족만이 아니다. '정반대의 것들의 땅'이라고 불리지 않을 나라가 어디에 있겠는가? 우리는 모두 시간들을 뒤섞는 단계에 도달했다. 우리는 모두 다시 전근대적이 되었다. 더 이상 근대인들의 방식으로 진보하지 못한다면 우리는 반근대인들의 방식으로 역행해야 할까? 아니다. 우리는 하나의 시간성에서 다른 시간성으로 이행해야 한다. 왜냐하면 단 하나의 시간성 그 자체에는 시간적인 것이 아무것도 없기 때문이다. 시간성은 존재들을 연결시키고 일렬종대로 세우는 수단이다. 우리가 분류의 원칙을 바꾼다면 같은 사건들로부터 다른 시간성을 획득하게 된다.

예를 들어 우리가 동시대의 요소들을 직선이 아닌 나선형spiral 위에 재구성한다고 해보자. 우리에게는 여전히 하나의 미래와 하나의 과거가 주어지지만 그 미래는 사방으로 확장하는 원형을 띠며 과거는 뛰어넘어야 하는 대상이 아닌 재고하고, 반복하고, 둘러싸서, 보호하고, 재조합하고, 재해석하고 다시 섞어야 하는 대상이 된다. 나선 위에서 멀리 떨어져 있는 것처럼 보이는 요소들이 닫힌 원형들과 비교할 때에는 실제로 꽤 가까운 곳에 있을 수 있다. 반대로, 꽤 동시대의 것으로 여겨졌던 요소들이 직선으로 판단할 경우 바퀴의 살을 따라가다 보면 꽤 멀리 떨어져 있게 된다. 이러한 시간성 덕분에 현대의 요소 군들이 모든 시대의 요소들을 끌어모을 수 있게 되어 우리는 더 이상 '고대의' 혹은 '첨단의'라는 식별표시를 사용하지 않아도 된다. 그러한 기본 틀 내에서라면 우리의 행위들도 최소한의 다-시간적인 것으로 인정받는다.

나는 전기 드릴을 사용하기도 하지만 망치도 사용한다. 전자는 발명된 지 35년에 불과하지만 후자는 수십만 년의 역사를 갖고 있다. 내가 서로 다른 시대의 움직임을 섞어서 사용한다는 이유로 나를 자가제작DIY 계의 '반대되는 사물들'의 전문가라고 말하겠는가? 나는 민족지학의 연구대상이 될 것인가? 반대로 근대의 관점에서 동질적인 활동을 하나라도 꼽아보라. 내가 갖고 있는 유전인자들 중에는 1억 년 이상 된 것도 있고, 300만 년 된 것도, 십 만년에 밖에 안 된 것도 있으며, 나의 습관들 중에는 며칠 전에 생긴 것부터 수천 년 전으로 거슬러 올라가는 것까지 다양하다. 페기의 클리오가 말했고, 미셸 세르Michel Serres가 되풀이한 바와 같이 '우리는 시간의 교환수이자 혼합제조자다'(Serres & Latour, 1992). 우리를 정의해 주는 것은 이러한 교환에 의해서이지, 달력도, 우리를 위해 근대인들이 마련한 흐름도 아니다. 수많은 백작들을 쌓아봤자 여전히 시간을 갖게 되는 것은 아니다. 하지만 옆으로 빗겨 서서 체루비노Cherubino의 죽음의 강렬함을 잡아보라. 그때 시간이 당신에게 허락될 것이다.

이제 그렇다면 우리는 전통적인가? 그것도 아니다. 안정적인 전통이란 생각은 인류학자들이 오랫동안 정정해 온 하나의 환상이다. 불변의 전통들은 모두 그제부터 이동하기 시작했다. 조상으로부터 전래된 대부분의 민속들은 19세기 초 온전한 천을 재료로 발명된 스코틀랜드의 '백 주년' 기념 퀼트(Trevor-Roper, 1983)나 내 고향인 부르고뉴의 작은 마을의 와인 애호가 클럽인Chevaliers du Tastavin의 채 50년도 되지 않는 역사의 천년 의식과 같다. '역사가 없는 국민'이란 자신들의 역사가 극단적으로 새로운 것이라고 생각한 자들에 의해 고안된 개념이다(Goody, 1986). 실제로는 국민은 끊임없이 혁신하는 반면에 역사는 혁명, 인식론적 단절들, 고대인들과 근대인들의 싸움이라는 의례적인 방식을 통해 막연하게 흐르고 또 흐르도록 강제된다. 그 무엇도 선천적으로 전통적인 것은 없으며 지속적인 혁신을 통해 전통적인 것이 되기로 선택하는 것이다. 과거의 동일한 반복이나 모든 과거로부터의 극단적인 단절이란 생각은 단일 시간관에서 비롯된 대칭적인 두 가지 결과다. 우리는 과거나 전통, 반복으로 회귀할 수 없는데, 이 부동의 영역들이란 진보, 영구적인 혁명, 근대화, 전방으로의 비행 등 오늘날 우리에게 더 이상 약속될 수 없는, 세계의 전도된 이미지이기 때문이다.

우리가 전진도 후진도 할 수 없다면 어떻게 해야 할까? 다른 곳에 관심을 기울여보자. 우리는 결코 전진하거나 후진해 본 적이 없다. 우리는 언제나 다른 시대들에 속하는 요소들을 활발하게 분류했던 것뿐이다. 우리에게 아직도 분류는 허용되어 있다. 시간들을 형성하는 것은 바로 **분류**에 의해서이지 **시간**이 **분류**를 가능하게 하는 것이 아니다. 근대주의 ─ 반근대적이거나 탈근대적인 결과물들처럼 ─ 는 만인의 이름으로 소수의 대리자들에 의해 결정된 선택의 잠정적인 결과에 불과하다. 우리 시간에 속하는 요소들을 스스로 분류할 수 있는 능력을 더 많은 사람들이 획득하게 된다면 우리는 비로소 근대주의가 우리로부터 앗아간 이동의 자유 ─ 실제로 우리가 결코 한 번도 상실한 적이 없었던 자유 ─ 를 재발견하게 될 것이다. 우리는 자연들과 문화들이 마침내 명쾌하게 분리될 수 있는 미래에 도달하기 위해서 양자를 혼동했던 어두운 과거로부터 현재에 대한 지속적인 혁명을 통해 전진하고 있는 것이 아니다. 우리는 결코 미래로부터, 혹은 시간의 깊이로부터 도착하는 동질적이고 전지구적인 흐름 속으로 뛰어든 적이 없었다. 근대화는 일어난 적이 없다. 오랫동안 계속 커지면서 바로 지금 다시 흐르게 될 조류란 없다. 이러한 조류는 존재해 본 적이 없다. 우리는 얼마든지 자유롭게 다른 사물들로 나아갈 수 있다―다시 말해 언제나 서로 다른 방식으로 경과한 다수의 존재들로 돌아갈 수 있는 것이다.

3.11 코페르니쿠스적 반혁명

만일 우리가 인간 다중과 비-인간적 환경을 과거 속에 조금 더 오랫동안 억압된 상태로 둘 수 있었다면 우리는 아마도 근대적 시간들이 진행 경로 위의 모든 것을 제거하면서 지나갔다고 여전히 믿었을지도 모른다. 하지만 억압된 것들이 회귀했다. 인간 대중은 다시 여기에, 남반구South뿐만 아니라 동구권에도 있으며 무한히 다양한 다량의 비-인간 존재도 도처로부터 속속 도착하고 있다. 그들을 착취하는 것은 더 이상 불가능하다. 우리는 이들을 더 이상 능가하지 못한다. 이들을 능가할 수 있는 것은 더 이상 존재하지 않는다. 우리를 둘러싼 자연보다 위대한 것은 없으며, 더 이상 동구권 사람들은 프롤레타리아의 전위가 될 수 없다. 제3세계의 대중들의 경우에도 이들을 더 이상 가둬둘 수 없다. 우리는 이들을 어떻게 흡수할 수 있을까? 근대인들은 고뇌하며 질문을 제기했다. 이들 모두를 어떻게 근대화시킬 것인가? 우리는 그렇게 할 수 있었을지도 모른다. 우리는 그렇게 할 수 있으리라 생각했지만 이제는 더 이상 그것이 가능하다고 믿지 않게 되었다. 거대한 유람선이 속도를 줄이다 조해 Sargasso Sea5에서 완전히 멈춘 것처럼 근대인의 시간은 마침내 중지되었다. 하지만 시간은 이와 아무런 관련이 없다. 존재들 간의 연결 관계만이 시간을 만든다. 응집된 하나의 전체로서의, 존재들 간의 체계적인 연결 관계가 근대적 시간의 흐름을 구성하였다. 이제 이렇게 얇은 층을 이루는 흐름이 휘몰아치게 되면 우리는 공허한 시간성의 기본 틀에 대한 분석들을 포기하고 경과하는 시간으로 — 즉 존재들과 그들 간의 관계, 비가역성과 가역성을 구성하는 연결망들 — 로 되돌아갈 수 있다.

그렇다면 존재들을 분류하는 원칙이 어떻게 바뀔 수 있을 것인가? 부정한 다중들에게 어떻게 하나의 대표성, 계통, 시민의 지위를 부여할 것인가? 미지의 땅terra incognita이면서도 우리에게 너무나도 친숙한 이 지역을 어떻게 탐구해야 할까? 어떻게 하면 대상 혹은 주체의 세계로부터 내가 준대상 혹은 준주체라고 불렀던 것으로 이행할 수 있을까? 어떻게 내재적/초월적 자연Nature으로부터 그것만큼 실재하지만 과학 실험

---

5. [옮긴이] 조해 (Sargasso Sea) : 육지와 인접해 있지 않은 유일한 해역이자 모자반속(屬)의 해초가 떠 있는 넓은 지역의 바다로 북대서양에 위치한다. 선박이 해초에 걸려서 멈춰버리거나 사라진다는 전설이 생겨난 곳이기도 하지만 실제로 이는 적도와 아열대 무풍지대 때문이다.

실에서 추출된 자연nature으로 이행할 것이며, 또한 이를 어떻게 외부적 실재로 전환시킬 것인가? 내재적/초월적 사회 Society로부터 인간적인 것과 비-인간적인 것의 집합체들로 어떻게 전환할 것인가? 어떻게 우리는 초월적/내재적인 소거된 신crossed-out God으로부터 하부에 존재하는 신이라고 불러야 할지 모를 기원들의 신으로 옮겨갈 수 있을까? 그 위상학이 너무나도 기이하고 그 존재론은 더더욱 유별나며 연결과 분리의 능력을 모두 소유한, 즉 시간과 공간의 생성능력을 지닌 존재로서의 연결망들 속으로 어떻게 접근할 수 있을까? 우리는 중기왕국을 어떻게 개념화해야 할까? 앞서 설명한 바와 같이 우리는 근대적 차원과 비근대적 차원 모두를 추적해야 하며 매개와 정화의 작용 모두에 적합한 지도를 그릴 수 있게 해주는 경도와 위도를 전개시켜야 한다.

근대인들은 이 왕국을 이해할 방법을 완벽하게 알고 있었다. 그들은 마치 준대상들을 단순히 억제하기만 원했다는 듯이 소거하거나 부정함으로써 사라지게 하지 않았다. 그 반대로 그들의 존재를 인정하되 본격적인 매개자를 단순한 중간적 존재[중간매체]로 전락시킴으로써 그 역할을 제거했다. 하나의 중간매체란 — 비록 불가피한 것으로 인정되지만 — 단지 근대 헌법의 한 극단에서 다른 극단으로 에너지를 수송, 전달, 전송하기만 한다. 그 자체로는 비어있으며 언제나 덜 충실하고 다소 불투명할 수밖에 없다. 그러나 매개자는 본원적 사건이며 번역하려는 대상이나 그 사이에서 매개적 역할을 수행하게 되는 존재들을 직접 창조해 낸다. 우리가 단지 모든 행위자들에게 이 매개의 역할을 되돌려준다면 정확히 똑같은 존재들로 이루어진 바로 그 세계가 근대적이길 그치면서도 결코 한 번도 포기하지 않았던 것 — 즉 비근대적인 것 — 이 될 것이다. 근대인은 어떻게 매개의 작용을 명시하면서 동시에 제거할 수 있었을까? 그것은 바로 **모든 하이브리드를 두 가지의 순수 형태들의 혼합물로 봄으로써** 가능했다. 근대적 설명방식들은 모두 이 혼합물을 분리하여 주체(혹은 사회적인 것)로부터 비롯된 요소들과 대상으로부터 유래된 요소들을 추출하는 작업이었다. 그다음에 그들은 자신들이 파괴한 통일체를 재구성하기 위해 중간매체를 증식시켰지만 그럼에도 불구하고 언제나 순수 형태들의 혼합을 통해 회수하기를 원했다. 따라서 이러한 분석과 종합의 작업들은 언제나 다음의 세 가지 측면을 지녔다. 사전 정화작업, 분할된 분리, 점진적인 재혼합이 그것이다. 비판적 설명은 언제나 극단들에서 출발하여 중간으로 향했는데, 중간이란 처음에는 대립적인 자원들의 분기점이었고 이후에는 합류점 — 칸트의 거대한 서사구조 내에서는 현상의 장소로 일컬어지는 — 이었다. 이러한 방식으로 중간은 유지되는 동시에 폐기되고, 인정되면서도 부정되며, 상술되면서도 침묵을 강요당한다. 내가 자가당착에 빠지지 않으면서도 아무도 정말 근대인이었던 적이 없었으며 근대인이기를 멈춰야 한다고 말할 수 있는 이유가 이것이다. 잃어버린 통일체의 복원을 위해 중간매체를 증식시킬 필요성이 있다는 점은 그동안 꾸준히 인정되어왔지만— 따라서 포스트모던주의자postmods들을 제외하고는 아무도 자연Nature과 사회Society의 양극단들이 자유롭게 부유하는 단절된 연결망들로부터 극단적으로 이격해 있다고 아무도 진정으로 믿지 않지만— 그 중간매체들이 순수 형태들의 혼합물로 이해되는 한 근대 세계가 존재한다고 믿지 않을 수 없다. 이 전체 차이는 겉보기에는 사소한 매개자와 중간매체 사이의 뉘앙스 차이에 달려있다(Hennion, 1991).

만일 우리가 중기 왕국을 그 자체로 전개시키려 한다면, 우리는 설명의 일반적 형식을 전도시킬 수밖에 없다. 분기점 —그리고 합류점—은 출발점이 된다. 설명은 더 이상 순수한 형태들로부터 현상으로 진행되는 것이 아니라 중심에서 극단들로 진행된다. 극단들은 더 이상 실재의 결합점이 아니라 무수한 일시적이고 부분적인 결과물이 된다. 중간매체 층들의 축적은 앙트완 에뇽Antoine Hennion6이 제안한 모델에 따

---

6. [옮긴이] 앙트완 에뇽(Antione Hennion : 1952~) : 프랑스 사회학자이며 라투르와 미셸 칼롱 등이 창안한 행위자-연결망 이론에 있어서 중간매체와 매개자의 역할에 관하여 중요한 공헌을 하였다.

라 매개자들의 연쇄로 대체된다. 하이브리드들의 존재를 부인하는 대신에—그리고 이들을 중간매체라는 이름으로 어색하게 재구성하는 대신에—이 설명 모델을 이용하면 우리는 정화작용을 매개작용의 특수한 경우로 통합할 수 있다. 따라서 근대적 관점과 비근대적 관점 사이의 유일한 차이가 무력해지는데, 정화작용이 근대적 패러다임과 매개작용 안에서는 어떤 명확한 기능이나 확실한 필요성이 없었던 반면에 [이제는] 도구, 제도, 요령을 필요로 하는 유용한 작업으로 간주되기 때문이다.

우리가 살펴본 바와 같이 칸트의 코페르니쿠스적 전회[혁명]는 근대화를 위한 설명의 완벽한 모델을 제공하는데, 이 모델은 대상을 새로운 초점foyer을 중심으로 선회하도록 만들며 양극 사이의 거리를 조금씩 좁히기 위해 중간매체들을 증가시킨다. 하지만 그 어느 것도 우리가 혁명을, 과학, 윤리학, 신학의 확실한 경로를 따라가도록 만드는 결정적인 사건으로 여기도록 하지는 못한다. 이러한 반전은 그것과 연결된 프랑스 혁명에 비유될 수 있을 것이다. 이들은 시간을 비가역적으로 만드는 데는 훌륭한 도구이지만 그 자체는 비가역적이지 않다. 나는 이를 전도된 전도라고—다시 말해 극단들의 중심과 아래를 향한 방향전환, 대상과 주체가 준대상과 매개자의 실천 주변을 선회하게 만드는 운동이라고—, 즉 하나의 코페르니쿠스적 반혁명이라고 부르겠다. 우리의 설명을 대상Object과 주체/사회Subject/Society라고 알려진 두 개의 순수 형태들에 국한시킬 필요는 없는데, 이들이 반대로 우리의 유일한 관심사인 중심부에서 이뤄지는 실천의 부분적인 정화의 결과이기 때문이다. 우리가 추구하는 설명으로 분명 자연Nature과 사회Society를 획득하게 될 것이지만 그것은 최종적인 결과물로서이지 기원으로서가 아니다. 자연도 공전公轉을 하지만 주체/사회를 그 중심으로 삼지 않는다. 자연은 사물과 인간을 생성하는 집합체 주위를 선회한다. 주체는 공전하지만 자연의 주위를 도는 것이 아니다. 주체는 인간과 사물이 발생하는 집합체를 중심으로 공전한다. 마침내 중기 왕국이 표상/대표된다. 자연들Natures과 사회들Societies은 이 왕국의 위성들이다.

3.12 중간매체에서 매개자로

코페르니쿠스적 반혁명이 실현되고 준대상을 이전의 물자체와 인간 자체humans-among-themselves의 등거리等距離에 있는 위치 하에 둔 상태에서 우리가 우리의 일상 실천으로 돌아온다면, 더 이상 둘[자연과 사회](혹은 제거된 신을 포함해서

셋)에게 있어 중요한 존재론적 종의 다양성에 한계를 둘 이유가 없음을 발견하게 된다.

이제까지 우리의 사례로 제시된 진공 펌프는 그 권리 상으로는 새로운 존재론적 종이 되는가? 우리는 비대칭적인 역사가들에게 이 질문에 대한 답을 요구할 수 없는데, 그들은 보통의 존재론적 문제의 위치를 찾지 못할 것이기 때문이다. 그중 일부는 17세기 영국의 역사가이기만 할 것이고 자신들의 연표를 작성하기 위해 펌프가 기적적으로 이념들의 천국에서부터 떨어진 것으로 만들기 위한 것 이외에는 그 펌프 자체에 대해서 그 어떤 관심도 두지 않을 것이다. 다른 편에는 과학자와 인식론자들이 영국이나 심지어 보일에 대하여 최소한의 신경도 쓰지 않은 채 진공의 물리학만을 설명할 것이다. 일단 한편에서는 비-인간을, 다른 한편에서는 인간을 무시하는 이들 비대칭적 과제들을 유보하고 매개자나 중간매체를 통해 양측의 대차대조표를 비교할 대칭적 역사가들을 상정해 보자.

코페르니쿠스적 혁명의 근대적 세계에서는 새로운 존재들이란 있을 수 없다. 왜냐하면 우리는 그것을 처음부터 둘로 갈라 두 개의 극단으로 그 기원을 나누게 되어 있기 때문이다. 다시 말해서 한 부분은 우측으로 이동해 '자연법칙'이 될 것이고 다른 부분은 좌측으로 옮겨져 '17세기 영국 사회'가

되며 우리는 여전히 현상의 자리가 있다고 표시는 하면서도 비어 있는 공간에 양극단을 꿰매어 놓는다. 그러한 후에 중간 매체의 수를 늘려서 우리가 막 분리한 것들을 가까이 접근시키도록 되어 있다. 우리는 실험실의 펌프가 자연법칙을 '드러내고', '표상하거나', '구체화하거나', '이해할 수 있게 해 준다'고 말하기로 되어 있었다. 이와 유사하게 우리는 부유한 영국 귀족의 '대표성'이 기압을 '해석'할 수 있게 하고 진공의 존재를 '인정하게' 했다고 말하기로 되어 있었다. 점차 분기점과 합류점에 다가감으로써 우리는 전지구적 맥락으로부터 국지적 맥락으로 이동하도록 되어 있었고 어떻게 보일의 제스처와 왕립 학회로부터의 압력이 펌프의 결점, 공기가 새어 나오고 정도에서 벗어났음을 이해할 수 있게 해주었는가를 보여주도록 예정되어 있었다. 중간매체적 용어들을 늘려서 우리는 처음에는 자연과 사회적인 것으로부터 무한히 떨어져 있던 두 부분을 드디어 다시 연결하기로 되어 있었다.

이러한 해석에 따르면 본질적인 것이란 발생하지 않는다. 공기 펌프를 설명하기 위해서는 영원히 자연의 존재들을 담고 있는 단지와 사회 세계의 영원한 동인들을 담고 있는 단지에 번갈아 손을 담그기만 하면 된다. 자연은 언제나 변화하지 않았다. 사회는 언제나 같은 자원들, 같은 이해관계들, 같은 정념들로 이루어져 있다. 근대적 시각에서 볼 때, 자연과 사회가 설명을 허용하는 이유는 단지 그들 스스로는 설명될 필요가 없기 때문이다. 물론 중간매체들은 여전히 존재하고 그 역할은 양자 간의 연결에 있지만 그들이 이 역할을 수행하는 것은 스스로는 아무런 존재론적 지위도 지니지 않기 때문이다. 그들은 유일하게 실재하는 두 존재, 즉 자연과 사회의 힘을 수송하고, 운반하고, 전달할 뿐이다. 물론 그들이 운반을 잘못하거나 그 임무에 충실하지 않거나 혹은 능숙치 않을지도 모른다. 하지만 충실도의 부재가 그들에게 그 자체로 중요성을 부여하지는 않는데, 그것은 반대로 그들의 중간매체적 지위에 대한 증거이기 때문이다. 그들의 권한 또한 자신의 것이 아니다. 이들은 최악의 경우라 할지라도 짐승이나 노예이고 기껏해야 충실한 하인일 뿐이다.

만일 코페르니쿠스적 반혁명이 실현된다면 중간매체가 더 이상 자연과 사회 권력의 운반을 수행할 필요는 없지만 여전히 동일한 실재의 효과를 일으킬 것이므로 중간매체의 작용은 지금보다 더 진지하게 다뤄질 수밖에 없다. 이 시점에서 자율성이 부여된 실체들을 모두 세어 본다면 두세 개보다는 훨씬 많다. 수십 개나 된다. 자연은 진공을 혐오하는가? 펌프 속에는 진정한 진공이 만들어지는가 아니면 어떤 신비로운 에테르가 그 속에 스며들어간 것인가? 왕립 학회의 증인들은 공기 펌프에 공기가 새어 들어오는 것을 어떻게 설명할 것인가? 영국 국왕은 절대 권력의 문제가 마침내 해결되려는 찰나에 국민들이 과거로 돌아가 물질의 속성에 대해 토론하고 사적인 파벌들을 재결성하는 것을 어떻게 용인하겠는가? 기적의 확실성이 물질의 기계화에 의해 입증될 것인가, 말 것인가? 보일이 이 저급한 실험 과제에 몰두하고서, 학자에게 유일하게 추구할만한 가치가 있는 연역적 설명을 포기한다면 그는 존경받는 실험과학자가 될 수 있을 것인가? 이 모든 질문들은 그들 모두가 자연과 사회가 무엇인지를 재정의한다는 의미에서 자연과 사회의 틈에서 해방된다. 자연과 사회는 더 이상 설명하는 용어들이 아니라 결합된 설명을 요구하는 어떤 것이 된다. 공기 펌프의 작용 주변에서 우리는 새로운 보일, 새로운 자연, 기적에 관한 새로운 신학, 새로운 학자들 간의 사교술, 그리고 이제부터 진공과 학자들, 실험실까지를 모두 포함하는 새로운 사회의 형성을 목격하게 된다. 역사는 무언가를 한다. 각각의 존재는 하나의 사건이 된다.

우리는 더 이상 자연과 사회의 두 단지들을 번갈아 이용하면서 공기 펌프의 혁신을 설명할 필요가 없다. 그 반대로 우리는 그 단지들을 다시 채우거나 적어도 그 내용물을 크게 수정하게 될 것이다. 자연은 보일의 실험실로부터 새롭게 나타날 것이고 영국 사회도 마찬가지이다. 하지만 보일과 홉스도 같은 정도로 변화할 것이다. 이러한 변신metamorphoses은 자연과 사회가 태곳적부터 존재해 왔다거나 전자는 영구하고 후자만 역사에 의해 동요되었다는 전제하에서는 이해될 수 없다. 이러한 변신은 반대로 본질을, 역사를 구성하는 모든 존재들에게 재분배할 때 설명될 수 있다. 단 이때 이들은 더 이상 단순히 어느 정도로 충실한 중간매체가 아니게 된다. 그들은 매개자 — 즉 자신이 운반하는 대상을 번역하거나, 재정의, 재전개하거나, 배신할 수도 있는 능력이 부여된 행위자 — 가 된다. 노예들이 다시 한번 자유로운 시민이 된 것이다.

모든 매개자에게 자연과 사회 속에 구속되어 있던 존재[의 지위]를 제공함으로써 시간의 경과는 다시 한번 쉽게 이해될 수 있게 된다. 모든 것이 자연과 사회의 극단들 사이에 갇혀있어야만 했던 코페르니쿠스적 혁명의 세계에서 역사는 정말 중요한 것이 아니었다. 자연은 단순히 발견되거나 사회는 전개되거나 무엇이든 다른 것에 적용될 뿐이었다. 현상이란 이미 존재하는 요소들과의 조우에 불과했다. 우연적 역사란 것이 분명 존재하였지만 인간에게만 허용되었고 그것도 자연적 사물들의 필연성으로부터 분리된 것이었다. 우리가 중간에서 출발하자마자, 우리가 설명의 화살의 방향을 뒤집자마자, 양극단에 축적된 본질을 모든 중간매체들에게 재분배하자마자, 이 중간매체를 완전히 성장한 매개자의 신분으로 격상시키자마자 비로소 역사가 실제로 가능하다. 시간은 무의미하게 존재하는 것이 아니라 실재한다. 보일에게도, 공기의 탄성에도, 진공에도, 공기 펌프에도, 왕에게도, 홉스에게도 무언가 실제로 일어난다. 이들은 모두 변화한다. 공기의 반동에서부터 체루비노의 죽음에 이르기까지 모든 본질들은 동일한 이유에서 사건들이 된다. 역사는 더 이상 사람들people의 역사가 아니라 자연 사물들의 역사도 된다.

3.13 고발과 인과 관계

이와 같은 코페르니쿠스적 반혁명은 대상의 고유한 자리를 변경하기에 이르는 데 사회에 근접시키지 않으면서도 물 자체의 위치로부터 공동체로 데려온다. 미셸 세르의 작업은 이러한 이동 혹은 낙하를 달성하는 데 있어 셰핀, 셰퍼나 헤농의 작업 못지않게 중요하다. 그의 가장 훌륭한 저서에서 그는 다음과 같이 쓴다. "우리는 대상, 단지 도구나 아름다운 조각상만이 아닌 존재론적으로 말할 때의 일반적인 사물인 대상들의 출현을 묘사하기를 원한다. 어떻게 대상은 인간적인 영역으로 들어오는가?"(Serres, 1987) 하지만 그의 문제는 "책에서는 대상 자체가 인간 주체를 구성하는 동안의 원시적 경험을 상술하고 있는 그 어떤 것도 발견하지 못한다는 것인데, 책들은 바로 이 경험 자체를 매장하기 위해, 그 경험으로의 모든 접근을 차단하기 위해 쓰여지기 때문이며, 담론의 잡음이 완전한 침묵 속에서 일어나는 모든 것을 익사시키기 때문이다"(p. 216).

우리에게는 주체(혹은 집합체, 상호주관성, 지식epistemic)가 대상을 구성하는 방식을 묘사한 수많은 신화들이 있다—칸트의 코페르니쿠스적 혁명은 무수한 사례 중의 하나일 뿐이다. 그럼에도 불구하고 그 이야기의 다른 측면, 즉 대상이 주체를 어떻게 구성하는가에 대한 상세한 묘사는 없다. 셰핀과 셰퍼는 보일과 홉스의 생각들을 담은 수천 페이지 분량의 문서에 접근할 수는 있지만 공기 펌프의 무언의 작동이나 그것이 요구하는 손재주에 대한 기록은 없다. 역사의 이 다른 절반의 증인들은 텍스트나 언어가 아닌 침묵으로, 펌프들, 돌들, 조각상들과 같은 적나라한 잔류물로 이루어져 있다. 세르의 고고학이 공기 펌프보다 수 차원 밑에 존재하고 있음에도 불구하고 그는 똑같은 침묵과 마주친다.

이스라엘 사람들은 해체된 통곡의 벽 앞에서, 모든 돌이 분해된 신전 앞에서 찬송가를 부른다. 현자 탈레스Thaleaes[7]는,

---

7. [옮긴이] 탈레스 (기원전 624~546) : 고대 그리스의 철학자. 철학의 시초로 간주되며 기하학의 방법을 이용하여 고대 이집트 피라미드의 높이를 계산한 것으로 알려져 있다.

그에게는 키압스Cheops8 시대가 그랬듯이, 우리에게 멀고 먼 당대에 이집트의 피라미드들 옆에서 무엇을 보고, 행하고, 생각했을까? 왜 그는 이 돌무더기 옆에서 기하학을 발명하였을까? 카바에 흑석이 보존되어 있는 곳인 메카로의 순례라는 모든 이슬람교도들의 꿈. 근대 과학은 르네상스기에 낙하하는 물체의 연구에서 비롯되었다. 돌들이 땅으로 떨어진다. 왜 예수는 기독교 교회를 베드로라는 이름의 남자를 기반으로 해서 설립하였을까? 나는 고의적으로 종교와 과학을 이러한 시초inauguration의 사례들 속에서 뒤섞고 있다(Serres, 1987, p.213).

왜 우리는 이 모든 석화된 것들, 검은 종교의 돌과 갈릴레오의 낙하하는 물체를 뒤섞는 그 같은 성급한 일반화를 진지하게 받아들여야 하는가? 그것은 근대 과학과 정치학의 '시초의 사례들에 있어서 고의적으로 종교와 과학을 뒤섞는' 셰핀과 셰퍼의 책을 내가 진지하게 받아들이는 것과 같은 이유에서이다. 그들은 새로운 미지의 행위자인 공기가 새고, 조각들을 짜 맞춘 수제 공기 펌프를 가지고 인식론을 안정시켰다. 세르는 또 다른 미지의 새로운 행위자, 침묵하는 사물들로 인식론을 안정시킨다. 그들이 그렇게 하는 것은 모두 동일

---

8. [옮긴이] 키압스: 고대 이집트의 고왕국 제4왕조의 파라오(재위기간: 기원전 2589년에서 2566년경). 이집트어로는 쿠푸(Khufu)라고 부른다. 세계적으로 유명한 기자의 대피라미드의 건축자로 유명하다.

한 인류학적 동기 때문이다. 즉 과학과 종교가, 고발과 시험이 의미하는 것에 대한 심오한 재해석에 의해 연결된다는 것 때문이다. 세르와 마찬가지로 보일에게 있어서 과학은 사법부의 영역이다.

> 북부와 남부 공히 유럽의 모든 언어에서 '사물'이라는 단어는 그 형태와 상관없이 모두 그 어원을 법률, 정치, 또는 일반적인 의미의 비판의 영역에서 취한 '원인'이라는 말에 두고 있다. 이것은 마치 대상 자체가 집회에서의 토론의 결과에 따라, 또는 배심원의 판결 이후에만 존재하였다는 듯하다. 언어는 세계가 언어로부터만 기원하기를 원한다. 적어도 위의 사실이 말해주는 것이 그렇다. …… (Serres, 1987, p.111)

> 따라서 라틴어에서 '사물'은 res이며 여기에서 우리는 실재를 얻는데. 그것은 재판의 대상이거나 소송(의 원인) 자체여서 고대인들에게 있어 피고는 행정관들이 이들을 고소하였기에 reus라고 불렸다. 이는 마치 유일한 인간적 실재가 법정에서만 기원한다고 말하는 듯하다(p.307).

> 여기에서 우리는 기적을 보게 되고 이 궁극의 수수께끼의 해답을 얻게 될 것이다. '원인'이라는 말은 '사물'의 근원이나 기원을 가리키는 말로 causa, cosa, chose, 또는 Ding 등등이다. …… 법정은 원인과 사물, 말과 대상의 동일성, 혹은 교체를

통해서 한쪽에서 다른 쪽으로의 이행을 연출한다. 하나의 사물이 그곳에서 출현하는 것이다(p.294).

따라서 위와 같은 세 개의 인용문을 통해 세르는 셰핀과 셰퍼가 그렇게도 어렵게 접합시킨 결과들을 일반화한다. 원인과 돌, 사실은 물자체의 지위를 결코 차지할 수 없다는 것이다. 보일은 내전을 종식시킬 방법을 찾고 있었다. 물질이 관성적이도록 강요하고, 신에게 직접적으로 현존하지 말아달라고 부탁하고, 진공의 존재가 명백하게 드러나도록 용기 속에 하나의 새로운 닫힌 공간을 구성하고, 증인들의 규탄이 의견에 불과하다고 인정하지 않음으로써 내전을 종식시키고자 한 것이다. 보일은 더 이상 인신공격에 근거한 ad hominem 그 어떤 고발도 불가능할 것이라고 말했다. 앞으로 인간 증인은 믿을 수 없을 것이며, 비-인간적 계기計器와 실험 기구에 대한 신사들gentlemen의 관찰만이 믿을 수 있는 것으로 간주될 것이다. 사실들의 고집스런 축적을 통해서만 평화를 회복한 집합체의 기초가 마련될 것이다. 하지만 이와 같은 사실의 발명은 외부에 존재하는 사물들의 발견이 아니라 신, 의지, 사랑, 증오, 그리고 정의를 재분배할 하나의 인류학적 창조다. 세르는 바로 이것을 똑같이 지적한다. 우리는 사물들이 법정 밖에서, 내전 이후, 우리의 소송과 우리의 재판정 밖에서 갖게 될 측면들에 대해 전혀 모른다. 고발이 없다면 우리에게는 변론의 원인도 없는 것이고 원인들을 현상에 할당할 수도 없다. 이러한 인류학적 상황은 비단 우리의 전과학적prescientific 과거에만 국한되는 것은 아닌데, 그 상황은 오히려 과학적인 현재에 더 해당되는 일이기 때문이다.

따라서 우리는 하나의 사회에 살고 있는데, 이 사회가 근대적인 것은 모든 타자들과 달리 사회가 사회관계의 지옥, 종교적 반계몽주의, 정치의 전제로부터 마침내 스스로를 해방시켰기 때문이 아니라, 모든 타자들과 마찬가지로 하나의 원인—법적, 집합적, 사회적—을 다른 하나의 원인—과학적, 비사회적, 사실적—으로 교체하는 고발들을 재분배하고 있기 때문이다. 이제 더 이상 하나의 대상과 하나의 주체, 혹은 하나의 사회를 원시적이라고 관찰하고 다른 대상, 주체, 사회를 근대적이라고 관찰하는 것은 불가능하다. 일련의 교체와 탈구, 번역을 통해 사람과 사물들이 유례없이 대규모로 동원된다.

> 나는 최초에 존재하는 빠른 소용돌이를 상상한다. 그 소용돌이 안에서 주체에 의한 대상의 선험적인 구성constitution이 자라나고, 그에 상응하여 대상에 의한 주체의 대칭적인 구성이 파괴적인 반주기semicycles를 이루어 영원히 새롭게 시작되면서 그 기원으로 돌아간다. …… 어떠한 초월적 목적, 대상 일

반이라는 대상의 현상형태를 통한 주체의 하나의 구성적 조건이 존재한다. 소용돌이의 주기의 역, 혹은 대칭적 조건에 대한 증언, 흔적 혹은 불안정한 언어들로 쓰인 담론들이 우리에게 있다. …… 하지만 대상 자체에 기초한 대상의 직접적인 구성적 조건에 대해서 우리에게는 명백하고 가시적이며 구체적이고 가공할만하며 무언의 증인들이 있다. 수다스러운 역사든 침묵의 전사前史든 간에 그것을 통해 아무리 먼 과거로 거슬러 올라가더라도 그것들은 여전히 그곳에 존재한다 (Serres, 1987, p.209).

세르는 그의 지독히 비근대적 작업을 통해서 헤시오도스[9]의 고대적 우주발생론cosmogony[10]이나 헤겔의 우주발생론만큼이나 훌륭한 실천발생론pragmatogony을 상술한다. 그러나 세르는 변신이나 변증법이 아니라 교체를 통해 이를 진행한다. 집합체들을 아무도 만든 적이 없는 사물들로 일탈시키고 변형시키고 빚어내는 새로운 과학들은 교체의 저 오래된 신화에서는 단지 신참자에 불과하다. 연결망을 따라가거나 과학을 연구하는 사람들은 세르가 우리를 위해 믿어지지 않는

---

9. [옮긴이] 헤시오도스 : 기원전 8세기경 활동한 고대 그리스의 서사 시인이며, 호메로스와 함께 작품이 남아있는 고대 그리스의 최고(最古)의 시인으로 간주되어 왔다. 『신통기』(*Theogony*) 등을 남겼다.
10. [옮긴이] 우주발생론(cosmogony) : 우주진화론, 혹은 우주생성론으로도 불리며, 우주의 구성을 다루는 우주형태론(cosmography)과 달리 우주의 기원과 생성, 변화를 다루는 학문이다.

그 기원을 개괄해준 나선의 n번째 원환을 문서화 한 것일 뿐이다. 현대 과학은 우리가 이미 이루어놓은 일을 연장하는 하나의 방법이다. 홉스는 움직이는 벌거벗은 신체들에 기초해 정치체를 구축한다. 그는 리바이어던이라는 거대한 인공기관과 있음을 깨닫는다. 보일은 내전의 모든 분쟁을 하나의 공기펌프에 집중시킨 결과 사실들과 있음을 알게 된다. 나선상의 각각의 원환은 새로운 집합체, 새로운 객관성을 정의한다. 영구적으로 쇄신되는 사물들 주위에 조직된 영구적으로 일신하는 집합은 그 진화를 결코 멈춘 적이 없었다. 우리는 인류학의 모체를 떠나 본 적이 없다 — 우리는 아직도 암흑기, 혹은 이 말이 귀에 거슬린다면, 세계의 유년기에 있다.

3.14 가변적 존재론들

준대상의 증식을 수용하기 위해 모든 행위자들에게 역사성을 부여하는 순간, 자연과 사회란 서양과 동양이나 다를 바가 없어진다. 이들은 근대인들이 중간매체들을 구분하는 데 사용하기 편리하고 상대적인 기준점이 된다. 이 중간매체들의 일부는 '자연적인 것' 혹은 '사회적인 것', 또는 '순수하게 자연적인 것' 혹은 '순수하게 사회적인 것'이란 수식이 붙으며 일부는 자연적'일 뿐만 아니라' 조금은 사회적'이기도 한 것'으로 불리기도 한다. 좌로 향한 분석가들은 실재론자 realist 로, 우로 향한 사람들은 구성론자 constructivist라 불리게 된다 (Latour, 1992b; Pickering, 1992). 정확히 중간 위치를 사수하려는 사람들은 자연과 사회(또는 주체)를 혼합하기 위해 사물의 '상징적 차원'과 사회의 '자연적 차원'을 오가며 무수한 조합들을 만들어 낼 것이다. 보다 제국주의적이거나 일방적인 사람들은 사회를 자연에 통합함으로써 사회의 자연화를 꾀하거나(Hull, 1988) 자연을 사회에 동화시켜 사회화하려 할 것이다(Bloor, [1976] 1991) (또는 주체라는 이름으로 더 어려운 작업을 꾀할 것이다).

그러나 이들 기준이나 논의는 일차원적인 것에 머무른다. 존재자들의 집합 전체를 자연으로부터 사회로 이어지는 단선 위에서 분류한다는 것은 지도를 위도만으로 그리겠다는 것으로, 하나의 선으로 축소시키는 것과 같다! 존재자들에게 위도 값을 갖게 하고 내가 말한 것처럼 근대적 헌법 자체와 그 작용을 기입할 수 있는 지도를 전개하려면 또 다른 차원이 필요하다. 남북 축에 해당하는 이것을 어떻게 정의할 수 있을까? 나의 은유들을 조합해 볼 때 사건으로부터 본질에 이르는 존재자들의 안정도의 기울기라고 정의해야 한다고 본다. 우리가 공기 펌프가 자연법칙의 표상, 영국 사회의 표상, 또는 자연과 사회라고 하는 서로 마주보는 두 억압의 힘의 결과에 대한 표상이라고 말한다면 펌프에 대해 아직 아무것도 모른다는 뜻이다. 우리가 이것이 17세기적 사건으로서의 공기 펌프에 관련된 것인가, 아니면 18세기나 20세기의 하나의 안정된 본질로서의 공기 펌프에 관한 것인가에 대해 더 많은 것을 알아야 한다. 안정도(경도)는 자연적인 것들의 축으로부터 사회적인 것들의 축으로 향하는 선(위도)상의 위치 못지않게 중요하다(더 자세한 또 다른 지도 제작법에 대해서는 Cussins, 1992를 참조).

따라서 매개자들의 존재론은 가변적인 기하학적 배열을 갖는다. 사르트르Sartre가 인간에 대해 말한 내용 — 인간 존재는 그 본질에 선행한다 — 은 공기의 탄성에서부터 사회에 이르는, 질료와 의식을 아우르는 모든 행위자들에게도 적용된다. 인간에 전혀 구애받지 않는 본질을 지닌 외부에 있는 자연적 실재인 5번 진공과 서구의 사상가들이 정의하기까지 수 세기가 필요했던 하나의 표상으로서의 4번 진공 중에 반드시 어느 하나를 선택할 필요는 없다. 바꾸어 말하면, 그들이 안정화 된 후에야 둘 중 하나를 선택할 수 있을 것이다. 보일의 실험실에 있는 극히 불안정한 1번 진공에 대해서는 그것이 자연적인 것인지 혹은 사회적인 것인지 말할 수 없다. 인간이 이해할 수 없는 현실이 되기 시작하는 3번 진공으로 변질되지 않는 한 2번 진공은 인간이 직접 만들어낸 인공물일지도 모른다. 그렇다면 진공이란 무엇인가? 진공은 앞서 말한 위치들에 있지 않다. 진공의 본질은 이들을 모두 잇는 궤적이다. 다시 말하면 공기의 탄성도 하나의 역사를 갖는다. 각각의 행위자들은 이렇게 전개된 공간 속에 자신만의 고유한 표식을 갖는다. 이들을 추적하기 위해서 우리가 자연 혹은 사회의 본질에 대한 가설을 세울 필요는 없다. 표식들을 겹쳐 놓으면 근대인들이 개괄하고 정화하기 위해 잘못 명명한 '자연'과 '사회'의 형상들을 얻게 될 것이다.

하지만 만일 우리가 이 모든 궤적들을 이전의 '자연'극과 이전의 '사회/주체'극을 연결하는 하나의 선 위에 투영한다면 모든 것이 절망적인 혼돈에 빠질 것이다. 모든 점들(A, B, C, D, E)은 단 하나의 경도(A', B', C', D', E') 내에서 투영되고 이전의 현상이 일어난 중심점 A(근대적 시나리오에 따르면 현실 전체를 관장하는 자연과 사회의 두 극단들의 교점에 불과하기 때문에 아무것도 일어나지 않는 바로 그 점)를 갖는다. 이렇게 하나의 선만 있다면 실재론자와 구성주의자가 진공의 해석을 두고 수 세기 동안 다툴 수 있게 될 것이다. 실재론자들은 이 진정한 사실을 아무도 조작한 바 없다고 선언할 것이고, 구성주의자는 이러한 사회적 사실은 우리가 직접 만들어낸 것이라고 주장할 것이며 그 중간을 주장하는 사람들

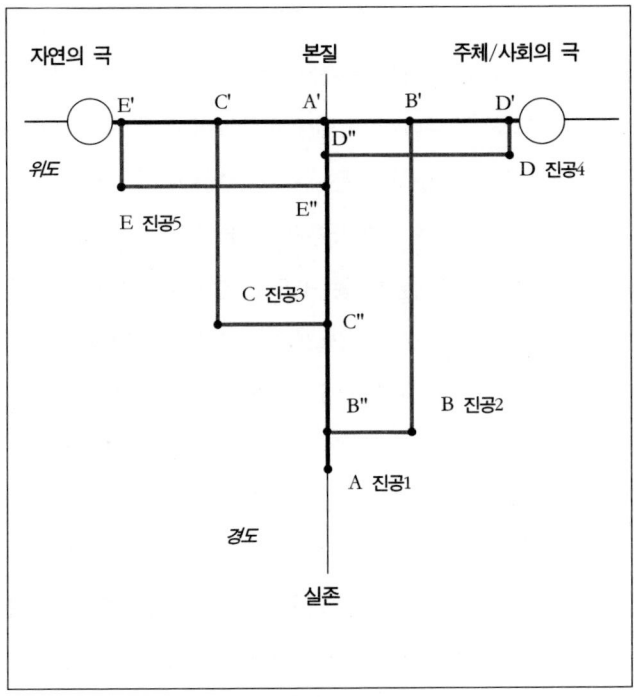

그림 3.4 근대적 헌법과 그 실천

은 언제까지나 '… 할 뿐만 아니라 … 하기도 하다'는 상투적인 표현을 써서 '사실'을 다르게 정의하는 양 진영을 오갈 것이다. 이 원인은 실제 조작이 안정화의 정도를 같이 고려할 때에만 눈에 보이는, 단선의 아래, 매개의 작용 속에서 일어나기 때문이다(B", C", D", E").

자연과 사회라는 거대한 덩어리들은 식어버린 대륙들의

판상 구조에 견줄 수 있다. 이 운동을 이해하기 위해서는 마그마가 분출되고 이러한 분출을 기반으로 하여 오랜 시간이 지난 후, 그곳으로부터 멀리 떨어진 곳에서 식고 퇴적되어 우리가 확고히 발을 딛고 있는 두 개의 대륙판이 만들어지는, 그 해저 균열 속으로 들어가야만 한다. 지구물리학자들처럼 우리도 혼합물이 만들어지는 곳으로 깊이 뛰어들어 가까이 다가가야만 한다. 그곳에서 자연 혹은 사회의 양상들이 우리가 관찰한 시점보다 훨씬 후에 만들어질 것이다. 이제부터 모든 논의마다 말하려는 존재자들의 위도뿐만 아니라 경도에 대해서도 자세히 설명해야 하며 본질을 사건인 동시에 궤적으로 여겨야 한다면 지나친 요구일까?

이제 우리는 근대인들의 역설을 더 잘 이해할 수 있게 되었다. 매개와 정화의 작용을 이용하면서도 양자를 절대로 동시에 표상하지 않음으로써 근대인들은 동시에 자연과 사회라는 두 존재의 초월성과 내재성 위에서 놀고 있었다. 이로써 그들은 4가지의 상반된 자원들을 획득할 수 있었고 이 자원들로 인하여 유별나게 자유롭게 이동할 수 있었다. 이제 존재론의 종별 지도를 그려본다면 우리는 4개의 지역이 아닌 3개의 지역이 있다는 점에 주목한다. 한편에는 자연이 있고 다른 편에는 사회가 있다는 이원론적인 초월성은 안정된 본질들의 단 하나의 집합에 해당한다. 사회의 각 단계마다 그에 대응하는 자연의 단계가 존재한다. 자연과 사회는 두 개의 상극을 이루는 초월성이 아니라 하나이며 모두 매개의 작용으로부터 비롯되었다. 반면에 능산적 자연naturing-nature들과 공동체들의 내재성도 하나의 영역, 즉 사건들의 불안정성, 매개 작용의 영역에 속한다. 따라서 근대의 헌법은 옳았다. 자연과 사회 사이에는 실제로 심연이 존재하지만 이 심연은 안정화가 채 일어나지 않은 상태일 뿐이다. 고려해야만 하는 심연이란 매개 작용과 헌법의 형성을 분리하는 심연뿐이지만 — 이것 또한 하이브리드들의 증가로 인하여 — 우리가 비근대인(우리는 언제나 비근대인이었다)이 되는 순간 가로지를 수 있는 하나의 연속적인 기울기이다. 우리가 근대적 헌법의 공인되고 안정된 판본에다가, 공인되지 않으며 '유동적'이거나 불안정한 판본의 헌법을 보탠다면 이들이 차지하게 될 위치는 중앙이며 반대로 극단들은 비워질 것이다. 우리는 비근대인들이 근대의 계승자가 아닌 이유를 잘 알고 있다. 비근대인은 근대인이 부인한 실천만을 공인한다. 약간의 반혁명이 일어나겠지만 우리는 마침내 과거로 거슬러 올라가 우리가 한 번도 중단한 적 없었던 작업에 대해 이해할 수 있게 되었다.

3.15 4가지 근대적 수단의 연결

근대와 비근대라는 두 차원을 제기함으로써, 이러한 코페르니쿠스적 반혁명을 진행함으로써, 대상과 주체가 모두 중심과 아래를 향해 미끄러지도록 함으로써, 우리는 비로소 근대적 비판의 최고의 자원들을 이용할 수 있게 될지 모른다. 그동안 근대인들은 서로 양립이 불가능하다고 본 4가지의 수단을 개발하여 준대상의 증식을 수용해 왔다. 첫째는 비록 우리가 동원하거나 구성할 수는 있어도 우리가 그 주인이 아니고 우리들 외부에 존재하며 우리의 열정도 욕망도 갖고 있지 않은 자연이라는 외부의 실재와 관련된다. 둘째는 사회적 유대에 대한 것으로, 이 유대는 우리를 감동시키는 정념과 욕망들, 사회(우리의 손으로 만들어졌지만 우리 모두를 능가하는)를 구성하는 개인화된 힘들을 이용하여 인간들을 결합시킨다. 셋째는 의미와 의의와 관련이 있다. 여기에는 우리가 스스로에게 들려주는 이야기들을 만드는 행위자들, 그들이 겪게 되는 시련들, 이들이 살며 경험하게 되는 사건들, 이들이 구성되는 문체와 장르, 비록 단순한 텍스트와 담론에 불과하면서도 영원히 우리를 지배하는 위대한 서사구조들이 관련된다. 마지막으로 넷째는 존재에 대해 이야기하며 우리가 언제나 망각하는 것, 즉 존재의 현전이 모든 존재자들 사이에 배분되어 있고 존재자들의 실존과 역사성 자체와 공존함에도 불구하고 우리가 존재자들만을 고려할 때 망각되는 것을 해체시킨다.

　이러한 자원들의 양립불가능성은 오직 근대의 헌법의 공식적인 판본 안에서만 존재한다. 실제로는 4가지를 구별하기란 어렵다. 우리는 뻔뻔스럽게도 욕망과 자연적 존재들 — 즉 사회적으로 구성되었기 때문에 이제는 담론과 너무나 닮은 채로 우리 사회의 흔적들을 추적하는 모든 과학들 — 을 혼동한다. 우리가 어떤 준대상의 흔적을 추적하게 되면 그것은 우리에게는 때때로는 하나의 사물로, 혹은 서사구조로, 그리고 경우에 따라서는 사회적 유대로 보이게 되며, 결코 단순한 존재자로는 환원되는 일이 없다. 진공 펌프는 공기의 탄성을 추적하지만, 동시에 17세기 사회 내에서 대강의 밑그림을 그리며 그와 같은 방식으로 실험실에서 이루어지는 실험에 관한 설명이라는 새로운 문학 장르를 정의한다. 이러한 펌프를 주시한다고 해서 반드시 모든 것이 수사학적이거나, 자연적이거나, 모든 것은 사회적으로 구성된다거나 모든 것은 닦달의 결과라고 주장해야 할까? 같은 펌프일지라도 그 본질은 때로는 하나의 대상이고, 때로는 사회적 유대이며, 때로는 담론이라고 추정해야만 할까? 아니면 각각의 측면을 조금씩 모두 갖고 있는 것일까? 즉, 때로는 단순한 존재이지만 신과 인간간의 존재론적 차이에 의해 특징지어지기도 하는 것일까? 또한 애초에는 대상도, 주체도, 의미효과도, 순수한 존재도 아니었던 것의 유일무이한 궤적을 인위적으로 분리한 것이 바로 우리 근대인이었다면 어떻겠는가? 4가지의 수단들을 분리시키는 일이, 안정된 다음 단계들에만 적용될 수 있는 것들이라면 또 어떻겠는가?

우리가 본질로부터 사건들로, 정화로부터 매개로, 근대적 차원으로부터 비근대적 차원으로, 혁명으로부터 코페르니쿠스적 반혁명으로 이동한 후에도 이들 자원들이 여전히 양립될 수 없다는 주장은 전혀 증명된 바 없다. 준대상, 준주체들에 대해서 우리는 단순히 그들이 네트워크들을 뒤따른다고만 말할 것이다. 그들은 실재하거나 실재에 가까우며 우리 인간들이 만든 것이 아니다. 그럼에도 불구하고 준대상, 준주체들은 우리를 연결시켜주고 우리의 손에서 손으로 이동하며 우리의 사회적 유대를 이 이동을 통해 정의해주기 때문에 집합적이다. 그러나 이들은 담론에 속하고 서사구조를 지니며 역사적이고 정념에 휩싸이며 그 속엔 자율적인 형태의 행위자들이 존재한다. 준대상, 준주체들은 불안정하고, 위험하기도 하고, 존재자로서 결코 존재를 망각하지 않는다. 이와 같은 4가지의 자원이 하나의 연결망 속에서 갖는 관계는 공식적으로 기술되기만 한다면 우리가 중기 왕국 전체, 비근대적 세계와 그 헌법을 모두 담을 정도로 거대한 집을 건설할 수 있게 해줄 것이다.

우리가 진정으로 근대인으로 남아있는 한 연관은 불가능한데, 자연, 담론, 사회, 그리고 존재는 우리를 영원히 능가하기 때문이며, 이 네 가지 집합은 각각 분리되어 있음으로써만 정의될 수 있으며, 이 분리만이 우리의 헌법 상의 보장사항을 유지시키기 때문이다. 그러나 만일 우리가 근대적 헌법이 부인하기 때문에 허용하는 매개의 실제 작용을 그 보장사항에 추가한다면 연속성은 가능해진다. 근대인들은 실재, 언어, 사회, 그리고 존재 모두를 동시에 원했다는 점에서는 옳다. 그들의 오류는 단지 이들 집합이 영원히 모순적일 수밖에 없다고 믿는다는 점뿐이다. 항상 자원들을 분리시켜서 언제나 준대상들의 궤적을 분석하는 대신, 우리는 이들 서로가 연속적인 연결 관계에 있어야 한다는 듯이 쓸 수는 없지 않을까? 우리는 네 가지의 비판적 자원들에 취해서 빚어진 탈근대적 굴종에서 벗어날 수도 있을지 모른다.

당신은 너무나도 많은 사회과학자들이 원하는 대로 영원히 언어에만 구속되거나 혹은 사회적 표상들에만 갇혀 있는 자신이 지겹지 않은가? 우리는 사물들의 현상만이 아니라 사물 자체에 접근할 수 있기를 원한다. 실재는 멀리 있는 것이 아니다. 오히려 세계 곳곳에서 동원되고 있는 모든 대상들 속에서 얻을 수 있다. 외부적 실재란 원래 우리 곁에 있는 것이 아니었던가?

초월적이고, 파악할 수 없고, 접근할 수 없고, 정확하고 그저 참되기만 하며, 과학의 왕자님이 찾아올 때까지 누워 잠자는 숲속의 미녀와 같은 존재들로 가득 찬 자연에 의해 끊임없이 지배당하는 것이 지겹지 않은가? 우리가 살고 있는 집합체들은 지루한 물자체들에 익숙한 우리가 예상하는 것보다 실제로 더 활동적이고, 생산적이고, 사회화되어 있다.

사회학자들이 대상의 내용이나 사회를 구성하는 언어들의 세계를 다룰 수 없다는 이유로 '권력'과 '정당성'과 같은 단어들의 반복을 통하여 유지되게 되어 있는, 사회적인 것만으로 구성된 사회학들에 조금은 신물이 나지 않는가? 우리의 집합체들은 지루한 인간들 자신humans-among-themselves에 익숙한 우리가 기대하는 것 이상으로 더 실제적이고, 더 자연화되어 있고, 더 담론적이다.

언어 게임도, 의미의 해체라는 영원한 회의론도 이제 지겹지 않은가? 담론은 그 자체로 하나의 세계가 아니며 사물과 사회가 뒤섞여 있는 행위자들의 집단으로 사물과 사회를 똑같이 지지하고 양자에게 모두 의지한다. 사물도 서술구조의 존엄한 지위로 격상되어야만 하기 때문에, 텍스트에 대한 관심이 우리를 실재로부터 떨어뜨려 놓지는 않는다. 텍스트의 경우에, 우리들을 결합시키는 사회적 유대를 형성하는 고귀한 역할을 왜 텍스트에 부여하지 않는가?

존재를 망각했고, 자신의 모든 내용, 신성함, 예술이 제거된 거짓 세계에서 살고 있다는 비난을 듣는 것이 지겹지 않은가? 이 보물들을 되찾기 위해서 과연 우리는 우리가 실제 거주하는 역사적, 과학적, 사회적 세계를 포기해야만 할까? 과학, 기술, 시장, 사물에 우리 자신을 맡긴다고 해서 사회나, 정치, 언어와의 거리보다는 존재와 존재자의 차이와의 거리가 더 커지는 것이 아니다.

자연만큼 실재하며 담론처럼 서사구조를 지니고 사회만큼 집합적인, 그리고 존재처럼 실존적인 것. 그것이 바로 근대인들이 증식시킨 준대상들이다. 그것만으로도 우리는 다시 한번 단지 우리가 결코 그렇게 존재하기를 중단한 적이 없는 그 어떤 것이 될 뿐이면서도 준대상들을 추구할 이유가 충분하다. 우리는 바로 비근대인들이기를 중단한 적이 없었다.

4장
상대주의

4장
상대주의

4.1 비대칭성을 종식시킬 방법

 이 책의 서두에서 나는 오직 인류학만이 준대상의 기이한 궤적 전체를 하나로 연결할 수 있다는 점에서 이를 우리가 속한 세계를 묘사하기 위한 하나의 모델로 제안한 바 있다. 하지만 동시에 이 모델이 지금까지 과학 기술에 적용되지 않았기 때문에 현 상태로는 곧바로 이용할 수 없다는 점도 인정했다. 민족지학자들이 민족지학과 사회 세계를 묶어주는 고리들을 효과적으로 추적하였음에도 불구하고 엄밀한 과학에 대해서는 그러지 못했다. 왜 동일한 논조의 자유를 우리 서구의 기술사회 연결망들에 적용해보지 못했는가를 이해하기 위해 나에게는 우리가 근대적이라 부르는 것의 의미를 파악하는 것이 필요했다. 만일 한편으로 인간과 비-인간을 전면적으로 구분해야만 하고 다른 한편으로는 정화와 매개를 구분해야 하는 공식적인 근대 기본체제의 개념들 속에서 근대성을 이해하게 된다면 근대 세계의 인류학이란 불가능하게 된다. 하지만 근대성에 의미를 부여하는 정화와 매개의 작용을 하나의 화면 안에 결합한다면 역으로 우리가 결코 근대적이었던 적이 없음을 발견하게 된다. 따라서 지금까지 과학과 기술에 대해 연구하기를 주저했던 인류학이 다시 내가 찾고 있던 서술 방법이 될 수 있을지도 모른다. 전근대인들과 근대인을 비교하는 것이 불가능할지라도 양자를 비근대인들과 비교하는 것은 가능할 것이다.

불행히도 현재의 인류학을 그대로 재활용하기란 그리 녹녹한 작업이 아니다. 근대인들이 전근대적이라고 지목한 사람들을 연구하는 과정에서 형성된 인류학은 그 실행, 개념과 문제제기 방식 속에 내가 앞서 언급한 불가능성을 내면화하였다. 인류학은 자연적 대상들의 연구를 배제하고 연구의 범위를 문화들에 국한시킨다. 따라서 인류학은 비대칭성을 벗어나지 않는다. 인류학이 비교의 학문이 되기 위해서는 근대인과 비근대인 사이를 자유롭게 왕복할 수 있을 정도로 대칭적이어야 한다. 이를 위해서 인류학은—우리가 비록 충분히 비판하기는 하지만—직접적으로 건드리지 않는 신념들이 아닌, 우리와 오늘날 완전히 밀착된 진정한 지식과 맞설 수 있어야 한다. 따라서 인류학은 지식사회학의 한계, 그리고 무엇보다도 인식론의 한계를 뛰어넘어 제 과학들을 연구할 수 있어야 한다.

대칭성의 제1원칙은 오류와 진실이 같은 조건하에서 다루어지도록 하여 기존의 지식사회학을 전복하는 것이다(Bloor, [1976] 1991). 과거에 지식사회학은 다수의 사회적 변수들을 정리하여 이성의 곧고 좁은 경로로부터의 일탈행위들만을 설명해 왔다. 오류나 믿음은 사회적으로 설명이 가능하였으나, 진리는 언제나 자명한 것으로 여겨졌다. 비행접시에 대한 믿음은 얼마든지 분석 가능하였으나 블랙홀에 관한 지식은 분석할 수 없었다. 심령학을 분석할 수는 있었지만 심리학자들의 지식은 분석할 수 없었다. 스펜서의 오류들은 분석 가능했지만 다윈의 확실성은 분석이 불가능했다. 동일한 사회 변수들이 오류와 진리에 공평하게 적용될 수 없었다. 이러한 이중적 태도를 통해 우리는 인류학 내에 연구가 가능한 민족지학과 연구가 가능하지 않은 제 과학들 간의 분리가 있음을 알 수 있다.

만일 인식론자들—특히 프랑스 전통에서의—이 진정한 과학과 거짓 과학을 똑같은 비대칭성을 기초원리로 정립하지 않았다면 지식사회학의 전제가 이토록 오랜 기간 동안 민족학자들을 위협하지는 않았을 것이다. 후자—'시대에 뒤처진' 과학—만이 사회적 맥락과 관련될 수 있다. '용인된' 과학의 경우 과학이 과학적이 되는 것은 오직 자력으로 모든 맥락들, 역사에 의해 오염된 모든 흔적들, 모든 순진한 인식을 뿌리치고 심지어 자기 자신의 과거로부터도 벗어나기 때문이다. 바로 여기에 바슐라르Bachelard와 그의 제자들이 생각하는 역사와 과학의 역사 사이의 차이가 있다(Bachelard, 1967; Canquilhem, [1968] 1988). 역사가 대칭적일지는 모르지만 그 대칭성 자체는 그리 중요하지 않은데, 역사가 진정한 과학을 전혀 다루지 않기 때문이다. 반면에 과학의 역사는 과학을 다루며 인식론적 단절의 완성을 가장 중요한 목표로 삼기 때문에 절대로 대칭적이어서는 안 된다.

인식론자들이 진정한 과학과 그릇된 믿음을 다른 방식으로 다루기 위해 모든 대칭적 인류학에 대한 거부를 얼마나 계속 수행하게 되는지는 하나의 사례로 충분히 보여줄 수 있다. 조르쥬 깡길렘Georges Canguilhem 1이 과학적 이데올로기를

---

1. [옮긴이] 조르쥬 깡길렘(Georges Canguilhem : 1904~1995) : 프랑스의 철학자이며 의사. 과학사와 과학철학, 특히 생물학 철학의 분야에서 많은 업적을 남겼으며 가스통 바슐라르와 함께 프랑스 인식론의 대표적인 학자이다.

진정한 과학과 구분할 때 그는 다윈—과학자—과 디드로—사상가—를 같은 조건하에서 연구하기란 불가능할 뿐만 아니라 두 사람을 동류로 분류하는 것도 당연히 불가능하다고 주장한다. '이데올로기와 과학을 구분함으로써 존재하지 않는 연속성들을 전제하는 것을 방지할 수 있다. 실제로 이 연속성이란 이전의 이데올로기를 대체한 과학에 이데올로기의 요소들이 보전되어 있는 것일 뿐이다. 따라서 위와 같은 구분을 통해 우리는 [디드로의] 『달랑베르의 꿈』*Dream of d'Alembert*에서 종의 기원을 찾아보려는 잘못된 기대를 하지 않을 수 있다'(Canguilhem, [1968] 1988 p. 39). 이데올로기로부터 영원히 결별할 수 있는 유일한 존재가 과학인 것이다. 그 같은 원리를 따르면서 준대상을 속속들이 추적한다는 것은 분명 난제다. 준대상들이 인식론자들의 수중에 일단 들어가고 나면 그들은 뿌리째 뽑혀 버릴 것이다. 대상들은 의미를 부여하는 전체 연결망으로부터 절개될 것이다. 그렇다면 디드로나 스펜서를 들먹일 필요조차 없지 않는가? 왜 오류에 관심을 가져야 할까? 왜냐하면 오류마저 없다면 진리가 너무나도 빛날 것이기 때문이다! '이데올로기와 과학의 제 관계들을 이해함으로써 우리는 과학의 역사를 하나의 단조로운 배경, 강조

저서로는 『정상적인 것과 병리적인 것』(*Le normal et le pathologique*, 1966)이 특히 유명하며 미셸 푸코에게도 지대한 영향을 끼쳤다.

점 없는 지도로 격하시키지 않을 수 있다'(p.39). 이러한 인식론자들에게 있어서 '휘그적으로 기술된' 역사는 극복의 대상이 아니라 최대한의 정확성을 갖고 계속 수행되어야 할 과제이다. 과학의 역사는 역사와 혼동되어서는 안 된다(Bowker & Latour, 1987). 진리를 돋보이게 하는 것은 오류이다. 태양왕에게 라신느가 역사가라는 고상한 직함 하에 행한 일을 깡길렘은 마찬가지로 강탈한 과학사가라는 이름으로 다윈에게 행한다.

대칭성의 원리는 반대로 연속성과 역사성, 그리고 기초적인 정의 — 우리는 이렇게 말할 수도 있을 것이다 — 를 재확립했다. 세르가 바슐라르의 상대인 것처럼 데이비드 블루어David Bloor2가 깡길렘의 상대다. 세르는 인식론과의 결별하면서 바

---

2. [옮긴이] 데이비드 블루어(David Bloor) : 에든버러 학파의 과학지식사회학 (sociology of scientific knowledge)의 대표적인 일원으로 이른바 '강한 프로그램(혹은 스트롱 프로그램; strong program)'의 입장에 서 있다. 강한 프로그램이란 성공한 과학이론과 실패한 과학이론이 모두 동일한 방식의 사회학적 설명을 필요로 한다는 것인데 (이와 달리 약한 프로그램이란 그릇된 신념에 대해서만 사회학적 설명이 가능하다는 입장이다), 이는 과학적 지식의 성공은 자연의 사실에 근거하고 실패는 연구자의 신념이나 편견 때문이라는 비대칭성을 극복을 목표로 하는 것이었다. 그러나 블루어는 인간과 비-인간을 동일하게 (대칭적으로) 설명하려는 라투르의 행위자-연결망 이론 (ANT) ; actor-network theory)에 대해서는 비판적인 입장을 취했고, 라투르 자신은 이에 대해 블루어가 자연과 사회의 이분법(비대칭성)으로부터 충분히 벗어나지 못했다고 반박하였다(Bloor, D., 1999, "Anti-Latour", *Studies in History and Philosophy of Science*, Vol. 30, 81-112; Latour, B., 1999, "For David Bloor... and Beyond : A Reply to David Bloor's

슐라르에 대해 '유일하게 순수한 미신이 있다면 그것은 바로 모든 미신으로부터 벗어난 과학이 존재할 수 있다는 생각이다'라고 썼다(Serres, 1974). 세르는 실제로 과학을 연구한 모든 역사가들과 마찬가지로 디드로, 다윈, 맬서스, 그리고 스펜서가 모두 같은 원리와 같은 논점에서 기술되어야 한다고 생각했다. 즉, 비행접시의 존재에 대한 믿음을 기술하고 싶다면 그 기술 방법이 대칭적으로 블랙홀에게도 적용될 수 있어야 한다는 것이다(Lagrange, 1990). 심령학을 뒤집는 주장을 하려 할 때 같은 변수들을 심리학에도 적용할 수 있는가(Collins와 Pinch, 1982)? 파스퇴르의 성공을 분석할 때 같은 개념들로 그의 실패들도 설명할 수 있는가(Latour, 1988b)?

가장 중요한 것은 대칭성의 제1원리가 사회과학자들에 의해 제시된 오류 기술방법론들의 감량을 제안한다는 점이다. 일탈을 설명하는 것은 너무 쉽다! 사회, 신념, 이데올로기, 상징, 무의식, 광기 등 모든 것이 너무나 손쉽게 주어져 있어서 이들에 대한 설명의 양이 너무나 비대해졌다. 하지만 진리에 대해서는 어떠한가? 인식론적 단절을 위한 손쉬운 수단을 잃어버렸을 때, 과학을 연구하는 나 같은 학자들은 우리의 해석이 별 의미 없는 작업이었음을 바로 직감했다. 모든 해석들

'Anti-Latour'", *Studies in History and Philosophy of Science*, Vol. 30, 113-129 (url: http://www.bruno-latour.fr/poparticles/poparticle/p075.html)].

을 구성한 것은 바로 비대칭성이었고 이 점은 상황을 더 악화시켰다. 대칭성 원리가 견고하여 진리와 거짓, 사조와 지식, 과학과 초과학parascience 모두를 다룰 수 있는 논점을 유지할 수 있게 해 준다면 모든 것이 바뀐다. 브레누스Brennus처럼 '패자에게는 비참함 뿐이다vae victis!'라고 외치며 단 하나의 잣대로 승자를 평가하고 이와는 다른 잣대로 패자를 평가하던 학자들 때문에 우리는 지금까지 이 불일치를 이해하지 못했다. 대칭성의 균형이 정확하게 재정립된다면 왜 누군가는 승리자가 되고 또 패자들이 두드러지는지를, 그 불일치를 통해 더욱더 명확하게 이해할 수 있게 될 것이다.

4.2 대칭성 원리의 일반화

대칭성의 제1원리는 우리가 인식론적 단절들이나 '정당한' 과학과 '시대에 뒤처진' 과학들 사이의 선험적 구분, 혹은 지식사회학자들 사이에서 신념체계를 연구하는 사람들과 제 과학을 연구하는 사람들 사이의 인위적 분할 등을 제거할 수 있도록 하는 최대 장점을 지니고 있다. 인류학자가 인식론이 정리해 버린 과학을 찾기 위해 먼 여행을 떠났다 돌아왔을 때, 이미 민족지학과 과학적 지식 간의 연속성을 구축할 방법은 없었다. 따라서 그는 악의 없이 자연에 대한 연구를 피해 문화의 연구에 안주했다. 그런데 그가 이곳에 돌아와 자신의 땅에서 일어나는 과학기술에 초점을 맞춘 연구들(나날이 늘어나는)을 발견하였을 때에는 그 간극은 이미 많이 좁혀진 다음이다. 인류학자는 별 어려움 없이 트로브리안드Trobriand의 탐험가들로부터 미 해군 탐험단으로(Hutchins, 1980), 서아프리카의 계수원으로부터 캘리포니아의 수학자로(Roger와 Lave, 1984), 아이보리 코스트의 기술자로부터 라 호야La Jolla 출신 노벨상 수상자로(Latour와 Woolgar [1979] 1986), 발Baal 신에 바쳐진 제물들로부터 챌린저 호 폭발사고로(Serres, 1987) 연구 영역을 옮길 수 있다. 더 이상 연구의 영역을 문화들에 국한시킬 필요가 없어진 것이다. 자연 — 보다 정확하게는 자연들 — 이 문화들처럼 연구의 대상이 되었기 때문이다.

그럼에도 불구하고, 블루어가 정의한 대칭성의 원리는 곧 막다른 골목에 다다른다. 다음 도표에 잘 나타나듯이 그의 원리는 해석을 위해 엄격한 규칙이 요구될 때 스스로 비대칭적인 원리가 된다. 인식론자와 지식사회학자는 진리를 자연 현실과의 적합성을 이용해 설명했고 거짓은 사회 범주들, 지식 episteme 또는 이해관계에 의한 제약을 통해 설명했다. 그들은 처음부터 비대칭적이었다. 블루아의 원리는 동일한 범주들,

동일한 지식epistemic, 동일한 이해관계를 통해 진리와 거짓을 모두 설명하고자 한다. 그렇다면 그의 원리는 어떠한 개념들을 채택하였는가? 바로 수많은 사회과학자들(다시 말해 홉스와 그의 수많은 후계자들)에게 사회에 관한 과학이 제공한 개념들이다. 따라서 이 원리가 비대칭적인 것은 인식론자들이 으레 그러하듯이 이데올로기와 과학을 분리하기 때문이 아니라, 자연을 논의의 대상에서 제외하고 '사회' 축에 해석의 모든 권한을 부여하기 때문이다. 자연이 관련될 때마다 구성주의적이 되면서도 사회에 대해서는 실재론자가 되는 것이다(Callon & Latour, 1992; Collins & Tearley, 1992).

하지만 우리가 알고 있듯이 사회란 자연보다 덜 인공적이지는 않은데, 양자는 단일한 안정화 과정의 두 가지의 결과이기 때문이다. 모든 자연상태에는 그에 상응하는 각각의 사회상태가 존재한다. 우리가 한쪽에서 실재론자여야 한다면 다른 쪽에서도 실재론자여야 한다. 그리고 우리가 하나의 사례에 대해 구성주의적으로 접근한다면, 양쪽 모두에 대해 구성주의적이어야 한다. 다시 말해서, 두 가지 근대적 실천에 대한 탐구에서 보았듯이 우리는 자연과 사회가 동시에 ― 매개의 작용에서는 ― 내재적이면서도 ― 정화의 작용에서는 ― 초월적인가를 이해해야만 한다. 자연과 사회는 우리의 해석(깡

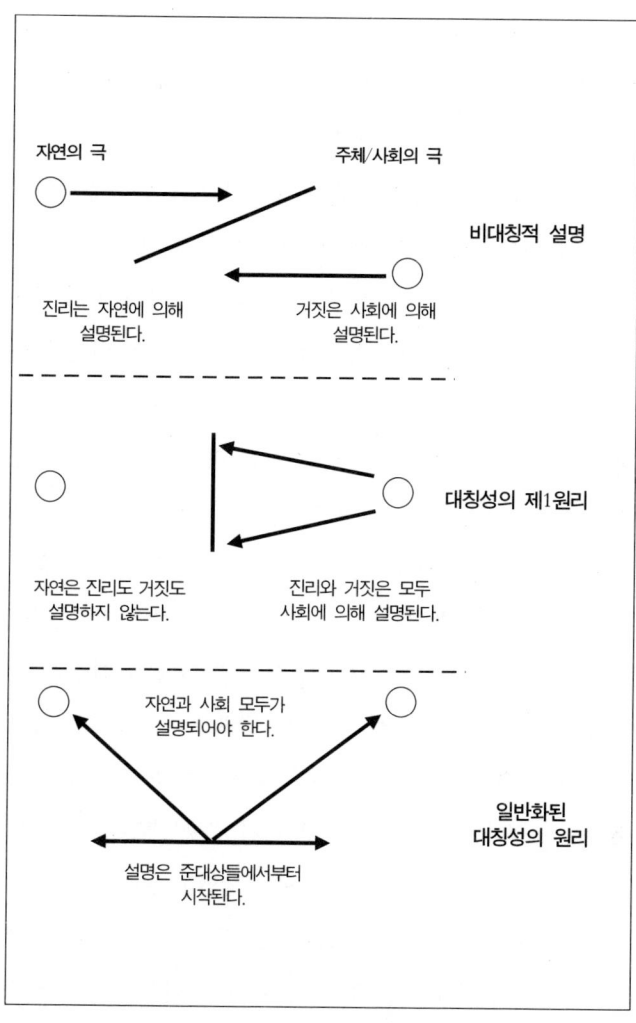

그림 4.1 대칭성의 원리

길렘의 시각에서는 비대칭적이어야 하고, 블루어에 따르면 대칭적인)을 연계할 수 있는 확고한 근거를 제공하지 않으며, 오히려 자연과 사회 자체가 설명되어야 한다. 자연과 사회가 제공하는 설명의 외형은 더 오랜 시간이 지난 후에 안정화된 준대상들이 쪼개진 후에 한편으로는 외부적 실재에 속하는 대상들, 그리고 다른 한편으로는 사회의 주체가 된 이후에나 드러난다. 자연과 사회는 문제에 일부분이지 해답의 일부가 아니다.

따라서 만일 인류학이 대칭적이 되려면 대칭성의 제1원리를 따르는 것만으로는 부족하다 — 이 원리는 인식론의 가장 극단적인 부정행위만을 막을 뿐이다. 인류학은 미셸 칼롱이 일반화된 대칭성이라고 부르는 것을 포괄해야 한다. 인류학자는 비-인간적인 속성과 인간적 속성 모두를 탐구할 수 있는 중간 지점에 자리잡아야 한다(Callon, 1986). 인류학자는 사회를 설명하기 위해 외부의 실재를 동원하거나 외부적 실재를 형성하는 인과관계를 설명하기 위해 권력게임을 이용할 수 없다. 같은 이유로 인류학자는 당연히 원래의 두 극의 비대칭성을 유지하기 위해 다른 것들 밑에 있는 실재론의 약점을 은폐하면서까지 자연'뿐만 아니라' 사회'도'라는 방식을 이용해 자연적 실재론과 사회학적 실재론을 교체하여 사용할 수도 없다(Latour, 1987).

우리가 근대인인 한 결국 자연과 사회의 대칭성이 보이게 되는 이 중앙부를 우리가 차지하는 것은 불가능했는데, 그 공간은 존재하지 않는 것이었기 때문이다. 앞서 살펴본 바와 같이 근대인의 헌법이 용인하는 중앙부란 자연 극과 주체 극이 서로에게 적용될 수 있는 현상이란 곳뿐이었다. 이제까지 이 지점은 무인지대, 비장소로 남아 있었지만 근대적 차원의 한 극에서 다른 극 사이에서만 끊임없이 이동하는 대신에 비근대적 차원을 따라 내려가는 순간 모든 것이 변한다. 생각할 수 없었던 비장소가 근대성의 헌법 내에서 매개작용의 시발점이 된다. 이 지점은 비어 있기는커녕, 준대상, 준주체가 빠르게 증식하는 장소이다. 더 이상 생각할 수 없는 어떤 것이 아닌 이 지점은 수많은 연결망 상에서 수행되는 경험적 연구의 고유영역으로 자리 잡는다.

그러나 민족지학자가 다른 문화들을 연구한다며 오늘날 이렇게 쉽게 차지하게 된 이 자리는 꼬박 지난 한 세기 동안 인류학이 힘들게 준비해 온 같은 장소가 아닌가? 물론 민족지학이 자신의 분석 도구의 변경 없이 이동하는 모습은 여러 분야에서 목격할 수 있었다. 민족지학은 기상학에서 가족체계로, 식물학에서 식물의 문화적 표상에게로, 정치조직으로부터 전통의학으로, 신화구조로부터 민족학 혹은 사냥술에 대한 연구로 이동하기도 하였다. 분명 민족지학자는 자신이 단지, 그리고 오직 표상들만을 다루고 있다는 확고한 신념으로부터 힘을 얻어 이 매끄러운 조직을 전개시키는 만용을 부린다. 자연의 경우에도 그것은 고유하고 외적이며 보편적인 상태를 유지한다. 하지만 이 두 위치 — 민족지학자가 문화를 연구하기 위해 손쉽게 차지하는 위치와 우리가 우리의 본성을 연구하기 위해 어렵게 정의한 위치 — 를 겹쳐 놓을 때 여전히 어려운 작업이기는 하지만 비로소 비교인류학이 가능하다. 인류학은 더 이상 문화들을 비교하지 않으며 믿기 힘들 정도의 특권적 지위를 부여 받아 보편적 자연에 도달할 수 있는 유일한 길이라고 사람들이 믿는 자신이 속한 문화에서 벗어나게 된다. **인류학은 이제 자연-문화들을 비교하게 된다.** 이들은 비교 가능한 것들인가? 이들은 유사할까? 동일한 것들일까? 이제 상대주의라는 해결 불가능했던 문제를 풀 수 있을지도 모른다.

4.3 두 번의 대분할 Great Divide과 그 수출입 체계

'우리 서양인들은 다른 인종과 완전히 다르다!' 이것이 근대인들의 승리구호, 또는 오래된 비가였다. 우리 — 서양인 — 와 그들 — 중국에서 유카탄, 이누잇족에서 태즈매니아 원주민에 이르는 모든 타 종족들 — 을 나누는 대분할은 언제나 우리를 괴롭힌 주제였다. 무엇을 하든 서양인들은 그들의 범선과 전투함 속에, 망원경과 주사기 속에 역사를 함께 가지고 왔다. 그들은 백인으로서 때로는 고귀한 도전이기도 하고 때로는 비극이기도 한 이 짐을 언제나 운명처럼 진다. 그들이 타 종족과 다르다고 주장하는 것은 단순히 수Sioux족이 알곤킨Algonquins과 다르다거나, 바울레Baoule족이 라프Lapp족과 다르다고 할 때와 같은 의미가 아니다. 이는 서양인과 모든 문화들을 서로 다른 범주에 포함시킬 수 있을 정도로 근본적이고 완전히 다르다는 의미인데, 여기서 문화란 모두 타인들의 문화라고 정의되기 때문이다. 서양인의 시각에서 볼 때, 서양만이 더 이상 문화가 아니면, 단지 문화로만 환원될 수는 없는 것이다.

그렇다면 서양인들은 왜 자신을 이렇게 보려고 하는가? 왜 서양인들은 자신들만은 여러 문화들 중 하나일 수 없다고 말하는 것인가? 우리와 그들을 가르는 대분할을 이해하기 위해서는 앞서 내가 정의한 인간적인 것들과 비-인간적인 것들 간의 대분할로 돌아갈 필요가 있다. 사실 **첫 번째 대분할은 두 번째 대분할을 외부로 수출한 것이다**. 우리 서양인들은 또한 자연을 동원하기 때문에 다른 문화들 중에 하나일 수는 없다. 우리는 자연의 이미지나 상징적 표상이 아닌 자연 그 자체, 혹은 최소한 제 과학 — 언제나 배경이 되고 연구되지 않았으며, 연구될 수도 없지만, 기적적으로 자연 그 자체와 융합된 — 을 통해 이해된 자연을 동원한다. 따라서 상대주의에 대한 문제제기의 중심에는 과학의 문제가 자리 잡고 있다. 만일 서양인들이 무역과 정복, 약탈, 그리고 지배에만 만족했다면 자신들을 다른 무역상들이나 정복자와 이 정도로 근본적으로 구분할 수는 없었을 것이다. 하지만 그런 구분은 가능한데, 서양인은 과학을 발명했고, 그것은 정복이나 무역, 정치나 윤리와는 완전히 구분되는 활동이다.

문화 상대주의라는 기치 아래 제 문화들을 진화의 연속체 속에 배열하거나 단독으로 유폐하지 않으면서 서로간의 연속성을 옹호(Levi-Strauss, [1952] 1987)하려 했던 사람들조차 그 작업이 문화를 과학에 근접시켜야만 가능하다고 생각한다.

레비–스트로스Levi-Strauss는 『야생의 사고』*The Savage Mind*에서 "우리는 두 개의 분리되었던 경로가 교차하는 것을 보기 위해서 20세기 중반까지 기다려야만 했다. 소통[야생의 사고]을 통해 우회하여 물질계에 도달하는 하나의 경로와 우리가 최근에 알게 된 물질적인 것[근대 과학]을 통해 우회하여 소통의 세계에 이르는 다른 경로의 교차가 그것이다"고 말한다 ([1962] 1966, p. 269).

논리적 사고와 전논리적 사고간의 거짓 이율배반은 한꺼번에 극복되었다. 비록 우리의 사고가 보편세계에 대한 지식에 적용되고 그 세계의 물리적, 의미론적 속성을 동시에 인지할 때에만 논리적이기는 하지만 이와 같은 의미에서 야생의 정신 또한 동일하게 논리적이다. …… 원시의 정신과 오늘날 우리의 정신 사이에 커다란 차이가 존재한다는 주장은 거부될 것이다. 정보이론이 순수한 메시지에 집중한 반면에 원시시대 사람들은 메시지의 물리적 결정론의 징후들을 메시지로 착각한다. …… 동식물계들에서 감지할 수 있는 특성들을 하나의 메시지인양 다루고 그 속에서 '서명' 즉 기호를 읽어냄으로써 인간(원시정신의 소유자)은 엉뚱한 것을 중요한 요소로 삼는 오류를 범했다. 하지만 실제 의미 있는 요소가 어디 있는지(미시적인 차원)를 알려줄 완성된 도구가 없었기에 인류는 해석을 통해 '희미하게as through a glass darkly 나름대로 차이를 분간하였다. 이 원리의 발견적 가치와 현실과의 정합성은 첨단 발명품들 즉, 전기통신공학, 컴퓨터와 전자현미경 등을 통해서만 우리에게 알려진 바 있다(Levi-Strauss, [1962] 1966, p. 268).

편견 없는 변호인으로서 레비-스트로스는 자신의 의뢰인들을 최대한 과학자처럼 보이도록 만드는 것만큼 이들을 진정시킬 수 있는 방법은 없다고 생각한다! 우리가 생각하는 것만큼 원시 인간들이 지금의 우리와 차별성이 없다고 보는 이유는 그들 또한 정보이론, 분자생물학과 물리학 등의 도래를 예측했지만 적당한 도구를 갖고 있지 못했고 "동일시의 오류"를 범했기 때문이다. 이러한 발전에 이용되는 과학들은 현재 접근이 차단되어 있다. 인식론의 방식으로 표현된 학문들은 아직은 객관성과 외부성, 조직과 단절된 준대상성을 유지한다. 원시의 인간들에게 현미경을 주면 그들이 우리와 똑같이 사고하게 된다는 것이다. 비난으로부터 벗어나기 위한 방법으로 이보다 더 좋은 것이 있을까? 레비-스트로스(깡길렘, 리오타르, 지라르, 데리다와 다수의 프랑스 지식인들의 경우와 마찬가지로)는 이 새로운 과학 지식이 완전히 문화 외부에 존재한다고 본다. 그것은 우리 서양의 것을 포함한 모든 문화들을 상대화하는 과학의 초월성 — 자연과 융합된 — 이다 — 물론 여기서의 주의사항은 그들의 문화가 아니라 우리 서구의 문화가 생물학, 전자 현미경과 통신망 등을 통해 만들어졌다는 사실이다. 그리하여 줄어들 것처럼 보이던 심연은 다시 벌어지게 된다.

우리 서구 사회 내에서만 최초로 일종의 초월이 일어난다. 바로 반인간적이며 때로는 비인간적이고 언제나 인간 외적인 자연Nature이 등장하는 것이다. 이 사건이 발생한 이래로 — 고대 그리스 대수학이나 이탈리아의 물리학, 독일의 화학, 미국의 핵물리학, 혹은 벨기에의 열역학 등 그 어디에서 주장하든 간에 — 모든 일에 자연을 고려하는 문화들, 그리고 단지 자기 자신의 문화만을 고려하거나 자신들이 물질에 대해 생각하고 있는 왜곡된 판본들만을 고려하는 문화들, 양자 사이에 완전한 비대칭성이 존재해왔다. 제 과학들을 발명하고 물리적 결정론을 발견한 사람들은 우연한 경우가 아니라면 결코 인간만을 단독으로 다루는 일이 없다. 다른 비서구인들은 오직 자연에 대한 표상들만을 지니고 있는데, 이 표상들은 다소 혼란스럽거나, 혹은 있는 그대로의 사물을 우연한 경우에만 — '희미하게' — 완전히 장악하고 그들과 일치하게 되는 인간들의 문화적 편견에 의해서 관습화된 것이다.

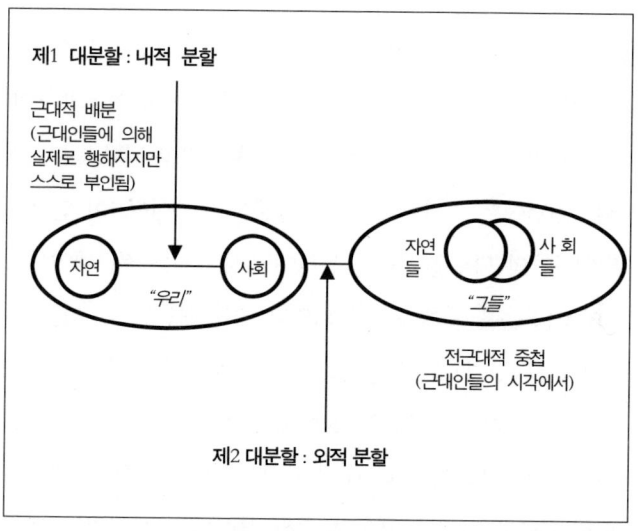

그림 4.2 두 번의 대분할

4장 상대주의

이에 따라 내적 대분할이 외적 대분할을 설명한다. 우리 서양인만이 자연과 문화, 과학과 사회를 완전히 분리한 유일한 존재로 등극한다. 반면에 다른 모든 인종 — 중국인이든 북미토착 인디언이든 아잔데Azande족이든 바루야Barouya족이든 간에 — 은 진정으로 지식과 사회, 기호와 사물, 그 자체로 자연에서 기원하는 사물과 자신의 문화가 필요로 하는 사물을 구분할 줄 모른다. 아무리 잘 적응하고 통제되고 잘 기능해도 그들의 모든 행위는 이상의 혼동 속에서 일어나는 것일 수밖에 없고, 따라서 그들은 사회적인 것과 언어 모두의 포로가 된다. 반대로 서양인은 아무리 범죄 행위를 저지르고, 제국주의적 행태를 일삼아도 우리 서양인의 모든 행위는 적절하게 등장하는 과학지식이라는 탈출구를 통하여 사회적인 것과 언어의 통제로부터 벗어나 사물 그 자체로 접근하는 일이 된다. 내적 배분은 이번에는 외적인 또 다른 배분을 야기한다. 이 인간과 비-인간간의 새로운 분리를 통하여 근대인들은 전근대인들로부터 자신들을 차별화하게 되었다. 전근대인들인 그들에게 자연과 사회, 기호와 사물이란 사실상 동일한 공간상에 존재하는 개념이다. 현재의 우리들에게는 절대 그렇지 않다. 설령 아직까지도 우리의 사회 내에서 광기, 어린이, 동물, 대중문화와 여성의 신체와 같이 모호한 분야가 남아있기는 해도 (Haraway, 1989) 우리는 단순한 사회적 편견과 사물들의 실제 본성을 더 이상 혼동하지 않음으로써 가능한 한 확실하게 이러한 끔찍한 혼재로부터 스스로를 구해내는 것이 자신의 본연의 임무라고 믿는다.

4.4 '열대'로부터의 인류학의 귀향

이미 자신을 위해 준비되고 자신을 기다려온 근대 세계와 재결합하기 위한 열대지역으로부터의 인류학의 귀환은 초기에는 매우 신중하고 심지어는 우유부단한 방식으로 이루어진다. 처음에 인류학자들은 서양인들이 야생의 사고가 그러하듯이 기호와 사물을 구분하지 못하는 경우에만 인류학 방법론을 적용할 수 있다고 생각할 것이다. 따라서 그들은 외적 대분할에 의해 규정된 전통의 영역에서 가장 유사한 사례를 찾아내려 할 것이다. 물론 이때 이국적 풍취는 사라지게 되지만 인류학자들이 여전히 합리성의 주변부와 편린들 혹은 합리성을 초월한 영역만을 연구대상으로 삼음으로써 결정적인 거리를 유지하였기 때문에 그리 큰 손실은 아니다. 민간요법, '보카즈Bocage 문양에서의 마술(Favret-Saada, 1986)', '핵발전소로 피폐해진 농민의 삶(Zonabend, 1989)', '기술의 위험성에 대한 일반 사람들의 표상(Douglas, 1983)' 등 이들은 모두 자연 — 즉 과학 — 의 문제를 아직 제기하지 않았다는 점에서 훌륭한 사례 연구 주제가 될 수 있다.

하지만 그렇다고 이 대대적인 귀환이 중단될 수는 없다. 오히려 이국적 풍취를 없앰으로써 민족학자들은 지금까지 사회학, 경제학, 심리학, 역사학에서 부분적으로 다루어온 연구와 대비되는 자신만의 독창성을 완전히 잃어버리게 된다. 열대지역에서 연구할 때까지만 해도 인류학자는 여타 문화들의 주변부를 연구하기 위해 그곳에 정착하지는 않았다(Geertz, 1971). 설령 직업적 소명 의식이나 방법론상 때문에 혹은 기타 필요에 의해 주변부를 연구하더라도 인류학자는 그것이 이들 문화의 본체, 다시 말해 그들의 사상체계, 기술, 민족지학, 권력게임, 경제 — 즉 그들 실존의 총체 — 를 재구성하기 위한 것이라고 주장한다.(Mauss, [1923], 1967). 인류학이 귀향을 하면서도 자기 자신의 문화의 주변부만을 연구한다면 그동안 어렵게 쌓아 올린 장점들을 잃어버리게 되는 것이다. 예를 들어 마르크 오제Marc Augé는 아이보리코스트의 석호지역 원주민 속에 섞여 생활하면서 주술 현상을 통해 그 사회 전체를 이해해 보고자 하였다(Augé, 1975). 그가 선택한 주변적 특성 때문에 알라디안Alladian 문화의 전 사회구조를 이해하는 데 어려움은 없었다. 하지만 서구로 돌아왔을 때 그는 지하철의 가장 표피적인 단면으로 자신의 연구영역을 제한하면서

지하철역 복도에 그려진 낙서를 해석하기에 이른다(Augé, 1986). 그는 이제 서구의 경제, 기술과 과학에 비추어 볼 때 부인할 수 없는 자신의 주변성에 압도된 것처럼 보인다. 대칭성 안에서 열대지방 사람들을 연구했던 오제라면 지하철의 사회-기술적 연결망 자체를 연구했을 것이다. 그리하여 기술자, 운전사, 임원과 승객, 최종 고용인인 국가권력에 이르는 모든 것을 연구했을 것이다 — 즉 다른 지역에서 했던 것과 동일한 방식으로 서구를 들여다보았을 것이다. 서구를 연구하는 민족학자들은 주변부에 머물러서는 안 된다. 그들이 그렇게 하는 한 민족학자는 언제나 자신에 대해서는 소극적이고 타인에 대해서만 대담한 비대칭성을 깰 수 없다. 서구 사회에 대한 인류학이 다른 분야의 왕성한 연구 활동에서 떨어져 나온 지엽적 내용만을 탐구하는 가장자리의 주변적 학문이어야 할 이유는 없는 것이다.

하지만 인류학이 연구영역과 방향의 완전한 자유를 누리려면 우선 두 번의 대분할을 동일한 관점에서 볼 수 있어야 하고 양자 모두를 우리의 세계에 관한 하나의 특수한 정의이자 그 세계가 타자와 맺는 관계들이라고 간주해야 한다. 그렇게 된다면 두 번의 분할은 타 종족에 비하여 우리 자신에게 더 많은 가치를 부여하지 않게 된다. 그것은 근대성의 헌법이나 근대적 시간성과 같이 지식의 도구에 불과하다(3.7절 참조). 대칭적이 되기 위해서 인류학은 서양에서의 인간과 비-인간의 극단적인 구분과 서양 이외 지역에서의 사회와 지식의 완전한 중첩 모두에 대한 믿음을 버림으로써 동시에 두 대분할을 극복할 수 있도록 하는 연구방식에 관한 전면조사와 지적인 재정비가 필요하다.

내적 대분할을 따라서 열대지역으로 가서 연구를 하는 한 사람의 민족학자를 상상해 보자. 그녀가 보기엔 자신이 연구 대상으로 삼은 사람들은 언제나 세상의 지식—탐구자이자 뛰어난 과학적 서양인이 원래부터 지녀온—과 사회작동의 조건들을 혼동한다. 따라서 그를 반갑게 맞이한 부족은 단 하나의 세계관, 자연관을 가진 것으로 상정된다. 마르셀 모스Marcel Mauss와 에밀 뒤르켐의 유명한 표현을 빌리자면 이 부족은 자신들 고유의 사회적 범주를 자연에 투사하고 있다. (Durkheim and Mauss, [1903] 1967; Haudricourt, 1962) 이 민족학자가 연구대상자들에게, 있는 그대로의 세계와 그들이 부여하고자 하는 사회적 표상을 보다 세심하게 구별해야 한다고 말한다면 그들은 버럭 화를 내면서도 당황하게 될 것이다. 그들의 분노와 오해를 민족학자는 전근대적 집착의 결정적 증거로 삼을 것이다. 민족학자가 머무르고 있는 이원구조—한편에는 인간적인 것과 다른 한편에는 비-인간적인 것들 혹은 기호와 사물로 나뉜 세계—는 그 부족에게는 도저히 받아들일 수 없는 것이다. 사회적 관점에서 우리의 민족학자는 이 문화에는 일원론적 가치관이 필연적이라고 결론짓게 될 것이다. '우리는 다양한 사상들을 넘나들지만 [야생의 사고는] 이들을 모두 한 데 끌어모은다.'(Levi-Strauss, [1962] 1968, p. 267)

하지만 이제 우리의 민족학자가 자신의 사회로 돌아와서 내적 대분할을 좁혀보려 한다고 가정해보자. 또한 일련의 우연한 계기들을 통해 그녀가 한 종류의 부족을 선택해 분석하려 한다고도 가정해보자 — 예를 들어 그녀는 일군의 과학자 혹은 기술자 집단을 연구하게 된다(Knorr-Certina, 1992). 이제 그녀가 지난 연구들을 통해 배웠다고 생각하는 일원론의 교훈을 적용시키려다 보니 상황은 완전히 역전된다. 그녀가 연구하려는 과학자 부족은 결국 자신들의 지식이 정치나 도덕성의 요구로부터 완전히 분리되어 있다고 주장한다(Traweek, 1988). 하지만 관찰자의 시선으로 보면 이러한 분리는 결코 그렇게 가시적이지 않거나, 그 구분 자체가 실험실만을 옮겨 다니는 과학자들의 활동들의 훨씬 더 뒤섞인 부산물로밖에 보이지 않는다. 그녀의 연구대상자들은 자신들이 자연에 직접 접근할 수 있다고 주장하는 반면, 민족지학자 자신은 자연에 대한 관점, 표상에만 접근할 수 있으며, 이들을 정치나 사회적 이익으로부터 깔끔하게 분리할 수 없다는 사실을 잘 알고 있다.(Pickering, 1980). 과학자 부족은 앞서 살펴본 열대지방의 부족과 마찬가지로 자신의 사회적 범주를 자연에 투사한다. 단지 차이가 있다면 그들이 투사하지 않은 척한다는 것이다. 민족학자가 나서서 자연을 인간이 만들어 낸 사회적 표상으로부터 분리할 수 없다는 사실을 설명하려 하면 그들은 분개하거나 당황할 것이다. 우리의 인류학자는 그들의 분노와 몰이해를 근대적 집착의 증거로 삼는다. 그 인류학자가 속해 있는 사회의 일원론— 인간은 언제나 비-인간적 존재들 속에 섞여 산다는— 을 그들은 결코 인정할 수 없다. 우리의 민족학자는 사회적 이유 때문에 서양의 과학자들에게 이원론적 시각이 필요하다고 결론 내린다.

하지만 그녀의 이중적인 결론에는 부정확한데, 그녀는 자신의 연구대상들이 하는 말을 정말로 듣고 있는 것이 아니었기 때문이다. 인류학의 목표는 두 번에 걸쳐 분노하게 만들거나 몰이해를 일으키는 데 있지 않다. 다시 말해서 일차로 내적 대분할을 외부로 수출하고 이를 거부하는 문화들에 대해서는 이원론을 부과하면서, 이차적으로는 외적 대분할을 무효로 돌리면서 하나의 문화, 즉 우리 자신의 — 일원론을 절대적으로 거부하는 — 문화에 일원론을 부과하기 위함이 아니다. 대칭적 인류학은 두 번의 대분할이 현실 — 우리 자신뿐만 아니라 타자의 현실까지도 — 을 묘사하는 것이 아니라 서양인

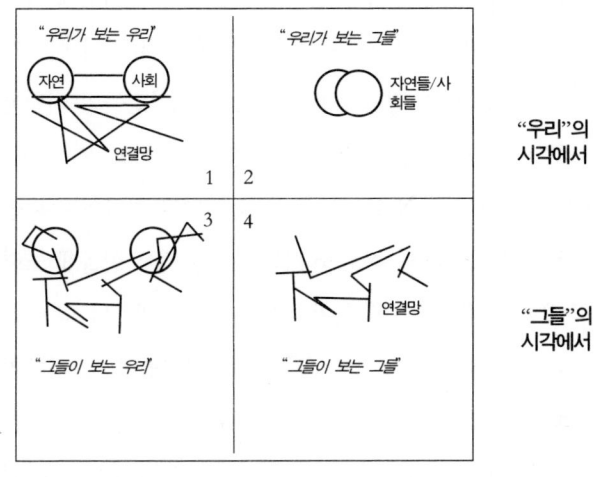

그림 4.3 그들과 우리

들이 자신들을 근대적이라고 간주하는 한에서 타자들과 맺는 특수한 관계를 정의한다는 사실을 반드시 알아야만 한다. 그럼에도 불구하고 '우리'는 '그들'이 자연과 사회를 중첩시키는 것과 달리 양자를 구분하고 있는 것도 아니다. 우리의 헌법의 공인된 부분 아래에 증식하도록 우리가 허용한 온갖 연결망들을 고려할 때, 그 연결망들은 '그들' 자신이 그 안에서 거주하고 있다고 말하는 연결망들과 크게 다르지 않음을 알 수 있다. 전근대인은 기호와 사물을 구분하지 않는다고 말하지만 '우리' 자신도 구분하지 않기는 마찬가지다(그림 4.3의 3

4장 상대주의 **259**

영역과 4.3의 1영역)의 가장 밑의 그림은 매우 유사하게 보인다). 만일 매우 어려운 사유 실험을 통해서 더 깊이 들어가 '그들'에게 그들의 연결망에 비추어 우리 서양인들의 이원론에 대한 이해할 수 없는 집착을 그려보라고 하고, 자신들의 언어를 이용해 하나의 분리된 순수한 자연과 하나의 순수한 사회를 상상해 보라고 주문한다면, 그들은 매우 힘들게 노력한 끝에 그들의 연결망에서 겨우 벗어난 자연과 문화의 임시적인 지도를 그리게 될 것이다(그림 4.3의 4영역). 그렇다면 이 그림이 나타내는 것은 무엇인가? 유일한 자연과 문화가 연결망 속에서 재분배되어 모호한 방식으로 마치 이 점선의 방식으로만 탈출할 수 있는 이 그림은 무엇을 나타내는가? 이것이야말로 우리가 비근대적 시각으로 본 바로 우리의 세계의 모습이다! 이것이 내가 이 책의 처음부터 그리려고 했던 그 그림, 즉 근대인의 헌법의 상층부와 하층부가 서서히 통합되어가는 그 모습이다. 전근대인은 우리와 마찬가지다. 우리가 이들을 대칭적으로 바라보기 시작한다면 그들은 근대적 인류학이 전근대인들을 분석했던 것보다 더 훌륭하게 서양인에 대한 분석의 방법을 제공해 줄지 모른다! 혹은 더 정확히 말하면 우리는 비로소 '우리'와 '그들'이라는 이분법에서 완전히 벗어나서, 근대인과 전근대인의 구분까지도 폐기할 수 있게 된다. 우리는 언제나 자연들의 공동체와 사회들의 공동체를 모두 만들어 왔다. 인류학은 오직 대칭적 인류학 하나만 존재한다.

4.5 문화들이란 존재하지 않는다.

 열대지역 연구에서 서구세계로 돌아온 인류학이 학문 방법을 삼중의 대칭적인 시각으로 재편하려 한다고 가정해 보자. 이제 인류학은 동일한 개념을 이용하여 진실과 거짓을 말하고(이것이 대칭성의 제1원리에 해당된다), 인간적인 것과 비-인간적인 것의 산물을 동시에 살펴보고(일반화된 대칭성의 원리), 끝으로 서양과 타자를 구분함에 있어서 선험적 선언을 하지 않는다. 물론 이 과정에서 인류학은 기존의 이국적 특성을 잃지만 반면에 서구인이 속한 집합체를 포함한 모든 집합체들의 핵심 작동원리를 분석할 수 있는 새로운 분야들을 획득한다. 인류학은 제 문화들—혹은 문화적 차원들—만을 전문적으로 다루던 지위를 잃게 되지만 자연들이라는 소중한 대상을 연구대상으로 얻는다. 지금까지 이 글 내내 내가 주장해 온 이 두 가지 입장—민족학자가 아무 노력 없이 오늘날 차지하고 있는 하나의 입장과 과학을 분석해온 학자들이 너무나 힘들게 얻어낸 또 다른 입장—들은 이제 비로소 하나의 입장으로 중첩될 수 있다. 연결망 분석의 일부가 인류학으로 확장되면서 인류학에게 이미 오랫동안 준비되어온 역할을 수행해 달라고 요청하기에 이른다.

상대주의의 문제는 이미 덜 난해해졌다. 인식론자들의 노선에서 바라본 과학이 해결할 수 없는 문제를 만들었다면, 이제 많은 경우, 과학적 실천의 개념을 바꾸어주는 것만으로도 인위적인 난점들을 극복할 수 있다. 이성이 복잡하게 만든 문제를 연결망들이 풀어준다. 공식적인 헌법에 의해 인간과 비-인간의 완전한 구분—내적 대분할—을 강제하고 그로 인해 인공적으로 타자들의 분노를 일으킨 것은 바로 서양인들의 기이한 특성이다. '어떻게 페르시아 인이 될 수 있는가?' 어떻게 보편적인 자연과 상대적인 문화의 근본적인 차이를 무시할 수 있는가? 이런 의문을 제기할 수는 있지만 **문화라는 생각 자체가 바로 자연을 고려하지 않음으로써만 창조될 수 있는 인공물이다.** 그러나 문화들이란—개별적이든 보편적이든 간에—자연이 존재하지 않는 한 존재할 수 없다. 오직 자연들-문화들이 존재할 뿐이며 이것이 비교의 유일한 준거다. 우리가 매개작용과 정화작용을 고려하게 되자마자 우리는 '타자들'이 기호와 사물을 완전히 일치시키지 않는 것과 마찬가지로 근대인들도 인간적인 것과 비-인간적인 것을 구분하지 않음을 알게 된다.

나는 이제 상대주의의 제 형태들을 자연을 구축하는 활

동을 고려하는가의 여부에 근거하여 비교할 수 있게 되었다. 절대적 상대주의는 독립되고 통약불가능하며 어떤 형태의 위계에도 편입되지 않는 문화들을 가정한다. 이들은 자연을 판단에서 제외하므로 이들에 대해 언급할 필요조차 없다. 이보다는 덜 명확한 문화적 상대주의의 경우에는 유일한 자연이 중요한데, 그러한 자연이 존재하기 위해서는 과학의 작업, 사회, 구축활동, 동원, 연결망을 전제조건으로 가정하지 않는다. 아직 과학의 작업이 사람들의 관심 영역 밖에 머무르는 이유는 인식론에 의해 재검토와 수정의 과정을 거치는 것은 유일한 자연이기 때문이다. 이것이 계속되는 한 문화들은 저 유일한 자연에 대해 어느 정도 정확성을 지닌 너무나도 많은 관점들에 모두 분배되어 있는 것이다. 어떤 사회에서는 이를 '희미하게' 또 다른 사회에서는 짙은 안개 혹은 맑은 하늘을 통해 본다. 합리주의자들은 이들 모든 시각들의 공통점을 주장할 것이고, 반면 상대주의자들은 사회구조가 모든 인식에 끼치는 불가항력적인 왜곡을 주장할 것이다. 전자는 각각의 문화들이 자신의 범주를 첨가하지 않는다는 사실이 증명된다면 해체될 것이고, 후자의 경우 범주들이 첨가되었다는 사실이 증명될 경우 설득력을 잃게 될 것이다(Hollis and Lukes, 1982, Wilson, 1970).

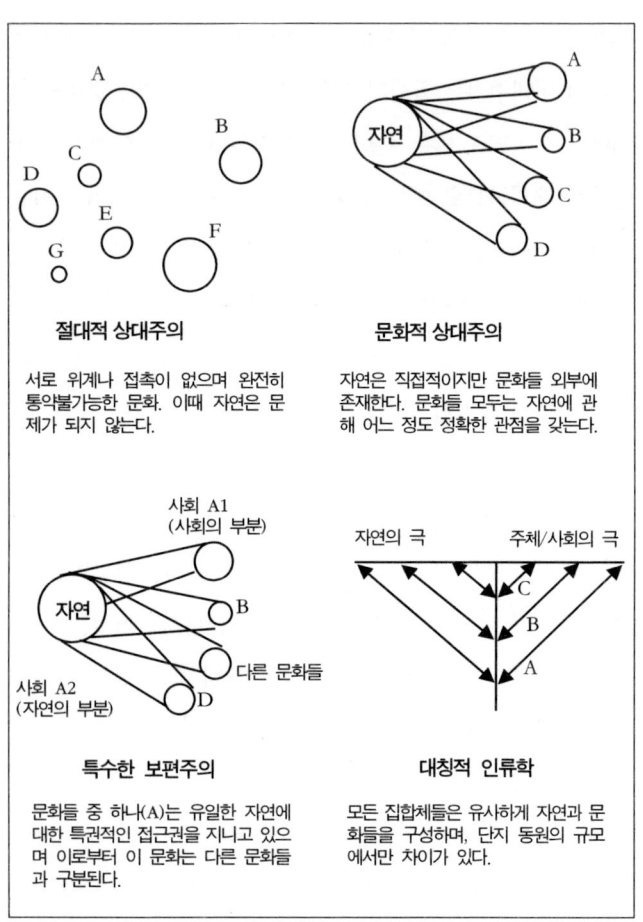

그림 4.4 상대주의와 보편주의

그러나 실제로는 특정 문화에 종속되지 않는 유일한 자연이 등장하게 되면 제3의 모델이 언제나 몰래 사용된다. 이 보편주의를 나는 '특수'하다고 부를 것이다. 오직 한 사회—그것은 언제나 서양이었다—만이 타자들의 위치를 포함하는 유일한 자연이라는 일반적 틀을 정의한다. 이것이 바로 레비-스트로스의 해법이다. 레비-스트로스는 서양사회를 유일한 자연 자체와 구분한다. 이때 서양사회는 자연에 대한 특정한 해석을 하는 것이며, 자연 그 자체는 기적적으로 서양사회에만 알려진 어떤 것이다. 이 주장의 전반부는 온건한 상대주의(우리는 다른 사람들과 마찬가지로 하나의 해석에 불과하다는 것)의 근거가 되지만, 후반부 때문에 재빠르게 오만한 보편주의—우리는 절대적으로 다르다—로 회귀할 수 있다. 그럼에도 불구하고 레비-스트로스가 보기에 양자 사이에는 논리적 모순이 없는데, 서양의 헌법 하에서만 인간이 만들어낸 사회 A1과 비-인간적인 것으로 구성되면서도 인간의 사회로부터 영원히 제거된 사회 A2의 구분이 가능하기 때문이다! 이 주장 속에 존재하는 모순은 대칭적 인류학의 시각을 통해서만 발견할 수 있다. 이 마지막 모델은 상대주의자들(그들은 오직 문화만을 상대화할 뿐이다)의 주장과 상관없이 앞선 두 모델을 모두 아우르는 대안이 된다.

상대주의자들이 문화 간 동등성이라는 문제를 설득력 있게 설명해 본 적은 없는데, 그들은 언제나 논의를 문화에 한정하기 때문이다. 그럼 자연에 대해서는 어떠한가? 상대주의자들에 따르면 자연은 보편 과학에 의해 정의되므로 모두에게 마찬가지다. 따라서 이 모순으로부터 벗어나기 위해서는 모든 사람을 자신들 사회 속에 한정시켜 모두 세계에 대한 표상 중 하나일 뿐이라고 정의하거나, 반대로 과학의 보편성을 완전히 제거하기 위해 모든 과학적 발견을 국지적이고 부수적인 사회 구조의 부산물로 축소시켜야 한다. 하지만 수십억에 달하는 세계 인구가 태초부터 세계에 대한 왜곡된 시각에 매몰되어 있었다는 주장은 중성미자neutrinos 3, 준성準星 quasar 4, DNA, 만유인력 등이 텍사스인의 것, 영국인의 것, 부르고뉴의 사회적 산물이라고 주장하는 것과 같다. 이 두 주장 모두 터무니없는 것이며 상대주의에 관한 대단한 논쟁들도 유의미한 결론을 내지 못하는 이유가 여기에 있다. 자연을 문화적 상대주의의 편협한 틀에 가두는 것만큼이나 자연을 보편화하는 것은 불가능하다.

따라서 이에 대한 해법은 문화들의 산물이라는 개념을 해체할 때 가능하다. 모든 자연들―문화들은 이들이 동시에

---

3. [옮긴이] 중성미자: 전하를 띠지 않는 기본입자로 약한 상호작용만을 하는 경입자에 속한다. 빛에 가까운 속도로 운동하며 물질과 거의 반응을 하지 않아서 검출하기가 어렵다.
4. [옮긴이] 준성: 준성전파원(quasi-stellar radio source), 혹은 줄여서 퀘이사(quasar)로 불리는데, 매우 멀리 떨어져 있는 극단적으로 밝은 천체다. 지구로부터의 거리나 그 성질에 대해서는 아직 논쟁 중이지만 아마도 엄청난 복사에너지를 방출하는, 거대한 블랙홀과 그 주위를 회전하는 물질로 이루어져 있을 것이라고 여겨지고 있다.

인간적인 것, 신적인 것, 비-인간적인 것들을 구성해 낸다는 점에서 유사하다. 그들 중 어느 것도 우리에게만 알려져 있는 외부적인 유일한 자연에 자의적으로 씌워진 기호나 상징의 세계에 살고 있지 않다. 어느 '자연들-문화들'도—특히 서양의 경우—사물들로만 이루어진 세계에 거주하지 않는다. 모든 자연-문화들은 기호를 담고 있는 것과 그렇지 않은 것을 분류한다. 모든 인간들에게 공통점이 있다면 그것은 누구나 인간적 집합체들과 이를 둘러싸는 비-인간들을 만들어낸다는 것이다. 집합체들을 구성함에 있어 어떤 사람들은 조상을 동원하고, 다른 종족들은 사자, 항성, 혹은 제물의 응고된 피를 사용하기도 한다. 우리 서구의 경우에는 유전학, 생물학, 천체물리학, 혈액의학 등을 동원했던 것뿐이다. 근대인들은 이러한 혼동을 보고 겁에 질려서 '그렇지만 이것이 바로 과학이 아니냐'고 항변할 것이다. 하지만 과학의 존재만으로 대칭성의 근거가 사라지는 것은 아니다. 이것이 바로 비교인류학이 공언한 바이다. 문화상대주의로부터 출발해 이제 우리는 '자연'상대주의로 나아간다. 전자는 우리를 말도 안 되는 결론으로 이끌었지만, 후자를 통해 우리는 다시 상식으로 복귀할 수 있다.

4.6 규모에 따른 차이

하지만 이것으로 상대주의의 문제가 완전히 해결된 것은 아니다. 단지 자연을 고려대상에서 제외함으로써 발생한 혼동이 일시적으로 제거된 것일 뿐이다. 이제 우리는 내가 집합체라고 명명한 자연-문화의 산물들과 맞닥뜨리게 된다. 여기에서 지적해야 할 것은 집합체란 인식론자들이 상정하는 유일한 자연 — 물자체 — 과 구별되는 만큼 사회학자들이 이해하는 사회 — 사람들 그 자신men-among-themselves — 와도 다르다. 비교인류학의 시각에서는 집합체란 모두 동일하다. 그것은 내가 이미 지적한 바와 같이, 안정화된 후에 각각 자연과 사회적 세계의 요소가 될 것들을 분배한다는 점에서 그러하다. 누구도 그 조성에 있어서 하늘과 땅, 몸과 마음, 재산과 법률, 신과 조상, 권력과 신념, 짐승과 상상의 존재를 동원하지 않은 집합체를 들어본 적은 없을 것이다. 이것이 바로 고대적인 인류학적 원형이며, 우리는 이를 폐기한 적이 없다.

그럼에도 불구하고 이 공통의 원형은 비교인류학의 출발점에 지나지 않는다. 모든 집합체들은 서로 달라서 존재자들을 각자가 부여하는 속성에 따라서, 그리고 자신들이 용인한 동원 과정 속에서 나누어 버린다. 이러한 차이가 수많은 작은 분할들을 구성하고 따라서 하나의 집합체를 다른 모든 집합체들로부터 구분해주는 대분할은 더 이상 존재하지 않는다. 이 수많은 미세분할 중에서도 우리가 인식할 수 있는 것들이 생기고 이러한 분할을 이용해 지난 3세기 동안 특정 집합체의 특정 부분을 공식적으로 차별화할 수 있었다. 이것이 바로 우리의 헌법 즉, 비-인간적인 것을 하나의 집합으로 상정하고, 시민의 역할을 다른 집합에 부여하며, 자의적이고 무기력한 신을 세 번째 집합으로 상정한 후 매개작용과 정화작용을 분리시키는 바로 그것이다. 헌법 내부에서 서양인이 타자들과 극명하게 구별되는 것은 아닌데, 이 헌법은 비교인류학의 시각에서 볼 때 우리를 정의하는 서로 다른 특징들의 긴 목록에 추가된 하나의 항목에 불과하기 때문이다. 그 특징들은 인류학과들의 거대한 데이터베이스에 독립된 항목으로 기록될 수 있을 것이다— 이 항목은 사후에 '인간과 비-인간 관계 영역 파일'로 다시 이름 붙이기만 하면 된다!

우리의 가변적 존재들variable-geometry entities의 분배 원리 속에서는 우리 서양인은 아추아르Achuar족이 타피라페Tapirape족이나 아라페시Arapesh족과 다른 만큼이나 이들과 다르다. 그 이상도 그 이하도 아니다. 단, 이러한 비교는 하나의 자연-문화를 동시에 생산하는 작업의 측면에서만 이루어지는 것인데, 이는 집합체의 한 면만을 반영한다. 이는 우리들에게는 정당해 보일지 몰라도 조금 다른 방식으로 절대적 상대론과 똑같은 문제에 봉착하게 되는데, 이 방식이 모든 차이를 동일화함으로써 차이를 제거하기 때문이다. 이러한 방식은 내가 이 글 처음부터 규명하려 한 다른 측면—동원의 범위, 다시 말해 동시에 근대화의 결과이자 그 몰락의 원인—을 설명할 수 없게 만든다.

그 이유는 대칭성의 원리가 평등을 구현하기 위함—이는 기준을 원점으로 되돌리는 유일한 방법이다—이 아니라 차이를 가늠하고—최종 분석에서 이는 비대칭성들이 된다—일부 집합체가 나머지 집합체를 지배할 수 있도록 하는 실질적 수단이 무엇인가를 보여주는 것이다. 각각의 공동생산원리는 유사할지 모르지만 집합체들의 규모는 다를 수 있다. 측정을 시작하는 순간에는 핵발전시설이든 파괴된 오존층, 인간유전자 지도, 고무타이어 장착 전철차량, 위성체계, 성단이든 그 무게는 장작불이나 우리 머리 위를 짓누르는 공기, 하나의 혈통, 카트, 천국에서 볼 수 있다는 영혼들, 혹은 하나의 우주 생성과 다르지 않다. 내가 앞서 언급했듯이 이 점만으로 대칭성을 타파할 수는 없다. 각각의 경우 이 준대상들은 모두 머뭇거리는 움직임을 통해 궤적을 그리는데, 이는 자연의 형태와 사회의 형태를 동시에 띤다. 그러나 무게의 측정이 완료될 즈음에는 자연의 항목이 사회 항목과는 전혀 다른 집합체를 그려낸다. 새로 생성된 이 차이들도 인정해야 하는데, 이 차이들이 측정될 수 있는 이유는 오로지 저울이 이미 대칭성의 원리에 의해 조정되었기 때문이다.

다시 말하면 상당한 차이가 존재하지만 그것은 규모의 차이일 뿐이다. 이러한 차이도 중요하기는 하지만 (문화상대주의의 오류는 바로 이 차이를 무시하기 때문이다) 특별한 의미를 지닐 만큼 크지는 않다 (보편주의의 오류는 바로 이 차이를 대분할로 격상시킨다는 점에 있다). 집합체는 모두 규모의 차이를 제외하면 하나의 나선형spiral의 연속된 나사선helix들과 마찬가지다. 어떤 집합체는 조상이나 항성을 필요로 하고 보다 특이한 또 다른 집합체는 유전자와 퀘이사를 필요로 한다는 사실은 하나의 집합체가 개체성을 유지하기 위한 조건의 차원에서 설명할 수 있다. 객체 수가 늘어날수록 더 많은 수의 주체가 필요하고 주체성이 강할수록 더 강도 높은 객체성이 요구된다. 만일 홉스와 그의 제자들이 존재하려면 보일과 그 제자들이 있어야 한다. 리바이어던이 존재하려면 공기 펌프가 필수적이다. 이러한 기초 위에서야 차이(나사선들의 차이의 차원들)의 부분과 유사성(모든 집합체는 동일한 방식으로 인간적 요소와 비-인간적 요소를 결합시킨다)을 동시에 인정할 수 있다. 상대주의자들은 모든 문화들이 하나의 자연 세계에 대해 각자의 자의성에서 체계화된 것으로 봄으로써 이 문화들을 동일 선상에 놓으려 애쓰지만 이러한 과정의 산물은 설명되지 못한다. 따라서 상대주의자들은 집합체들의 서로를 지배하기 위한 노력을 고려하지 못한다. 반대로 보편주의자들은 집합체 간의 뿌리 깊은 동질성을 이해하지 못하는데, 이는 그들이 서양인들에게만 독점적으로 자연에의 접근권을 부여하고 모든 타자들을 사회적 범주들 속에 속박시키기 때문이며, 타자들은 오로지 과학적 사고를 하거나 근대적 또는 서구적이 되어야만 이 범주들로부터 벗어날 수 있다.

과학과 기술이 훌륭한 것은 그것이 진실이라거나 효율적이기 때문이 아니라 — 과학기술은 인식론자들이 일반적으로 부여하는 것과 완전히 다른 이유에서 이러한 속성을 추후에 부여 받는다(Latour, 1987) — 집합체 생성에 참여하는 비-인간적 요소들을 배가시키고 우리가 이들을 재료로 삼아 만드는 공동체를 보다 친밀한 것으로 만들기 때문이다. 나선형의 확장, 그것으로 촉진될 참여, 과학기술이 이 존재들을 끌어들이기 위해 무한히 확장하는 거리가 바로 근대적 과학의 특징이지, 결코 과학 이전 시대로부터의 완전한 어떤 인식론적 단절이 아니다. 근대적 지식과 권력이 특이한 것은 사회적인 것의 전제로부터 마침내 탈출하기 때문이 아니라 그것이 사회적 연결 관계를 재구성하고 그 규모를 확장하기 위해 더 많은 하이브리드들을 추가하기 때문이다. 여기에는 공기 펌프뿐만 아니라 세균, 전기, 원자,

항성, 이차방정식, 인조인간과 로봇, 풍차와 피스톤, 무의식과 뉴런이 모두 포함된다. 나선이 한 바퀴를 돌 때마다 준대상들을 새롭게 번역함으로써 주체와 대상, 그리고 사회적 신체의 재정의가 탄력을 받게 된다. '우리'에게 과학과 기술은 사회를 반영하지 않는데, 이는 '그들'에게 자연이 더 이상 사회구조를 반영하지 않는 것과 마찬가지다. 누구도 더 이상 거울을 가지고 장난을 치지 않는다. 문제는 점점 커지는 규모로 집합체들을 스스로 만들어내는 일이다. 물론 차이점이 존재한다. 하지만 이는 규모의 차이일 뿐이다. 자연적인 차이는 없다— 문화적으로는 더더욱 그렇다고 할 수 있다.

4.7 아르키메데스의 쿠데타

대칭성의 원리가 일반화되었을 때 우리가 감지할 수 있는 이 새로운 비대칭성은 무엇에 의해 설명되는가? 특정한 종류의 비-인간적 요소가 포함될 때 집합체의 상대적 규모가 극단적으로 달라진다는 점이다. 이 규모의 변화에 대한 이해를 돕는 데에는 플루타르크가 기록한 불가능한 한 실험— 미셸 오티에Michel Authier 5는 이를 '대과학자의 대포'라고 불렀다

---

5. [옮긴이] 미셸 오티에(Michel Authier : 1949~) : 프랑스의 수학자/철학자/사회학자. 이른바 '지식의 나무'의 창안자이며, 1992년에는 미셸 세르, 피에

(Authier, 1989) — 만큼 충격적인 예는 없을 것이며, 이 실험은 보일의 공기 펌프만큼이나 놀랍다.

아르키메데스는 히에로Hiero왕의 친척이자 친구로 아무리 작은 힘으로도 움직이지 않을 사물은 없다고 왕에게 편지를 쓴 적이 있다. 또한 전해지는 말에 따르면 아르키메데스는 스스로 도취하여 만일 지구가 하나 더 있고 그가 그곳에 갈 수만 있다면 그곳에서 그가 이 지구를 움직일 수 있을 것이라고 장담하였다. 히에로왕은 놀라서 그에게 아주 작은 힘으로 거대한 물체를 움직여 보이려는 그의 계획을 실행해보라고 간곡히 청하였다. 이에 따라 아르키메데스는 왕실 선단에서 돛대가 3개나 되는 상선을 하나 선택하여 수많은 사람들을 동원해 모래 위로 끌어오게 한 후 많은 사람과 화물을 싣게 하였다. 배로부터 조금 떨어진 곳에서 아르키메데스는 겹도르래compound pulley 6를 힘도 들이지 않고 조용히 손으로 돌려 배를 자기 쪽으로 잡아당겼는데 배는 파도 위에서도 부드럽고 일정한 속도로 나아갔다. 이를 보고 놀라고 아르키메데스의 능력을 알게 된 왕은 그에게 모든 공성전에 사용할 수 있는 공격용과 방어용 병기를 만들도록 설득했다(Plutarch, Marcellus' life, Ⅹ ⅳ, 7-9, transl, Bernaclotte Perrin).

르 레비(Pierre Lévy) 등과 함께 트리비움(Trivium)을 설립하기도 했다.
6. [옮긴이] 겹도르래(compound pulley) : 복합도르래라고도 하며, 도르래의 축이 고정된 고정도르래와 축이 물체와 함께 움직이는 움직도르래를 결합한 도르래이다. 실제로 사용하는 대부분의 도르래는 이와 같은 겹도르래이다.

겹도르래를 이용해 아르키메데스가 전복시킨 것은 비단 역학의 법칙만이 아니다. 그는 왕에게 한 사람이 다중 전체보다 더 큰 물리력을 발휘할 수 있는 실질적인 기계를 제공함으로써 정치적 관계도 역전시켰다. 그때까지만 해도 왕은 대중들의 대표자로서 그 이상의 권력을 발휘하지 못했다. 아르키메데스는 정치적 대표의 관계를 기계적인 비례관계로 치환함으로써 새로운 '리바이어던'의 구성원리를 고안해 낸 것이다. 기하학이나 통계에 의존하지 않는다면 왕은 자신보다 언제나 더 강력한 사회의 힘을 인정하지 않을 수 없었다. 정치적 대표자에 불과했던 자에게 첨단기술의 열쇠를 쥐여 주는 순간 그는 다중보다 막강한 존재가 된다. 그는 비로소 스스로를 방어하거나 남을 공격할 수 있게 된 것이다. 히에로 왕이 기술의 힘에 '매료'된 것은 당연하다 sunnoesas tes tecnes ten clunamin. 이 사건 이전에 그는 정치권력을 겹도르래와 연관지어 본 적이 없었다.

하지만 플루타르크의 설화가 주는 교훈은 여기서 그치지 않는다. 아르키메데스가 거대한 사물과 작은 사물 사이(축소된 모델과 실물 간)의 비례를 바탕으로 (물리적) 힘과 (정치적) 힘을 통약가능하게 만든 이 첫 번째 계기는 더 중요한 의미를 갖는 두 번째 계기와 짝을 이룬다.

[시라쿠사Syracuse를 병기로 무장시킨 후에도] 아르키메데스는 그의 고매한 정신과 너무나도 깊은 영혼의 소유자로서 해박한 과학이론을 가지고 있어서 자신의 발명으로 인하여 이미 유명인이 되고 초인적 명민을 얻었음에도 불구하고, 병기 제작을 기록으로 모두 남겨달라는 요구를 거절하고 생활의 요구와 무관한 미묘하고 매혹적인 것에만 매진하였는데, 이는 그 자신이 삶의 필요에 부응하려는 기술이나 모든 학문분야를 무지와 천박함의 산물로 보았기 때문이다.(Plutarch, Xvii, 4-5)

수학적 증명은 아직은 수준 낮은 육체노동, 천박한 정치, 단순한 응용분야들과는 통약불가능하다. 아르키메데스는 신이며, 수학의 능력은 초자연적이다. 이 두 사건 사이의 통합, 연결, 연합, 관계의 모든 잔재는 이제 사라지고 없다. 문서기록조차도 다 사라져야 했다. 약자가 정치 형태와 비례의 법칙 간의 연합을 창출함으로써 강자로 거듭나게 되는 첫 번째 계기는 미지의 하이브리드들을 산출한다. 두 번째 계기를 통해 정치와 과학, 인간 제국과 수학의 천공天空은 정화되고 비교불가능한 존재가 된다(Serres, 1989). 아르키메데스의 점은 첫 번째 계기가 아니라 두 계기의 결합에서 찾아져야 한다. 문제는 어떻게 우리가 절대적으로 통약불가능한 활동들 간의 어떤 연관관계도 거부하면서도 갑자기 통약가능한 것으로 간주되는 새로운 수단을 통해 정치를 수행할 수 있는가 하는 것이다. 이는 이중의 의미에서 남는 장사다. 히에로왕은 우리가 비례 법칙을 이용해 계산할 수 있게 된 규모의 병기를 이용해 시라쿠사를 방어하고, 이에 따라 집합체도 비례하여 성장한다. 하지만 이러한 규모의 변화, 이 통약가능성은 새로운 권력의 원천이자 언제나 동원이 가능하면서도 비가시적인 수학의 천공을 남겨둔 채로 영원히 자취를 감춘다. 그렇다. 과학은 바로 다른 수단에 의한 정치인 것이다. 이 수단이 그토록 강력한 것은 언제나 그것이 극단적인 타자로 남기 때문이다(Latour, 1990b).

아르키메데스의 쿠데타(엄밀히 말하면 플루타르크의 쿠데타)를 살펴봄으로써 우리는 새로운 집합체의 조직 속에 침투한 새로운 유형의 비-인간적 존재의 진입지점을 알 수 있다. 히에로왕의 이해관계가 기하학에 얼마나 '반영'되었는가 혹은 시라쿠사가 얼마나 기하학 법칙들의 '구속'을 받았는가를 알아내는 것이 문제가 아니다. 새로운 집합체는 기하학을 포함시키면서도 이를 부정하는 방식으로 만들어진다. 마르켈루스Marcellus로부터 시라쿠사의 성벽을 지켜내기 시작한 것은 기하학을 근간으로 하는 새로운 사회이기 때문에 사회로는 기하학을 설명할 수 없다. 17세기 영국의 사회적 맥락을 이해하기 위해 공기펌프와 걸음마 단계의 물리학을 사전에서 배제해야 하는 것과 마찬가지로 정치를 근간으로 하는 사회는 수많은 성벽과 지렛대, 도르래, 검을 인위적으로 제거한 후에 얻게 되는 인공물이다. 집합체를 어지럽게 싸고도는 모든 비-인간 존재들을 제거해야만 우리가 사회라 부르는 잔존물이 나타나는데 이때 사회는 자신의 규모, 수명, 견고함의 근거를 상실함으로써 이해할 수 없는 존재가 된다. 벌거벗은 시민들과 사회계약만을 가지고도 공기펌프나, 검, 칼날, 화물송장, 컴퓨터 파일, 왕궁도 없이 리바이어던을 계속 유지시킬 수 있을지 모른다(Callon and Latour, 1981; Latour, 1988c; Strum and Latour, 1987). 사회적 연결은 헌법상의 다른 부문들이 우리가 동원할 수 있도록 용인하면서도 영원히 사회적 세계 내에서는 통약불가능한 것으로 확정한 대상들이 없이는 유지될 수 없다.

4.8 절대적 상대주의와 상대적 상대주의

하지만 우리가 자연-문화들 간의 근본적인 유사성 — 전통적인 인류학의 모체 — 과 이러한 집합체들의 규모와 동원 범위의 차이들을 동시에 고려한다 해도 상대주의의 문제는 완전히 해결되지 않는다. 실제로 이미 여러 번 지적한 바와 같이, 규모는 근대성의 헌법과 관련되어 있다. 그 이유는 바로 헌법이 반드시 준대상을 불가역적으로 완전히 외적 자연의 대상이나 사회의 주체로 변형시키고, 준대상에 대한 동원은 그 유례가 없을 정도의 범위로 일어나는 것을 보장하기 때문이다. 따라서 대칭적 인류학은 이 특이한 속성에 그 어떤 인식론적 단절도, 형이상학적 대분할도, 논리 이전 사회와 이후 사회 간의, '뜨거운' 것과 '차가운' 것 간의, 정치에 뛰어든 아르키메데스와 이데아의 천상세계에 몰두해 있는 신적 아르키메데스 간의 차이도 덧붙이지 않은 채로 이 속성을 있는 그대로 전달해야 한다. 이 작업의 가장 어려운 점은 최소한의 수단으로 최대한의 차이를 창출해야 한다는 것이다(Goody, 1977; Latour, 1990a).

이 한 가지 특징 때문에 근대인은 전근대인과 다르다. 근대인은 준대상을 그 자체로 개념화하기를 거부한다. 그들의 시각에서, 하이브리드란 어떠한 경우에도 중단 없이, 그리고 심지어 과격하게라도 정화시켜야 할 재앙인 것이다. 하지만 헌법 상으로 표상되는 이러한 차이점은 크게 중요하지 않은데, 근대인을 타자들과 단순히 구별하는 것으로는 충분치 않을 것이기 때문이다. 이 세상에는 집합체의 종류만큼이나 많은 종류의 정화과정이 존재한다. 그러나 수많은 차이를 발생시키는 기계는 준대상에 대한 정의 내리기가 거부되는 순간부터 작동하기 시작한다. 정의 내리기를 거부함으로써 어떤 유형의 존재가 제어 불가능할 정도로 기하급수적으로 증식되기 때문이다. 그것은 대상이며 사회적인 것의 건설자이지만 사회세계로부터 추방되고, 초월적이지만 신의 세계는 아닌 곳에 속한다— 신의 세계와는 달리 부유하는 주체이자 법칙과 도덕성의 담지자를 산출하는 어떤 세계에 속한다. 보일의 공기펌프, 파스퇴르의 세균, 아르키메데스의 도르래가 모두 그와 같은 대상이다. 이 새로운 비-인간들은 놀라운 속성들을 갖고 있는데, 이들은 동시에 사회적이고 비사회적이며, 자연의 생산자이자 주체의 건설자이기 때문이다. 이들이 비교인류학의 트릭스터들이다. 이와 같은 개방을 통해 각종 과학과 기술의 분야가 사회 속에 신비로운 방식으로 출현하며 이 기적은 서구인들로 하여금 스스로를 타자들과는 완전히 다른 존재로 여기도록 만들 것이다. 이 최초의 기적이 일어난 이후 연이어 두 번째 기적(왜 다른 인종도 우리를 따라 하지 않는가?)과 세 번째 기적(왜 우리는 그렇게도 예외적인 것일까?)이 일어난다. 이러한 특성으로부터 수많은 미세한 차이들이 만들어지고 이들이 취합되고 요약되고 대분할, 즉 서구세계 최대의 내러티브에 의해 증폭되어 여타 모든 문화로부터 극단적으로 서구 문화를 차별화하게 된다.

하지만 이러한 속성이 정확하게 지적되고 따라서 중화되

고 나면 상대주의는 더 이상 큰 문제가 되지 못한다. 우리는 이제 비로소 아무런 방해도 받지 않으면서 지금까지 하나로 결합되어 인식되어온 두 가지의 상대주의를 구분하여, 집합체들 간의 관계를 어떻게 설정할 것인가라는 문제를 다시 제기할 수 있다. 하나는 절대적 상대주의이고, 다른 하나는 상대적 상대주의다. 전자는 보편주의의 시각을 받아들이면서도 이를 옹호하지는 않기 때문에 문화들을 이국적 속성과 기이함 속에 국한시킨다. 이에 따르면, 보편적이고 단일하고 초월적인 측정 방법이 존재하지 않는다면 어떤 언어도 번역이 불가능하고 하나의 문화 고유의 감정들을 다른 문화와 교류한다는 것도 불가능하다. 모든 문화 특유의 의례들은 존중되어야 하며, 모든 패러다임들은 통약불가능하다. 취향이나 피부색에 대한 논의 자체가 불필요하다. 보편주의자들은 보편적 기준이 실재한다고 주장할 테지만 절대적 상대주의자들은 그런 것은 없다며 반대할 것이다. 이와 같이 태도의 차이는 있어도, 양측 모두는 어떤 종류의 절대적인 척도를 기준으로 삼아서 논쟁이 이루어져야 한다는 점에는 동의할 것이다.

그 결과 상대주의적 입장을 버리거나, 심지어 상대주의라는 정의 자체를 폐기할 것인가를 매우 심각하게 고려할 수밖에 없다. 관계를 맺고, 비교 가능하게 만들고, 측정 도구를 통제하고, 도량형을 만들고, 사전을 만들고, 규범과 기준 간의 공존가능성에 대해 논의하고, 정교하게 짜인 관계망을 확장하고, 가치 척도를 만들고 이를 협상하는 것 등이 '상대주의' 개념에 포함된다(Latour, 1988d). 절대적 상대주의는 그의 적대적 형제인 합리주의가 그러했듯이 측정도구가 선행되어야 한다는 점을 망각한다. 이 도구의 중요성을 무시함으로써 과학과 자연을 뒤섞어 버림으로써, 통약가능성 개념 자체를 더 이상 이해할 수 없게 만든다. 나아가 절대적 상대주의자와 합리주의자 모두는 그동안 서구인들이 군사적, 과학적 탐험을 통해 타자들을 모두 측정 가능하게 만들고, 이전에는 존재하지 않았던 측정기준을 만들어 타자들을 '측정'하고 '크기에 따라 정렬'시키기 위해서 들인 엄청난 노력도 철저하게 무시한다.

하지만 이 측정 작업의 의미를 이해하려면 '상대적'이라는 단서를 반드시 붙여야 한다. 이 형용사가 측정이라는 단어 자체의 미련함을 중화시킬 수 있다. 상대적 상대주의가 사라진 것으로 치부했던 양립가능성을 복원시킨다. 물론 상대적 상대주의는 보편주의자들뿐만 아니라 초기 문화상대주의자들의 공통된 주장을 구성한 요소 — 즉 '절대적'이라는 말 — 를 폐기해야 한다. 상대적 상대주의는 조금의 타협도 없이 이러한 작업을 끝까지 수행하여 작업과 몽타주, 실천과 논란, 정복과 지배의 형태로 관계 형성의 과정을 재발견한다. 약간의 상대주의는 보편적인 것으로부터 우리를 떨어뜨려 놓겠지만, 다량의 상대주의는 다시금 보편적인 것으로 우리를 접근시킨다. 단, 이때의 보편성이란 신비로울 것이 전혀 없는 연결망 안에 존재한다.

보편주의자들은 단일한 위계를 상정하였다. 절대적 상대주의자들은 모든 위계를 동등하게 만들었다. 반면 상대적 상대주의자들은 이보다 더 겸손하지만 경험적으로 도구와 도량형을 이용하여 비대칭성과 평등, 각종 위계와 차이들을 만들어낸다(Callon, 1992). 측정된 척도들에 집착하는 사람에게만 세계는 통약불가능성의 여부로 파악될 것이다. 하지만 모든 척도는 자연과학에서나 사회과학에서나 공히, 측정을 위한 척도이며 눈금이 그어지기 전에는 존재하지 않았던 통약가능성을 만들어 낸다. 그 무엇도 자체만으로는 다른 어떤 것으로 환원이 가능한 것도, 가능하지 않은 것도 아니다. 그것 자체로는 결코 가능하지 않으며, 언제나 다른 것의 매개를 통해서만 가능한 것이다. 번역이 관계 맺기라는 과정의 핵심을 이루는데, 누가 세계들 간의 번역이 불가능하다고 주장할 수 있겠는가? 수많은 제도들이 세계를 응집시키는 마당에 과연 누가 세계는 모두 분산되어 있다고 주장할 수 있겠는가? 인류학 ─ 수많은 학문 분과와 제도들 중 하나인 ─ 도 결국 관계 형성 작업에 기여한다. 카탈로그를 만들고 박물관을 건설함으로써,

그리고 선교사와 탐험대, 조사단을 파견하고 지도와 설문, 서류분류방식을 보급함으로써 이에 기여하는 것이다(Copans & Jamin, 1978; Fabian, 1983; Stocking, 1983, 1986). 민족학은 하나의 통약가능성을 구축함으로써 실질적으로 상대주의의 문제를 해소하는 측정의 척도들 중 하나다. 만일 상대주의의 문제가 해결 불가능한 것이라면 상대적 상대주의 — 아니 더 세련되게 표현해서 관계주의relationism — 는 원칙적으로 아무 문제가 되지 않아야 한다. 우리가 완전히 근대적이기를 중단한다면, 관계주의는 더 이상 근대화의 표적이 되지 않는 집합체들의 관계 형성에 있어서 가장 중요한 자원이 될 것이다. 관계주의란 하나의 학문 연구 방법으로, 우리가 세우려고 노력하는 상대적 보편성들에 관한 전지구적 협상에 도움이 될 것이다.

4.9 세계의 탈주술화와 관련된 사소한 실수들

우리는 정말로 타자와 다르지만, 이러한 차이점에 대해서 이제는 해소된 상대주의의 논쟁이 했던 것과 같은 위치에서 논의해서는 안 될 것이다. 우리는 집합체라는 점에서 모두 형제다. 각자의 존재들 간의 분배의 작은 차이에서 비롯된 차원의 문제를 제외한다면 우리는 전근대인과 비근대인 간의 연속된 기울기를 인식할 수 있다. 하지만 불행히도 상대주의의 문제는 유일한 자연을 판단에서 제외했기 때문에 발생하는 것만은 아니다. 상대주의의 문제는 그와 관련된 믿음, 즉 근대세계가 진정 탈주술화 되었다는 믿음에 그 원인이 있는 것이기도 하다. 서구인들 자신이 타자와 근본적으로 다르다고 생각하는 것은 단순히 그들의 오만함 때문만이 아니라 절망감 때문이며 스스로에게 내린 처벌이다. 서구인들은 자신들의 운명을 이유로 스스로에게 겁주기를 좋아한다. 그들이 야만인과 그리스인, 중심과 주변을 대비시킬 때, 그리고 신의 죽음이나 인간의 죽음, 유럽의 전반적인 위기, 제국주의, 아노미, 문명의 종말과 같이 이미 우리가 알고 있는 죽음들을 찬양할 때에도 그들의 목소리는 두려움에 떨린다. 우리는 왜 자신이 타자들과 다를 뿐만 아니라 우리의 과거 역사와도 다르다는 사실에 대해 그렇게도 즐거워하는가? 영속적인 위기 상황을 벗어나지 않으면서 역사의 종말을 고하는 우리 서구인의 침울한 즐거움을 명쾌하게 설명해 줄 심리학자가 과연 있을까? 왜 우리는 집합체들 간의 규모에 있어서의 사소한 차이들을 극적으로 과장하기를 좋아하는 것일까?

우리가 집합체들 간 유사성을 인식하지 못하게 만드는 이 근대적 파토스를 완전히 우회하여 집합체들을 보다 자유롭게 분류하기 위해서는 비교 인류학을 통해 집합체의 규모가 미치는 효과를 정밀하게 연구해야 한다. 반면 근대성의 헌법은 우리에게 집합체들의 규모 효과와 그 원인을 혼동하도록 만든다. 근대성의 헌법은 스스로 작동을 멈추어야만 이 원인을 지목할 수 있다. 근대인들이 그 효과의 규모에 압도되어 그와 같은 효과에는 거창한 원인이 필요하다고 믿는 것은 이해할 수 있다. 또한 근대성의 헌법이 인정하는 유일한 원인들은 전도되어 있어서 마치 기적처럼 보이기 때문에 근대인들은 확실히 스스로를 전체 인류와 다른 존재로 착각할 수밖에 없다. 스스로 뿌리를 잃고, 문화의 변용을 일으키고, 미국화되며, 과학화되고, 기술화된 서구인은 스타트랙의 '스파크 Spock'와 같은 돌연변이가 된다. 우리는 이 세계가 탈주술화되었다는 사실에 대해 충분히 슬퍼하지 않았는가? 차갑고 무가치한 세계에 내던져져 의미를 잃고 무기력한 이 행성을 정처 없이 헤매는 불쌍한 유럽인들을 보며 충분히 스스로 겁을 주지 않았던가? 우리는 이미 기계화된 자본주의와 카프카적인 관료제의 절대적인 지배를 받는, 언어유희들 속에 버려진, 시멘트와 포마이카로 이루어진 세계에서 길을 잃은 기계화된 프롤레타리아의 스펙타클 앞에서 두려움으로 떨지 않았던가? 우리는 오로지 자동차 운전석과 텔레비전이 있는 거실 소파만을 오가며 미디어와 후기산업사회의 권력기관들에 의해 조종받는 소비 대중에 대해 충분히 연민을 느끼지 않았던가? 우리는 얼마나 어리석은 속죄의 의식을 사랑했고 나아가 탈근대적 허튼소리를 얼마나 탐닉했던가?

이 모든 것에도 불구하고, 우리 서구인들은 전통적 인류학의 모태를 결코 포기하지 않았다. 불쌍한 인간들과 하찮은 비-인간들을 재료로 삼아서 집합체를 만드는 작업을 중단해 본 적이 없다. 매일 실험실과 공장이 수많은 낯선 하이브리드들을 세상에 쏟아내는 마당에 어떻게 우리가 세계를 탈주술화 할 수 있을까? 보일의 공기펌프가 아라페시족의 신당神堂보다 덜 괴상하다고 말할 수 있을까(Tuzin, 1980)? 보일의 공기펌프가 더 괴상하다고 해서 17세기 영국 사회 건설에 그만큼 덜 기여했다고 말할 수 있을까? 과학자 한 명이 스스로가 환원주의자임을 증명하는 과정에서 수천의 새로운 개체들을 만들어내는 마당에 우리가 어찌 환원주의의 피해자라 말할 수 있겠는가? 아직도 우리의 코앞도 내다보지 못하면서 어찌 합리주의자라 말할 수 있는가? 우리가 발명하는 모든 물질이 하나의 물질로 통합할 수 없는 수많은 새로운 속성들을 지니고 있는데, 어떻게 우리 자신을 유물론자라고 할 수 있겠는가(Dagognet, 1989)? 모든 기계들이 주체들로부터 만들어지며 어느 정도의 안정된 시스템조차도 이루지 못하는데 우리가 어찌 완벽한 기술체계의 희생자라 하겠는가(Kidder, 1981;

Latour, 1992a)? 학계가 이렇게 쉽게 흥분하고 나약하고 지극히 인간적이고 모순투성이며, 생각하는 갈대가 무성하고 주체가 모두 사물로 가득 차 있는 마당에 우리가 무슨 냉철한 과학에 의해 더 냉정해지는 존재라고 하겠는가(Pickering 1992)?

근대인들이 스스로에게 범한 오류가 무엇인가 하는 문제는 일단 대칭성이 재확립되고 정화와 번역 작용의 실체가 확인된 후에는 충분히 쉽게 파악된다. 근대인들은 과정과 그 과정의 산물을 혼동했다. 근대인들은 관료제적 합리화라는 결과물이 합리적 관료집단을 전제한다고 믿었다. 즉 그들은 보편과학의 출현에는 보편주의적 과학자가, 유용한 기술에는 기술자의 유용성이 선행하며 추상화의 출현 그 자체가 추상적이고 형식주의의 출현 자체가 형식적이라고 믿었다. 마찬가지로 정유소가 석유를 정제된 방식으로 생산한다거나, 유제품 공장에서 버터를 버터처럼 만들어 낸다고 말할 수도 있지 않겠는가? '과학', '기술', '조직', '경제', '추상화', '형식주의', '보편성'이란 단어들은 분명, 우리가 고려하고 설명해야 하는 실제 결과를 지칭한다. 하지만 이들이 결코 각각의 결과물의 원인들까지 의미하는 것은 아니다. 이러한 단어들은 명사로 충분한 의미를 지니지만 형용사로 사용될 경우 별 쓸모가 없고 형편없는 부사가 되기도 한다. 과학 자체는 과학적으로 산출되지 않으며, 기술도 경제도 모두 마찬가지이다. 보일의 후손인 실험실 과학자들은 이 점을 너무나 잘 알고 있으나 일단 자신의 일을 떠올리기 시작하는 순간 그들은 사회학자들과 인식론자들, 그리고 홉스의 후손들이 제공한 단어들을 내뱉기 시작한다.

근대인들 (그리고 반근대인들의) 역설은 이들이 애초에 너무나 많은 결과들을 설명하기 위해 인식론 혹은 심리학적 설명들을 다량으로 받아들이면서도 다른 과학 분야에서는 거대한 결과들을 설명하기 위해 지극히 작은 원인들을 찾아다녔다는 것이다. 환원주의가 모든 것에 적용되어야 함에도 불구하고 정작 그것으로 근대 세계를 분석한 적은 한 번도 없었던 것이다! 우리 스스로 갖고 있는 그릇된 신념은 바로 사소한 차이와 분할들을 찾아 나서기도 전부터 우리가 근본적으로 다른 존재라고 상상한 데에서 비롯된다. 그러나 이중의 대분할이 사라지는 순간 이 잘못된 믿음도 동시에 정체를 드러내고 만다. 매개 작업과 정화 작업을 동시에 고려하기 시작하면서 보통의 인류와 보통의 비-인류로 되돌아갈 수밖에 없다. 놀라운 것은 바로 이러한 연후에야 우리는 모든 과학, 기술, 제도, 경제의 원인들에 대해 스스로 얼마나 무지한가를 발견하게 된다는 것이다. 사회과학이나 인식론 관련 서적을 읽어보라. 그 책들이 '추상적', '이성적', '체계적', '보편적', '과학적', '조직적', '총체적', '복잡한'이라는 형용사를 어떻게 사용하는지를 보게 될 것이다. 특히 '추상화', '합리성', '체계', '보편성', '과학', '조직', '총체성', '복잡성'을 설명하면서 그에 대응되는 형용사나 부사를 사용하지 않는 점에 주목해 보자. 아무리 찾아도 대응 수식어를 사용한 예는 10개도 찾기 힘들 것이다. 역설적으로 우리는 우리 자신에 대해서보다는 아추아르족, 아라페시족, 알라디안족에 대해 더 많이 알고 있다. 소규모의 국지적 원인들로부터 국지적 차이점들이 발생하는 한 우리는 그 관계를 추적할 수 있다. 왜 한 지역에서 전 세계로 나갔다 돌아올 수 있는 수천 가지의 경로와 각각의 특이한 모습들을 더 이상 따라갈 수 없단 말인가? 인류학은 영원히 수많은 영토들로 환원되어 버려서 연결망을 추적할 수 없게 되었다는 말인가?

4.10 더 넓은 연결망이라 해도 여전히 모든 점에서 국지적이다.

우리의 차이들을 상대주의가 해왔듯이 환원시키거나 근대화론자들처럼 과장하지 않으면서 정확하게 측정하기 위해, 근대인들이 단지 특정 유형의 비-인간들을 포함시킴으로써 더 확장된 연결망을 고안해 냈다고 일단 가정해 보자. 연결망을 확장하는 과정은 이미 이전에 중단되었는데, 왜냐하면 이러한 확장으로 영토의 관리가 불가능해질 수도 있기 때문이었다(Deleuze & Guattari, [1972] 1983). 하지만 하이브리드들과 반#객체, 반#주체, 즉 우리가 기계와 사실이라 부르는 것들의 수를 늘림으로써 집합체들은 자신의 지형을 변형시켰다. 새로이 포함된 존재들이 국지적이었던 관계를 전 세계적인 것으로 규모를 바꾸는 엄청난 결과들을 가져왔지만 우리가 이들을 보편적인 것과 우연적인 것이라는 기존의 범주들로 이해하려 하였기 때문에 우리는 서구인들의 확장된 연결망들을 계통적이고 전 세계적인 관계망으로 보려는 경향을 보인다. 이 알 수 없는 경향을 파헤쳐보기 위해서는 규모의 변화를 가능케 하는 미답의 경로들을 추적하고 사실과 법칙들의 관계망들을 가스 배관망이나 하수관 체계를 보듯이 인식하기만 해도 된다.

서구사회에 고유한 규모의 효과들에 대한 세속적 설명은 기술적 관계망 속에서 쉽게 얻을 수 있다(Bijker and others 1987). 상대주의가 먼저 적용되었더라면 상대주의가 가장 큰 업적으로 치부하는 이 상대적 보편성이 아주 쉽게 이해될 수도 있었을 것이다. 일례로 철도는 국지적인가 세계적인가? 어느 하나라 딱 잘라 말할 수 없다. 철도는 모든 점에서 국지적이다. 철도망 위에 어디에나 잠자는 승객, 철도 공사 인부들, 역사와 자동티켓발급기 등이 있다. 하지만 동시에 세계적이기도 하다. 철도를 이용해 마드리드에서 베를린으로, 브레스트에서 블라디보스톡까지 갈 수 있다. 그럼에도 불구하고 철도는 세계 어디든 연결되어 있는 완전한 보편적인 존재는 결코 아니다. 철도로 오베르뉴의 말피 마을이나 스테포드셔의 마켓 드레이튼 마을을 갈 수 있는 것은 아니기 때문이다. 지역에서 세계로, 특수한 것에서 보편적인 것으로, 부수적인 것에서 필수적인 것으로 연결해 주는 연속된 경로들이 존재하지만 투자를 해 건설한 곳에 국한된다.

이 철도 모델은 우리가 일상적으로 마주치는 모든 과학기술 네트워크들에 확대 적용할 수 있다. 전화는 어디나 보급되어 있지만 전화가 연결되어 있지 않다면 전화선 옆에 살면서도 전화 한 번 걸어보지 않고 살다가 죽을 수 있다. 하수관로 시스템도 광범위하게 설치되어 있지만 침실 바닥에 떨어뜨린 화장지가 하수관을 통해 언젠가 씻겨 내려가리라 보장할 수는 없다. 전파는 어디에서나 수신할 수 있지만 CNN 뉴스를 보기 위해서는 안테나와 수신기 그리고 케이블 채널에 가입되어 있어야만 한다. 이와 같이 기술적 연결망의 국지적 측면과 세계적인 규모는 쉽게 조화된다. 모든 기술적 연결망은 특정 지점들과 다른 지점을 연결하는 일련의 분지分枝로 이루어져 있으며 또 다른 분지를 통해 영역을 확장한다. 하지만 선과 선 사이에는 정확히 말하자면 아무것도 없다. 기차도, 전화도, 하수관도, 텔레비전도 없다. 이름이 말해주는 바와 같이, 기술적 연결망이란 공간에 던져진 그물이며 공간 전체의 특히 일부분만을 점유한다. 이 연결망은 연결된 선들일 뿐 결코 면이 아니다. 따라서 기술적 연결망은 설령 표면을 뒤덮지 않고도 포함시키고는 있으며 매우 넓은 범위를 자랑한다 해도 포괄적이지도 세계적이지도 체계적이지도 않다. 관계주의의 입장에서 어떠한 경우에도 철저하게 따를 수 있고 쉽게 분류할 수 있는 것이 이와 같은 상대적 보편화 작업이다. 분지를 이루고, 정렬하고, 연결하는 모든 것들이 흔적을 남기고 또 비용이 들기 때문에 기록할 수 있다. 확장할 수 없는 곳은 없으며 심지어 시공을 채우지 않고도 공간뿐만 아니라 시간 속으로 확장이 가능하다(Stengers, 1983).

그럼에도 불구하고 기술적 연결망의 모델은 사상, 지식, 법률, 기능技能을 다루는 경우에 특히 확산 효과에 심취된 사람들, 그리고 인식론의 과학에 대한 주장을 수용하는 사람들에게는 부적절한 도구인 것 같다. 이 경우 흔적을 추적하기 까다롭고 확산의 비용 또한 잘 기록되어 있지 않으며 따라서 지역에서 세계로 나가는 험난한 경로에서 길을 잃기가 쉽다. 따라서 우연적인 상황들과는 근본적으로 다른 고대철학의 보편적인 것의 범주가 여기에 적용된다.

이렇게 보면 사상과 지식은 아무 비용을 들이지 않고도 어디로나 확산 가능한 것처럼 보인다. 어떤 사상은 국지적으로 나타나고 또 다른 사상은 전 세계에 걸쳐 나타나기도 한다. 만유인력의 법칙은 어디에서나 적용되는 것처럼 보이고 우리는 이 사실을 굳게 믿는다. 보일의 법칙, 마리오트의 법칙, 플랑크 상수 등은 어디에서나 유효하다. 심지어 피타고라스의 정리와 초한수超限數는 이 지상 세계를 넘어 신적인 아르키메데스의 업적에 견줄 수 있을 정도로 보편적이다. 바로 이 지점에서 케케묵은 상대주의와 그 적이자 형제인 합리주의가 등장한다. 이 보편적 존재들과의 관계 속에서만 미천한 아추아르족이나 불쌍한 아라페시족, 불행한 부르군디족이 지독히도 우연적이고 자의적인 존재로, 각자의 변방에서 지역적 지식에만 국한된 채로 영원히 보이게 되기 때문이다(Geertz, 1971). 우리에게 베네치아와 제노아, 미국의 상인들로만 이루어진 세계-경제world-economy들만 있었다면, 전화와 텔레비전, 철도와 하수시설만 있었다면 아마도 서구에 의한 세계 지배는 빈약하고 보잘것없는 연결망의 잠정적이고 불안정한 확장에 불과한 것으로 보였을지 모른다. 하지만 우리에게는 과학이 있었다. 과학은 연결망이 남긴 빈 공간들을 언제나 새롭게, 일괄적으로 메워 연결망들을 완전히 보편적이고 매끈하게 통일된 표면으로 만들어 준다. 오직 지금까지 우리가 과학에 대해 갖고 있던 생각만으로도, 상대적인 것으로 존재했었을 이러한 지배가 절대화된 것이다. 상황들로부터 보편적인 것들로 이어지는 숨겨진 모든 경로들은 순간 인식론자들에 의해 단절되었고 우리는 한편으로는 보잘것없는 우연성들과 다른 한편으로는 필수불가결한 법칙들이 놓여있는 상황과 마주하게 되었다—물론 우리에게는 그 관계를 개념화할 수 있는 능력이 없었다.

이제 개념으로써 '지역'과 '세계'는 각종 표면과 그 기하학에는 아주 유용한 존재가 되지만 이들은 연결망과 위상학을 설명하기에는 형편없이 부족하다. 합리화에 대한 믿음은 단순 범주의 오류다. 하나의 수학적 분과를 다른 것과 혼동해 버린 것이다! 우리가 사상, 지식, 사실 등을 기술적 연결망과 동일하게 취급했어도 이들의 경로를 쉽게 알아낼 수 있었을 것이다(Schaffer, 1988, 1991; Shapin and Schaffer, 1985; Warwick, 1992). 그나마 다행인 것은 동화작용이 보다 용이해졌다는 것인데, 이는 인식론의 종말뿐만 근대 헌법의 종말 덕분이며 또한 이 동화작용이 허용하면서도 자신에게 포함시키지는 않는 기술적 변형들 덕분이다. 사고하는 기계와 컴퓨터로 현실화된 기술의 정신 덕분에 사실의 경로는 철도나 전화선만큼이나 쉽게 추적할 수 있다. 정보가 바이트와 보드baud로 계량화되고 사람들이 데이터베이스에 가입하고 정보를 배분하는 연결망에 쉽게 접속하거나 접속을 끊을 수 있게 된 지금, 예전처럼 보편성 개념을 바다를 떠다니는 정신으로 보기는 어려워졌다(Levy, 1990). 오늘날의 이성은 플라톤적 이데아보다는 하나의 케이블 방송 네트워크에 더 가깝다. 따라서 오늘날에는 예전보다 법칙들, 상수들, 증명방식들이나, 정리들을 정확하게 이해하는 것이 과거보다 용이해졌다. 그것들이 분명 멀리까지 순회하는 안정적인 객체들이면서도 여전히 분기하거나 가입하거나 수신하기 전에는 존재가 불가능한 잘 펼쳐진 도랑형의 연결망 안에 놓여있다.

학계에서 폭넓게 논의된 주제를 모든 사람들에게 잘 알려진 개념을 이용해 설명해 본다면, 아마도 과학적 사실을 냉동 생선에 비유할 수 있을지 모르겠다. 생선의 신선도를 유지하기 위해서는 냉동을 아무리 짧은 시간 동안이라도 중단해서는 안 된다. 연결망 내의 보편적 존재들은 절대적 보편성과 같은 결과를 초래하지만 그 훌륭한 원인까지 공유하지는 않는다. 중력은 '어디에서나' 확인할 수 있지만, 그 대가로 측정하고 해석하는 과정에서 연결망을 조금 더 확장시키게 된다. 공기의 탄성은 실험주체들의 계속된 개선 덕에 유럽 전역에 조금씩 보급된 공기 펌프만 있으면 어디에서나 확인할 수 있다(Shapin & Shaffer, 1985). 가장 미미한 사실, 가장 사소한 법칙, 가장 보잘것없는 상수를 이 다중의 도량형의 연결망, 실험실과 실험기구들의 도움 없이 증명해 보라. 피타고라스의 정리와 플랑크 상수는 학교와 로켓, 기계와 도구를 통해 침투하지만 자기네 마을을 떠난 아추아르족과 마찬가지로 더 이상 자신의 세계에 존재하지 않는다. 하지만 피타고라스의 정리 등은 확장된 연결망을 이루고 아추아르족은 영토와 폐쇄회로를 구축한다. 이 구분은 중요하고 또 인정되어야 하지만 이를 이용해 전자를 보편적 존재로, 후자를 국지적 존재로 변형하는 것을 정당화하지는 말자. 분명히 서구인들은 아무 증명도구나 계산, 해석과정, 실험실 없이도 만유인력이 보편적이라고 믿고 싶겠지만, 이는 마치 뉴기니의 버민쿠스쿠민족이 자신들이 전체 인류라고 생각하는 것과 마찬가지다. 이러한 믿음이 존중을 받아야 하기는 하겠지만 더 이상 비교인류학이 공유할 수 있는 어떤 것은 아니다.

4.11 리바이어던은 연결망의 다발이다.

근대인들이 (우연적인 것으로부터 필연적인 것으로의 길을 이어주는 실천, 도구, 조직의 교묘한 연결망을 멀리함으로써) 자신이 이룬 과학의 보편성을 과장하지 않을 수 없었던 것과 마찬가지로, 자신들이 건설한 사회의 규모와 견고함을 과장하지 않을 수 없었다. 근대인들은 자신들이 과학의 보편성을 발명함으로써 지역적 특수성으로부터 영원히 결별할 수 있었기 때문에, 그리고 거대한 합리화된 조직을 발명함으로써 과거의 국지적인 왕국들과 결별할 수 있었기 때문에 스스로를 혁명적인 존재라고 생각했다. 그 과정에서 근대인은 두 번에 걸쳐 이 발명품들의 진정한 독창성을 파악할 기회를 놓치고 만다. 그중 하나는 가느다란 힘의 선들만으로도 어디나 갈 수 있는 새로운 위상학이고, 또 다른 하나는 사회화된 객체와 비-인간의 증식을 통해 수명을 연장한 사회 사이에 존재하는 지속적인 혼성화작용이다. 근대인들은 자신이 결코 소유할 수 없는 덕목들(합리화)에 열광했지만, 마찬가지로 자신들이 결코 범할 수 없는 범죄(이것 또한 합리화)에 대해서도 자책했던 것이다! 두 경우 모두 근대인은 길이와 연결방식의 문제를 수준의 차이로 오해하였다. 근대인은 국지적인 민족, 사상, 상황과 전 세계적 조직, 법률, 법칙 등이 실재한다고 믿었다. 근대인은 '탈맥락'하거나 '탈지역화'하는 신비로운 속성을 지닌 맥락과 상황들이 있을 수 있다고 보았다. 따라서 같은 이유에서 준대상으로 이루어진 중간의 연결망이 재구성되지 않는다면 사회를 하나의 과학적 사실로 이해하기란 어렵다. 그동안 삭제된 채로 있었던 중간자들이 모든 것을 담고 있었던 반면 극단들은 일단 고립되면 더 이상 아무것도 아니다.

근대인의 영속성과 견고함을 보장하는 무수한 대상들이 없다면, 사회이론의 전통적인 연구대상들―제국, 계급, 직업, 조직, 국가―은 모두 수수께끼가 되어버린다(Law, 1986, 1992, Law and Fyfe, 1988). 예를 들면, IBM사社나 러시아의 '붉은 군대', 프랑스 교육부, 혹은 세계시장의 크기는 과연 얼마인가? 분명 이들 모두는 거대한 규모의 행위자들인데, 각각 수십만에서 수백만에 이르는 조직원을 거느리고 있다. 따라서 이들의 규모는 과거 소규모의 집합체들의 것과는 전혀 다른 원인의 결과임이 분명하다. 그럼에도 불구하고 IBM사를 거닐어 보거나, '붉은 군대'의 지휘계통을 추적해 보거나, 프랑스 교육부 건물의 복도에서 조사를 해보거나, 혹은 우리가 비누 하나를 사고파는 과정을 연구해 보면 알 수 있듯이 우리는 결코 국지적 수준을 벗어나지 않는다. 우리는 언제나 네댓 명 정도와 교류하며, 건물 관리인은 항상 자신이 맡은 구역을 잘 관리하고 있고, 이사들 간의 대화 내용은 일반 직원들 간의 대화 내용과 별반 다르지 않으며, 판매원의 경우 끊임없이 잔돈을 돌려주면서 장부에 판매내역을 기입한다. 그렇다면 거시적 행위자는 수많은 미시적 행위자의 합이 될 수 있는가(Garfinkel, 1967)? IBM이라는 조직은 일련의 국지적 상호작용의 합일 수 있을까? '붉은 군대'가 구내식당에서 오가는 병사들의 대화의 합일 수 있을까? 교육부는 과연 거대한 서류 더미인가? 세계시장은 각 지역에서 벌어지는 교역과 협상의 총합인가?

우리는 철도, 전화 혹은 보편적 상수들에서 본 적 있는 똑같은 문제들과 다시 마주한다. 국지적이거나 세계적이지 않고서 어떻게 어딘가에 연결될 수 있단 말인가? 근대 사회학자, 경제학자들은 이 문제를 제기하는 단계에서 어려움을 겪는다. 그들은 개인 상호 간의 접촉이라는 '미시적' 차원에 머무르거나 갑자기 '거시적' 차원으로 이동해 '탈맥락화'되고 '탈개인화'한 합리성을 제외한 모든 것들과 단절한다. 영혼이 제거되고 구체적인 행위자가 부재한 관료제가 존재한다는 신화는 순수하고 완벽한 시장이 존재한다는 것이나 보편적 과학 법칙이 존재한다는 허무맹랑한 생각의 판박이다. 근대인은 하나의 탐구를 계속 진행하는 대신에 16세기에 불변의 진리, 분명히 존재하는 것으로 여겼던 천상의 세계들 간의 구별만큼이나 극단적인 존재론적 차이를 강요하기로 마음먹는다. (이러한 존재론적 차이를 내세운 갈릴레오를 마음껏 비웃었던 바로 그 물리학자들이 이제는 물리법칙이 사회적으로 오염되는 것을 막기 위해 서둘러 그 구분을 재정립한다!)

그럼에도 불구하고 지역에서 세계로, 인간적인 것으로부

터 비-인간의 세계로 연속적으로 이동할 수 있도록 해주는 아리아드네의 실이 존재한다. 그것이 바로 실천과 도구, 서류와 번역의 연결망으로 이루어진 끈이다. 조직이나 시장, 제도는 조잡한 국지적 지상 세계의 관계들을 재료로 삼아서 만들어진 천상의 대상이 아니다(Cambrosio et al, 1990). 여기에서 유일한 차이는 조직, 시장, 제도가 하이브리드들로 이루어져 있으며 스스로를 묘사하기 위해서 수많은 객체들을 동원해야 한다는 점이다. 칼 맑스나 페르낭 브로델Fernand Braudel이 말하는 자본주의는 맑스주의자들이 말하는 총체적 자본주의total capitalism가 아니다(Braudel, 1985). 그들이 말하는 자본주의는 보다 광범위한 연결망들의 다발로 이 연결망에는 이윤과 계산의 중심을 이루는 지점들에서 바라본 세계가 부적절하게 포함되어 있다. 이 다발의 한 단계 한 단계를 추적해 보더라도 지역과 세계를 나누는 그 미지의 경계를 넘어서지 못한다. 알프레드 챈들러가 묘사한 미국의 거대기업 조직(Chandler, 1977, 1990)은 카프카가 묘사한 '조직'과 다르다. 그것은 질서정연한 전표와 흐름도, 지역별 공정, 특별한 배치들로 구현된, 하나의 대륙 전체를 뒤덮지 않는 한에서 그 대륙 어디로든 확장이 가능한 무수한 연결망의 다발이다. 누구나 조직의 확장과정 전체를 단 한 번의 차원 이동 없이, '탈맥락화'된 합리성을 발견하는 일 없이 추적할 수 있다. 전체주의 국가의 규모는 오직 통계와 계산, 사무실, 조사로 이루어진 연결망의 구성을 통해서만 파악할 수 있고, 이때 파악된 규모는 전체 국가의 비현실적 지형과는 거리가 멀다(Desrosieres 1990). 노턴 와이즈Norton Wise가 기술한 켈빈 경Lord Kelvin의 과학기술제국(Smith & Wise, 1989)나 탐 휴즈Tom Hughes가 묘사한 전력시장(Hughes, 1983)에서 우리는 절대로 실험실이나 회의실, 통제센터의 특수성으로부터 멀어질 필요가 없다. 하지만 이러한 '권력의 연결망'과 '힘의 선'은 분명 세계 전역으로 확장된다. 관습의 경제학Économie des conventions에서 설명하는 시장이란 실제로 규제되면서도 전 세계적인데 시장에 대한 규제나 시장들의 총합의 원인은 전혀 그 자체로 세계적이거나 총체적이지 않다. 시장의 총체를 이루는 재료는 각 부분을 이루는 재료와 동일하다(Thevenot, 1989, 1990). 결코 어디에선가 갑자기 보이는지 안 보이는지 알 수 없는 손이 내려와 분산되어 혼란스러운 개별 요소들에 질서를 부여하는 일은 일어나지 않는다. 국지적, 세계적이라는 양극단보다는 우리가 연결망이라고 부르는 중간의 배치들이 훨씬 흥미로운 주제이다.

4.12 주변부에 대한 이해할 수 없는 선호

'자연적' 혹은 '사회적'이라는 형용사가 그 자체로는 자연적이지도 사회적이지도 않은 집합체의 표상들을 가리키는 것과 마찬가지로, '국지적' 혹은 '세계적'이라는 단어도 본래 국지적이거나 세계적이지 않고 다소 길거나 혹은 어느 정도 연결되어 있는 연결망에 대한 관점들을 보여주는 것이다. 내가 지금까지 근대적 이국취향exoticism이라고 지칭한 것은 바로 위의 두 쌍의 단어들을 이용해 우리의 세계를 정의하고 또 서구인을 타자들과 구별하는 행위를 말한다. 따라서 이제 4개의 구분할 수 있는 영역이 만들어졌다. 자연적인 것과 사회적인 것은 같은 재료로 구성되지 않으며 세계적인 것과 국지적인 것은 근본적으로 다르다. 그럼에도 불구하고 우리는 사회적인 것에 대해서는 아무것도 모르는데, 그것이 자연적인 것에 대해 우리가 알고 있다고 생각하는 내용에 의해 정의되지 않기 때문이며, 그 역도 마찬가지다. 비슷하게 우리는 세계적인 것에 부여해야만 한다고 생각하는 속성에 대비되는 방식으로 국지적인 것을 정의하며 그 역도 마찬가지다. 따라서 이제 두 쌍의 대립개념을 이용함으로써 근대 사회 스스로 범하는 오류의 위력이 어느 정도인가가 드러난다. 바로 그 중간에는 생각해볼 수 있는 것은 아무것도 없다— 거기에는 집합체도, 연결망도, 매개체도 없으며 모든 개념의 원천은 4개의 극단에 집중되어 있다. 불쌍한 주체-대상의 결합인 우리는, 보잘것없는 사회-자연들인 우리, 지역-세계에 속하는 겸손한 우리는 문자 그대로 4개의 존재론의 영역에 나뉘어 있는 존재다. 이 영역들은 상호관계 속에서만 정의되지만 더 이상 우리의 현실을 닮지는 않았다.

이와 같은 4분할은 자신을 절대화하고 자신을 모든 인간존재들뿐만 아니라 모든 자연존재와 다르다고 여기는 근대인의 비극의 실체를 잘 보여준다. 그럼에도 불구하고 근대인의 이 비극은 숙명적인 것만은 아니다. 특히 4개의 개념이 스스로에게 의미를 부여받는 어떤 집합체나 연결망과도 직접적 관계를 맺고 있지 않은 표상들이라는 점 때문에라도 이 비극은 피할 수 있다. 아무것도 일어나지 않는다는 중간영역에서 거의 모든 일이 발생한다. 4개의 극단 — 근대인들이 보기에 모든 힘들의 기원인 자연과 사회, 보편성과 국지성 — 에는 전체 세계를 지탱하기 위해 헌법이 보장하는 내용들을 수행하는 정화된 행위자들만이 존재한다.

비극은 근대인이 스스로를 설명하는 내용을 액면가 그대로 받아들이는 반근대인들이 여전히 이 난파선에서 뭔가를 건져내려고 한다는 사실 때문에 더욱 고통스러운 것이 된다. 반근대인들은 서구인이 세계를 합리화하고 탈주술화했으며 모든 공간을 꽉 채우는 잔인하고 합리적인 괴물들로 사회적인 것의 범주도 채웠고, 또한 전근대적 세계를 순수 질료들의 기계적 상호작용으로 확실히 변형시켰다고 확고하게 믿는다. 하지만 반근대인들은 근대화주의자들—이 과정을 고통스럽지만 영광스러운 정복으로 보는—과는 달리 이를 유례가 없는 파국적 상황으로 이해한다. 하지만 가치 판단의 내용의 차이에도 불구하고 근대인과 반근대인은 동일한 확신을 공유한다. 언제나 엉뚱하게 굴기 좋아하는 탈근대인들은 이 상황이 파국적이라는 사실은 인정한다. 그러나 그들은 이 상황에 대해 슬퍼해야 한다기보다는 환호해야 한다고 주장한다! 탈근대인들은 약점이야말로 궁극의 미덕이라고 보며, 따라서 그중 한 사람은 자신만의 고유한 방식으로 확신에 차서 "형이상학의 극복Verwindung은 닦달Ge-Stell의 극복으로서 실행된다"고까지 말한다(Vattimo, 1987, p. 184).

그렇다면 이 난파선을 마주한 반근대인들이 어떻게 해야 할까? 반근대인들은 놀랍게도 이 배에서 건져낼 수 있는 것은 모두 구해보려 한다. 여기에는 온갖 영혼, 마음, 감정, 인간관계, 상징적 차원, 인간적 온정, 지역적 특수성, 해석학, 주변부와 변두리 등이 포함된다. 참으로 존경할 만한 도전이라 할 수 있겠다. 그들이 구하겠다고 나선 이 배들이 실제로 위험에 처했었다면 정말로 더 많은 존경을 받을 수 있었을 것이다. 그럼 이 위험은 어디에서 비롯되는 것인가? 분명 온갖 영혼과 사물들로 가득한 좁고 위태로운 연결망들을 포기할 수 없었던 집합체로부터 비롯되는 것은 아니다. 이 위험이 가변적인 존재론에 의해 정의된 물질적 존재의 증식을 통해서만 규모가 변하는 사회에서 비롯된 것이 아니라는 점도 분명하다. 그렇다면 어디에서 오는 것이란 말인가? 이 위험은 반근대인과 그 공범인 근대인들 모두가 자초한 위험이다. 이들은 서로를 위협하면서 규모의 효과에 대해 거대한 원인들을 부과하였던 것이다. '네가 세계를 탈주술화하겠다면 나는 정신의 권리를 끝까지 주장하겠다'거나 '정신을 갖겠다고? 그럼 우리는 정신을 물질로 환원해주겠다!'거나 '이 환원주의자!', '이 정신주의자!'라며 서로를 협박하는 것이다. 반환원주의자, 낭만주의자, 정신주의자들이 주체를 구제하려 하면 할수록, 다른 한편에서 환원주의자, 과학주의자, 유물론자들은 자신들이 사물을 소유하고 있다고 더욱 강하게 믿으려 한다. 환원주의자 등이 이 점을 떠벌릴수록 반환원주의자 등은 위기의식을 느끼게 되며 반대로 반환원주의자 등이 강경하게 굴수록 환원주의자 등은 겁을 먹는다. 대부분의 윤리학자들이 과학과 합리성의 순수성을 정념과 이해관계로부터 지켜야 한다는 과제와 인간 주체의 고유한 가치와 권리를 과학기술의 객관성으로부터 지켜야 한다는 과제라는 상반되면서도 대칭적인 두 과제에 몰두하고 있지 않은가?

주변부를 옹호하기 위해서는 전체주의적인 중심의 존재

가 전제되어야 한다. 그러나 이 중심과 그 총체성이 허구라면 주변부를 찬양하는 것도 조금 우스운 일이 되고 만다. 고통받는 신체와 인간적 온정의 존재를 냉정한 과학 법칙의 보편성으로부터 변호하는 일 자체에는 아무 이견이 있을 수 없다. 하지만 만일 이 보편성이 생명을 가진 인간들이 거의 모든 곳에서 고통받는 일련의 상황에서 발생하는 것이라면 이러한 변호 자체가 무의미한 일이지 않을까? 인간을 기계와 기술관료로부터 보호하는 것은 칭찬할 만한 일이지만, 그 기계란 것이 그 기계에서 구원을 발견하는 인간들로 가득 찬 존재라면, 보호 자체가 어불성설이 아닌가(Ellul, 1967)? 영혼의 힘이 기계적 법칙을 능가함을 증명해 보이는 것은 훌륭한 일이다. 하지만 이러한 계획도 만일 물질이 전혀 물질적이지 않거나 기계가 전혀 기계적이지 않다면 헛수고에 불과하다. 신을 복원하기 위해 간절히 노력하는 것은 훌륭한 일이다. 특히 기술적 닦달$^{Ge-Stell}$이 모든 것을 지배하는 것 같은 오늘날, '위험이 있는 곳에 구원의 힘도 함께 존재한다'고 했기에 이러한 노력은 더 돋보인다. 하지만 아직 시작되지 않은 위기로부터 뻔뻔스럽게 이익을 챙기려는 시도는 정말로 이해할 수 없는 행위다!

근대성에 관한 신화들의 진원지를 추적해 보면 그것은 언제나 흔들리지 않는 정신, 감정, 주체, 혹은 주변성을 무기로 근대주의에 대항할 수 있다고 주장하는 자들에 의해 유포된다는 사실을 발견하게 될 것이다. 근대 세계에 영혼을 보강한다는 미명하에 그나마 남아있던 영혼, 예전에 지녔었고 당시만 해도 잃을 가능성이 거의 없었던 영혼을 박탈하는 일이 벌어진다. 기존의 영혼을 빼앗고 새로운 영혼을 불어넣는 이중의 작업 덕분에 근대인과 반근대인은 한 가지 핵심 주장에 대한 합의를 통해 서로에게 겁을 줄 수 있다. 그것은 바로 우리가 타자들과 근본적으로 다르고, 따라서 우리는 우리 자신의 과거로부터 완전히 단절되었다는 점에 대한 합의다. 이제 비로소 근대인과 반근대인, 양 진영 모두 이 유례없는 파국적 상황에 대한 유일한 증거로 과학과 기술, 조직과 관료제만을 제시하기에 이르렀으며, 이를 이용할 때에만 과학학이 전통적 인류학의 모체의 영속성을 가장 잘 증명할 수 있다. 물론 확장된 연결망의 혁신도 중요하지만 그렇다고 해서 이 정도로 난리법석을 떨 필요는 없는 것이다.

4.13 과거의 범죄에 더하여 새로운 범죄를 저지르지 않을 방법

그러나 근대인이 갖는 버림받았다는 느낌을 누그러뜨리기란 쉬운 일이 아니다. 왜냐하면 이러한 상황이 그 자체로 존중해야만 하는 감정에서 촉발되었기 때문이다. 그것은 바로 전례가 없는 범위를 포괄하면서 엄청난 의도를 갖게 된 자신에게뿐만 아니라 나머지 자연 세계와 문화 세계 모두에 돌이킬 수 없는 범죄를 저질렀다는 죄책감이다. 어떻게 하면 근대인은 너무 성급하게 자신의 범죄에 대한 용서를 받지 않으면서도 일상의 인간성과 비인간성으로 되돌아갈 수 있을까? 우리 서구인이 저지른 범죄가 끔찍하기는 해도 우리는 언제나 평범한 존재임을, 우리가 훌륭한 미덕을 지니고 있기는 하나 그 덕 또한 평범하기 그지없다는 사실을 어떻게 주장해야 할 것인가?

우리들이 저지른 잘못은 우리가 자연에 접근할 수 있게 된 것과 비교할 수 있다. 우리가 저지른 잘못의 결과를 가늠할 때에도 그 원인을 결코 과장해서는 안 된다. 과장은 더 큰 범죄의 원인이 될 수 있기 때문이다. 모든 총체화는 그것이 아무리 필요한 일이었다 하더라도 전체주의에 기여하기 마련이다. 따라서 실제의 지배에 총체적 지배를 추가할 이유가 없다. 힘에 권력을 추가하지는 말자. 현실의 제국주의에 총체적 제국주의를 허용할 필요도 없고, 이미 실제적 위력을 발휘 중인 자본주의에 절대적 탈영토화를 추가할 필요도 없다(Deleuze and Guattari, [1972] 1983). 마찬가지로 과학적 진리나 기술의 효과에 총체적 초월성과 절대적 합리성을 부여할 필요도 없다. 우리의 잘못, 지배, 자본주의나 과학에서 우리가 공통적으로 이해해야 할 것은 일상적 차원, 즉 사소한 원인과 그것이 가져오는 큰 파장들인 것이다(Arendt, 1963; Mayer, 1988).

우리 스스로를 악마로 만드는 편이 더 만족스러울지 모르는데, 악한 존재일 때조차 우리는 여전히 예외적일 것이기 때문이다. 타자들과 과거 모두로부터 단절된 존재로, 최선을 위해 근대적이었던 우리는 얼마든지 최악을 위한 근대적 존재가 될 수 있다. 하지만 총체화는 교묘한 방식으로 그것이 폐기하기로 되어 있는 것들에 동참한다. 총체화로 인해 이를 도입한 자들은 무기력해지고 적대 세력이 엄청난 위력을 갖게 된다. 총체적이고 빈틈없는 체제는 결코 분할되지 않는다. 초월적이고 동질적인 자연은 다시 조합될 수 없다. 완벽하게 체계화된 기술체계는 그 누구에 의해서도 결코 변화하지 않는다. 카프카적인 사회에 재협상이란 없다. '탈영토화'하고 완전히 정신분열적인 자본주의라면 더 이상 재분배란 불가능하다. 타자들의 문화-자연들로부터 완전히 단절된 서구 사회라면 더 이상 논의를 허용하지 않을 것이다. 영원히 자의적이고 완전무결하며 일관된 표상에 갇힌 문화를 평가하는 일은 불가능하다. 존재를 완전히 망각한 세계는 그 누구에 의해서도 구원받을 수 없다. 극단적인 인식론의 개입에 의해 영원히 단절된 과거는 누구에 의해서도 다시 분류될 수 없다.

총체성의 이 모든 보충물들을 비판했던 자들은 이 보충물들을 자신들의 의사와 상관없이 참여한 행위자들이 만들었다고 주장한다. 조그마한 기업체 사장이 시장 점유율을 늘리기 위해 안간힘을 쓰는 모습, 열병에 걸린 한 정복자가 오들오들 떠는 모습, 실험실에서 별 소득 없이 부산을 떠는 불쌍한 과학자, 역관계를 이어붙이기 위해 애쓰는 별 볼 일 없는 엔지니어, 겁을 먹고 괴성을 지르는 정치인의 모습 등은 비판자를 누그러지게 만들지만 그 결과로 우리가 얻은 것은 무엇인가? 바로 자본주의, 제국주의, 과학, 기술, 지배다. 이들은 하나같이 절대적이고 체계적이며 전체주의적인 것들이다. 최초의 시나리오에서 배우들은 모두 패배할 수도 있다. 하지만 두 번째 시나리오에서는 그렇지 않다. 첫째 시나리오에서 배우들은 하나같이 쉽게 정복될 것 같이 약해 보이지만 그다음 장면에서는 무적이 된다. 첫째 시나리오에서 배우들은 부서지거나 변경되기 쉬운 매개작용의 초라한 결과처럼 보이지만 이제 정화된 배우들은 모두 위력적인 존재가 된다.

따라서 매끄럽고 사이가 모두 메워진 표면들, 이 절대적 총체성들을 어찌해야 할까? 당연히 한 번에 모두 안팎을 뒤집어야 한다. 모두 전복시키고 혁명을 일으켜야 한다. 바로 이것이 최고의 근대주의자인 맑스주의자들의 전략이었다. 이 얼마나 사랑스러운 역설인가? 비판정신을 이용하여 근대인들은 단번에 그리고 동시에 하나의 총체적인 체계를 창조해 내고, 이 시스템 전체를 종식시키는 총체적인 혁명을 일으키고, 또 그 혁명에서 완전히 실패했다. 이 실패로 인해 그들은 총체적인 탈근대적 절망에 완전히 사로잡힌다! 바로 이것이 우리가 저지르고 또 후회하는 수많은 범죄의 원인이 아니던가? 번역의 결과물보다는 근대성의 헌법을 우선적으로 고려함으로써 비판 진영은 우리에게 수선하고 교체하고 이종교배하고 분류할 능력이 없다고 착각하고 말았다. 집합체들이 그동안 만들어 온 부서지기 쉽고 이질적인 연결망을 기반으로 비판자들은 완전한 혁명 없이는 조금도 손상시킬 수 없는 동질적인 총체성을 만들어 내었다. 나아가 이들에 대한 전복이 처음부터 불가능했음을 알면서도 시도해본 것뿐이기 때문에 비판자들은 그저 하나의 범죄에서 또 다른 범죄로 옮겨갈 수밖에 없다. 어떻게 총체화의 주역들의 '나에게 손대지 말라Noli me tangere'는 원칙이 여전히 도덕성의 증거로 통용될 수 있을까? 그렇다면 극단적이고 총체적인 근대성에 대한 신념 때문에 부도덕하게 될지도 모른다는 말인가?

아마도 이를 세대의 차이 때문이라고 설명하는 것이 더 공평할 것이다. 전후에 태어난 우리들에게 2차 대전의 비극과 세계 혁명은 이미 과거이지만 기아는 우리 아래에서, 그리고 핵전쟁 발발 가능성이 우리 머리 위에 존재했기 때문에, 우리는 전 지구의 파괴만이 우리를 기다리고 있다고 생각한다. 따라서 당연히 규모의 영향을 부정하기란 힘들지만 정치혁명, 의학혁명, 과학혁명이나 경제혁명 등의 독보적인 가치를 믿기는 더욱 어렵다. 과학의 부흥기에 태어난 우리는 평화와 번영밖에 경험하지 못했고 전 세대의 철학자와 윤리학자들이 경멸해야 한다고 말했던 기술과 소비재에 대한 애착이 너무나도 강하다. 이제는 이 점을 인정해야 할 때가 되지 않았는가? 우리들에게 기술은 전혀 새로울 것이 없다. 근대적이라고 부르기도 민망할 정도로 기술이 우리 세계에 깊이 뿌리 내려 있기 때문이다. 전 세대보다 우리는 기술을 더 많이 소화해내 왔고 기술에 더 통합되었고 때론 그것을 사회화했다. 우리가 기술의 가치도, 위험성도 믿지 않으면서, 기술을 천국의 선물이나 악의 산물로 보지 않으면서도 그 부정적 측면과 긍정적 측면을 공유할 수 있는 첫 세대이기에, 기술의 근원을 찾아보는 과정에서 백인의 책무라거나 자본주의의 숙명, 유럽의 운명, 존재Being의 역사, 보편적 합리성 따위에 의지하지 않을 수 있을지도 모른다. 이제 비로소 우리 자신을 특별한 존재로 보던 시각을 버릴 수 있을지 모른다. 우리는 남다를 것이 없는 평범한 존재이다. 따라서 타자들도 마찬가지로 이국적 존재가 아니다. 이들은 모두 우리와 동류이며 언제나 우린 형제 같은 존재였다. 더 이상 우리만 근본적으로 다르다는 오류를 다시 범하지는 말자.

4.14 무수한 초월성들 transcendences

우리가 완전히 근대적 존재도 아니고 전근대적 존재도 아니라면 과연 무엇을 근거로 집합체를 비교해야 할까? 이제 우리가 잘 알게 되었듯이 우리가 할 일은 공식적인 근대 헌법에 비공식적인 매개 작용을 추가하는 것이다. 우리가 근대 헌법을 이전의 비대칭적 인류학이 말하는 각 문화와 대비시킨다면 결국 상대주의와 근대화의 불가능성에 봉착할 수밖에 없다. 반대로 근대 헌법을 집합체의 번역 작업과 대비시킨다면 비로소 대칭적 인류학이 가능하고 절대적 상대주의라는 잘못된 문제들을 해체시킬 수 있다. 하지만 동시에 근대인들이 만들어 놓은 사회, 자연, 담론―그리고 당연히 소거된 신까지―이라는 자원들을 이용할 수 없게 된다. 바로 이점이 상대주의 최대의 문제점이다. 비교가 가능하게 된 지금 문제는 모든 집합체, 자연과 사회의 생산자들이 모두 마찬가지로 속해있는 공통의 공간이란 무엇이냐는 것이다.

그것은 자연인가? 당연히 아니다. 매끄럽고 초월적이며

외부에 존재하는 자연은 집합체 생산에 있어서 상대적이고 뒤늦은 결과에 불과하기 때문이다. 그럼 사회인가? 그것도 아니다. 사회란 인간이 만든 자연의 대응물, 모든 대상이 제거되고 리바이어던의 미지의 초월성이 산출되면 남는 어떤 것이기 때문이다. 그럼 그것은 언어일까? 불가능한 이야기다. 왜냐하면 담론이라는 것도 지시대상의 외부 현실과 사회적 맥락이 모두 판단에서 제외될 때에만 의미를 갖는 인간의 창조물이기 때문이다. 그렇다면 그것은 신인가? 그럴 가능성은 매우 희박하다. 우리가 신이라 부르는 형이상학적 존재는 멀리 떨어진 곳에 있는 조정자로 자연과 사회라는 두 대칭적 존재 간의 거리를 최대한 벌리기 위해 존재하기 때문이다. 그렇다면 존재 Being인가? 그 가능성은 더 희박하다. 정말 역설적으로 존재라는 개념은 엄밀히 말해 모든 과학, 모든 기술, 모든 사회, 모든 역사, 모든 언어, 모든 신학이 존재자들의 순수한 확장에 떠넘긴 잔여물이다. 자연화, 사회화, 담론화, 신격화, 존재론화—이 모든 '~화'로도 설명할 수 없다. 이상의 그 어떤 것도 이제 비교 가능해진 집합체들이 놓이는 공통의 기반이 될 수 없다. 다시 말하지만 우리는 결코 자연에서 사회로, 사회에서 담론으로, 담론에서 신으로, 신에서 존재로 전락하는 것이 아니다. 이 각각의 기관들은 각자 구분되어 있는 한에서만 근대 헌법 내에서의 역할을 수행할 수 있다. 그

중 어느 것도 다른 것들과 포개어지거나 포함하거나 채워줄 수 없으며 매개와 번역의 작업을 설명하는 데 도움이 되지 않는다.

그럼 우리는 어디에 있는 것일까? 우리는 어디에 정착해야 하는 것일까? 우리가 이런 의문을 제기하는 한 우리가 근대 세계에 머물고 있으며 새로운 정주할immanere 곳을 건설하거나 기존의 것을 해체해야만 한다는 강박관념에 사로잡혀 있는 것이 분명하다. 오래된 용어를 빌자면 우리는 여전히 형이상학에 갇혀 있는 것이다. 하지만 우리가 애초 이 연결망들을 건널 때에는 특별히 동질적인 어떤 장소에 도착해야 한다고 생각했던 것은 아니다. 하지만 여전히 물리적 현상 아래의 infra-physics의 영역 내에 머문다. 그렇다면 우리는 다른 모든 힘 중 하나, 모든 텍스트 중의 하나, 모든 사회 중 하나, 모든 존재 중 하나에 머무는 것일까?

그것도 아니다. 왜냐하면 우리가 초라한 현상들을 자연과 사회라는 단단한 고리에 연결시키는 대신에 우리는 매개체들이 자연과 사회들을 만들어내는 것을 허용함으로써 초월성들의 근대화작용의 방향을 뒤집게 될 것이기 때문이다. 모든 자연과 사회는 역사의 상대적 산물에 불과하게 된다. 하지만 연결망들이 어디에도 속해있지 않기 때문에 우리만 정주하게 되는 것이 아니다. 이들이 스스로 증식하기 위해 신비한 에테르 따위는 필요로 하지 않는다. 우리는 더 이상 빈 공간을 메울 필요가 없다. 결국 근대인들의 비근대성으로 회귀함으로써 바뀌는 것은 '초월성'과 '내재성'이라는 개념 그 자체다. 누가 초월성에는 반대말이 있어야 한다고 했던가? 우리는 초월성—즉 이행을 매개로 한 현전 안에서의 유지—을 포기한 적이 없다.

근대인들은 언제나 소위 전근대적 문화권에서 발견되는 능동적 혹은 영적 힘들의 발산에 언제나 적잖은 충격을 받았다. 여기에 순수 질료, 순수한 기계의 힘들이 작용할 여지는 없다. 온갖 영혼과 그 행위자, 신들과 조상들이 모든 지점에서 뒤섞여 있는 것이다. 이와 대조적으로 근대인의 시각에서 보면 근대 세계는 활기와 희망을 잃고 신비한 것이라곤 하나도 남지 않은 순수 내재성의 매끈한 힘들이 지배하는 세계로 여기에 우리 인간들만이 상징적 차원을 부여하며, 그 너머에는 아마도 제거된 신의 초월성만이 존재할 것이다. 하지만 더 이상 내재성이 불가능하다면, 그저 연결망과 대리인, 행위자만 존재할 뿐이라면 우리는 탈주술화될 수 없다. 인간은 임의적으로 순수 물질의 힘에 '상징적 차원'을 부여하는 그런 존재가 아니다. 이 힘들은 우리가 그러하듯이 초월적이고 능동적이며 흥분하고 영적이기도 하다. 자연은 더 이상 사회나 소거된 신보다 언제나 더 쉽게 직접 접근할 수 있는 존재가 아니다. 초월적인 동시에 내재적인 이 세 가지 존재들 사이에서의 근대인들의 미묘한 곡예 대신에 우리는 모든 초월성들의 공통된 단일한 증식과정을 발견하게 된다. 반대 개념이 사라진 이상 상상 속의 내재성의 침공에 대항하기 위해 고안된 논쟁적 개념은 이제 다른 의미를 갖게 된다.

나는 반대 개념이 부재하는 이 초월성을 '위임'이라고 부르겠다. 발화, 위임, 혹은 메시지나 메신저를 보냄으로써 이제 직접적인 상태로 머무르는 것 — 다시 말해 존재하는 것 — 이 가능하다. 우리가 근대 세계를 포기한다고 해서 다른 누군가 혹은 다른 무엇인가가 되는 것은 아니며 우리가 어떤 본질에 도달하는 것도 아니다. 다만 우리는 하나의 과정, 하나의 운동, 하나의 이행, 문자 그대로 공놀이에서 말하듯이 누군가에게 패스를 하는 것이다. 우리는 연속되고 위험한 — 위험하기 때문에 연속적인 — 존재로부터 기원하는 것이지 하나의 본질에서 출발하는 것이 아니다. 우리는 불변성이 아니라 현존의 상태에서부터 출발한다. 우리는 매듭^{vinculum} 그 자체, 수많은 통로와 관계에서 출발하는 것이기 때문에, 집합적인 동시에 실재하고 담론적인 이 관계와 무관한 출발점에서 비롯되었다는 주장을 거부한다. 우리는 인간이라는 새로운 존재나 언어라는 더 최신 개념에서 출발하지 않았다. 의미의 세계와 존재의 세계는 동일한 세계로서, 번역의 세계이고 교체의 세계이며 이행의 세계이자, 위임의 세계이기도 하다. 우리는 본질의 다른 어떤 정의에도 '의미가 부재'하다고 말할 것이다. 실제로 최소한 그것들 속에는 현존을 위한 수단이 존재하지 않는다. 모든 영속성, 견고성, 영구성은 그것의 매개자들에 의해 대가가 지불될 것이다. 이 상에서 살펴본 바와 같이 우리의 세계를 비근대적인 것으로 만드는 것은 다름 아닌 사절, 매개자, 대리인, 물신, 기계, 입상, 도구, 대의원, 사자, 부관, 대변인, 천사들과 함께 이 반대 개념이 존재하지 않는 초월성에 대한 탐구하는 일이다. 도대체 사물의 속성, 기술, 과학, 허구의 존재, 크고 작은 온갖 종교들, 정치, 사법체계, 경제와 무의식을 한꺼번에 같은 정도로 고려하게 만드는 이 같은 세계가 어디 있을 수 있을까 싶지만 우리가 살고 있는 세계가 바로 그런 세계다. 이 세계는 모든 본질들이 자신들에게 의미를 부여하는 매개자, 대리인, 번역가들로 대체되는 순간 근대성을 잃어버린다. 바로 이러한 이유 때문에 지금까지 아무도 그 의미를 알아채지 못한 것이다. 이 세계는 그동안 모든 대리인, 천사, 부관들을 동원해 고대의 모습을 가장해 왔다. 그럼에도 불구하고 민족학자들이 연구한 문화들과 닮지는 않았는데, 그것은 서구의 민족학자들이 대리인이나 중개자, 번역가들을 자신들의 공동체로 데려가서 대칭적으로 연구한 적이 없기 때문이다. 인류학은 과학이나 사회 혹은 언어의 기반 위에 세워졌기 때문에 언제나 보편주의와 문화적 상대주의 사이를 오갔고, 결국 이러한 이유 때문에 '그들'에 대해서 만큼이나 '우리'에 대해서 밝혀준 것이 없었던 것인지 모르겠다.

5장
재분배

5장
재분배

5.1 **불가능한 근대화**

근대인의 헌법의 주요 내용과 그것이 그토록 오랫동안 패배하지 않을 수 있었던 이유들을 살펴본 후에, 그리고 우리가 비판적 혁명이 왜 준대상들— 우리에게 근대인을 비근대적 차원과 함께 볼 수밖에 없도록 하는— 의 등장에 의해 압도적이 될 수 있었는가를 보여준 후에, 집합체들 사이의 대칭성을 재수립하고 따라서 상대주의의 문제를 해소하는 동시에 집합체들 간의 크기의 차이를 측정한 다음에, 나는 이제 가장 어려운 질문을 향해 달려들면서 이 글의 결론을 내릴 수 있을 것이다. 그것은 비근대 세계에 관한 질문이다. 우리는 그 세계로 들어서고 있지만, 내가 주장하듯이 우리는 결코 그 세계를 떠난 적이 없었다.

비록 문화들과 자연들의 근-총체성near-totality을 힘과 살육을 통해 파괴했음에도 불구하고 근대화는 분명한 목표를 지녔다. 근대화는 결국에는 외적 자연의 법칙과 사회의 관습을 구분하는 것이 가능하도록 만들었다. 정복자들은 모든 곳에서 하이브리드들을 사물의 영역이나 사회의 영역 중 어느 한곳에만 할당하면서 이 격리작업을 수행하였다. 격리의 과정은 과학과 기술, 행정과 경제, 종교에서의 급진적 혁명의 일관되고 지속적인 전선과, 그 뒤에는 과거가 영구히 사라지게 되고, 그 앞에는 미래가 열리는 글자 그대로의 밀어붙이기식 작전을 동반한다. 과거가 야만인들의 잡동사니였다면, 미래는 문명화된 구분 짓기이다. 확실히 근대인들은 언제나 자신들도 사물과 사회, 우주론과 사회학을 혼합했다는 것을 알고 있었다. 그러나 이것은 과거의 일, 즉 그들이 여전히 전근대인이었을 때의 일이다. 점점 더 무서워지는 혁명에 의해 근대인들은 자신을 과거로부터 때어놓을 수 있었다. 다른 문화들은 여전히 합리성의 제약들을 그들 사회의 필요와 뒤섞기 때문에 그들은 자신들의 과거를 완전히 없애버림으로써 그러한 혼동으로부터 벗어나야 하는데 이를 위해 도움이 필요하다. 근대화의 주체들은 자신들 내부 한가운데에도 야만성의 섬들이 사라지지 않고 있음을 완벽하게 잘 알고 있었다. 그 섬들에서 기술의 효력과 사회의 자의성은 지나치게 서로 얽혀있다. 그러나 그들이 근대화를 성취하기 오래전에 그들은 그 섬들을 제거했어야 할 것이고 우리 모두는 같은 행성에서 살게 되었을 것이다. 우리는 모두 똑같이 근대인들이 되었을 것이다. 즉 우리는 모두 사회적 이익의 압제로부터 유일하게 영원히 빠져나가는 것들 — 경제의 합리성, 과학의 진리, 기술의 효율성 — 로부터 이익을 얻을 수 있는 능력을 지니게 될 것이다.

어떤 근대화주의자들은 마치 그런 운명이 가능하고 바람직하다는 듯이 계속해서 말한다. 그러나 이 주장이 얼마나 자기 모순적인지 확인하기 위해 이를 직접 표현해 볼 수밖에 없다. 하이브리드의 실존을 부정하는 방식으로 하이브리드들을 증식시키는 근대인의 헌법 자체 덕에 근대화의 추진자들 스스로가 이 증식에 책임이 있다면 어떻게 우리가 결국에 과학과 사회를 정화할 수 있겠는가? 오랫동안 이 모순은 근대인들이 수적으로 늘어난다는 사실 자체에 의해 은폐되었다. 국가와 과학, 기술에 있어서의 영구혁명은 하이브리드들을 사회나 자연 어느 한쪽으로 편입시킴으로써 그들을 흡수하고 정화하고 문명화함으로써 종결되었어야 했다고 상정되었다. 그러나 그 이중의 실패는 내 출발점이었는데, 사회주의의 실패 ― 무대 왼쪽의 ― 와 자연주의의 실패 ― 무대의 오른쪽의 ― 는 정화작용을 덜 그럴듯하게 만들었고, 모순을 더욱 가시적으로 만들었다. 전방을 향한 지속적인 비행을 추진할 준비된 혁명은 더 이상 없다. 하이브리드들은 너무 많기 때문에 누구도 더 이상 그들을 근대성의 낡은 약속의 땅에 가둬둘 방법을 알지 못한다. 따라서 탈근대인들의 갑작스러운 마비가 오는 것이다.

근대화론자들은 전근대인들에 대해서 가차 없이 대했지만 탈근대화에 대해서 우리는 무엇을 말할 수 있는가? 제국주의의 폭력은 최소한 미래를 제공하였지만, 정복자의 갑작스러운 약점은 훨씬 더 해로운데, 언제나 과거로부터는 잘려 나가면서, 이제는 또한 미래와 단절하기 때문이다. 근대적 현실에 의해 충격을 받았던 불행한 사람들은 이제 탈근대의 극-현실hyperreality에 순종해야 한다. 가치 있는 것은 아무것도 없다. 모든 것은 반영이며, 시뮬라크럼이고 부유하는 기표이다. 그리고 그들이 말하길 그 약점이 곧 우리를 기술과 과학, 이성으로부터 구할지 모른다. 정말로 모든 것을 파괴해서 그 상처에 이러한 모욕을 더 할 가치가 있는가? 탈근대인들이 그 안에 머물면서 진화하게 되는 텅 빈 세계는, 그들 자신이, 그리고 오직 그들만이 비워낸 것인데, 탈근대인들은 근대인들의 말을 그대로 믿었기 때문이다. 탈근대주의는 근대주의의 모순의 징후이지만 이 모순을 진단할 능력은 없는데, 근대 헌법의 동일한 상반부 — 인간이 만들어낸 것이 아닌 과학과 기술 — 를 공유하면서도 그 헌법의 힘과 위대함의 원인 — 준대상들의 증식과 인간과 비-인간의 절대적 구분을 가능케 하는 양자 사이의 중간매체들의 증가 — 을 더 이상 공유하지 않기 때문이다.

그렇지만 진단이 그렇게 어렵지는 않은데, 우리는 정화와 매개 작용을 대칭적으로 고려할 수밖에 없기 때문이다. 서구 제국의 최악의 순간에조차 문제가 되었던 것은 자연법칙을 사회적 관습으로부터 단번에 확연히 분리하는 것이 아니었다. 언제나 특정 유형의 비-인간과 인간을 혼합하고 그 과정에서 보일식의 사물들과 홉스식의 주체들(소거된 신은 말할 것도 없고)을 계속하여 증가하는 규모로 추출하여 집합체를 구축하는 것이 문제였다. 연결망 길이를 연장시키는 혁신은 흥미로운 특수성을 지니지만 우리를 타자들로부터 완벽하게 구분시켜주거나 우리의 과거로부터 단절을 이루기에는 충분치 않다. 근대화의 주체들이 그들의 힘을 모으고, 탈근대인들의 곤경을 무시하며 이를 갈면서, 그리고 그것이 무엇이든 간에 자연주의와 사회주의의 이중의 약속에 대한 지속적인 믿음을 통해 그들의 혁명적 과업을 계속해서 추진하도록 할 수는 없는데, 그 특정한 근대화가 결코 진행된 적이 없기 때문이다. 그것은 오직 오늘날까지 계속해서 증가하는 규모로 언제나 진행되고 지속되어온 훨씬 더 근본적이고 다른 성격의 작업에 대한 공식적인 표상에 불과하다. 우리는 또한—반근대인들이나 환상에서 벗어났다고 하는 탈근대인들의 전투적인 방식으로—근대화에 대항하여 투쟁할 수도 없는데, 우리가 그렇게 할 때에는 헌법의 상반부만을 공격하는 것이 될 것이기 때문이다. 우리가 상반부를 공격하면서도 언제나 그 생명력의 원천이 되어온 것을 모르는 채로 지내는 한, 단지 그것을 강화시켜줄 뿐이다.

그러나 이러한 진단이 불가능한 근대화에 대한 처방을 가능케 하는가? 내가 계속 말했던 것처럼 헌법이 하이브리드 자체를 개념화하지 않으려고 증식시킨다면, 헌법은 하이브리드의 존재를 부정하는 한에서만 유효할 것이다. 이제 두 부분—정화의 공식적인 작용과 매개의 비공식적인 작용—의 유익한 모순은 확실히 눈에 보이게 되므로, 헌법은 그 효력을 잃게 되는 것은 아닌가? 근대화는 불가능해지는 것이 아닌가? 우리는 전근대인이 될 것인가—혹은 전근대인으로 퇴행하게 되는가? 우리는 반근대인으로 물러나야만 하는가? 보다 나은 가능성이 없기 때문에 우리는 근대인이기를 지속해야 하겠지만 어떤 확신도 없이 탈근대의 중간지대twilight zone 안에서 그래야만 하는 것인가?

5.2 **최종 검토**

이들 질문에 대답하기 위해서 우리는 우선 내가 이 글 전체에서 소개한 다양한 입장들을 정리해야만 하는데, 이를 통해 우리는 이 다양한 입장들이 제공해야 할 최선의 것들과 비근대인이 타협할 수 있도록 할 것이다. 우리는 근대인들로부터 무엇을 보존해야 하는가? 헌법의 상반부에 대한 배타적인 신뢰를 제외한 모든 것을 보존해야 하는데, 이 헌법은 하반부도 포함하도록 어느 정도 개정되어야 하기 때문이다. 근대인들의 위대함은 그들이 하이브리드들을 증식시킨 덕분이며 또한 특정 유형의 연결망을 연장시키고 흔적들의 창출을 가속화하고 대리인delegates들을 증가시키고 상대적인 보편성을 더듬으면서 만들어낸 덕분이기도 하다. 근대인들의 용기, 연구, 혁신성, 수선기술, 청년기의 과잉, 그들 행위의 규모의 계속된 증가, 사회로부터 독립된 안정된 사물들의 창조, 사물들로부터 해방된 사회의 자유—이 모든 것은 우리가 지키고자 하는 특징들이다. 반면 우리는 근대인들이 자신들에 대해

품었으며, 만인에게 일반화하고자 했던 환상(근대인들 자신이 그것을 긍정적이라고 보았든, 부정적이라고 보았든 간에)을 유지할 수 없다. 그 환상이란 무신론적이자 유물론적이며, 유심론적이고, 유신론적인 동시에, 합리적이고, 유효하며, 객관적인 데다가 보편적이고, 비판적임으로써 다른 공동체들과는 확연히 구분되는 근대적 공동체이다. 이 공동체는 과거로부터는 단절되어 있어서 역사주의에 기대서 과거를 인공적인 생존의 상태로만 유지할 수 있고 주체나 사회가 자의적으로 범주들을 부과할 수 있는 자연으로부터도 분리되어 있다. 게다가 이 공동체 내의 비판자들은 언제나 자신과의 전쟁상태에 있으며, 그 구성원들은 사물과 기호, 사실과 가치 간의 절대적인 이분법의 포로들이다.

외적 대분할—내가 언급했듯이 내적 대분할의 단순한 확장인—덕분에 서구인들은 전근대인들로부터 멀리 떨어진 것처럼 느낀다. 내적 대분할이 해소될 때 전자는 사라지며 크기의 차이들에 의해 대체된다. 우리는 더 이상 전근대인들로부터 그렇게 멀리 떨어져 있지 않기 때문에—우리가 전근대인들에 대해 말할 때 우리는 우리 자신의 대부분을 포함시켜야만 하기 때문에—우리는 전근대인들 또한 분류해내야만 하게 된다. 다른 무엇보다도 그들에게서 최상의 것을 보존하자. 전근대인의 연결망, 자연/사회의 순수한 극들에 대한 지속적 구분불가능성, 자연과 사회, 기호와 사물들의 하이브리드의 산물을 사고하는 데 대한 강박적인 관심, 초월적인 존재들의 풍부함에 대한 전근대인들의 확신, 진보와 타락 이외의 수많은 방식으로 과거와 미래를 인식할 수 있는 전근대인들의 능력, 근대인들의 비-인간과는 다른 유형의 비-인간들의 증식. 반면에 우리는 집합체들의 규모에 전근대인들이 부과한 일련의 한계들, 영토에 의한 지역화, 희생양을 만들어내는 과정, 인종중심주의, 그리고 마지막으로 자연과 사회들의 계속된 미분화상태를 우리는 유지할 수 없게 될 것이다.

그러나 분류작업은 내가 위에서 말한 것에 직면할 때 불가능하고 심지어는 모순적이게 보인다. 연장된 연결망들의 발명과 특정 집합체들의 규모의 증가는 근대인들이 준대상들에 대해 지키는 침묵에 근거하기 때문에 규모의 변화를 유지하면서 그들이 퍼져나가도록 허용하는 비가시성을 포기한다고 내가 약속할 수 있겠는가? 더 심각한 문제는 어떻게 내가 전근대인들로부터 자연들과 사회들 간의 지속하는 미분화를 거부하면서 근대인들로부터는 자연들과 사회들 간의 절대적인 이분법을 거부할 수 있겠는가 하는 것이다? 어떻게 하이브리드들을 가시화하면서도 규모와 탐구, 증식이 유지될 수 있겠는가? 그러나 이것이 내가 찾던 바로 그 아말감이다. 외부세계의 진리와 도덕법칙의 주체의 창조를 통해서, 그러나 과학들과 사회들의 공동산출co-production을 무시하지 않으면서도 규모의 변화를 가능케 하는 하나의 자연과 사회의 산출을 계속하기. 그 야말감은 근대인들의 정화작용의 최종 결과물 — 즉 주체들로부터 구분되는 외부세계에 존재하는 자연 — 을 보존하면서도 하이브리드들을 개념화하는 전근대인들의 범주들의 사용을 허용한다. 나는 불안정한 존재자들로부터 안정화된 본질들로 이끄는 — 그리고 그 역방향에 대해서도 성립하는 — 경사면을 계속해서 따라가고자 한다. 정화작용을 완료해야 하지만, 매개 작용의 특정한 경우로서 완료해야 한다. 근대인의 이원론의 이점들을 보존해야 하지만 그 단점들 — 준대상들의 은폐 — 은 계승하지 않아야 한다. 전근대인들의 일원론의 모든 장점들을 유지하면서도 그 한계 — 지식과 권력에 대한 끊임없는 혼동을 통한 규모의 제약 — 를 그대로 받아들여서는 안 된다.

탈근대인들은 근대인들의 위기를 감지하고 그 위기를 극복하려는 시도를 하였다. 그래서 그들 또한 검토와 분류작업을 약속하였다. 물론 그들의 반어법, 그들의 절망, 그들의 낙담, 그들의 허무주의, 그들의 자기비판을 계속해서 견지하는 것은 불가능한데, 그들의 모든 고상한 특징들은 근대주의 자체가 결코 정말로 실천했던 적이 없는 그러한 근대주의에 대한 관점에 기대고 있기 때문이다. 그러나 우리가 근대인의 헌법의 하부를 상부에 더하면 곧 탈근대주의의 제도들은 정당화된다. 예를 들어 우리는 해체를 구해낼 수 있다—그러나 해체는 더 이상 반대명제를 지니지 않기 때문에 구성주의로 전환되며 더 이상 자기파괴를 동반하지 않는다. 우리는 해체주의자들의 자연화에 대한 거부를 유지할 수 있다—그러나 자연 자체가 더 이상 자연적이지 않기 때문에 이러한 거부는 더 이상 우리를 과학으로부터 떨어뜨려 놓지 않고 반대로 우

	보존되는 것	거부되는 것
근대인으로부터	- 확장된 연결망들 - 크기 - 실험 - 상대적 보편성들 - 객관적 자연과 자유로운 사회의 최종적 분리	- 자연과 사회의 분리 - 매개의 실제작용에 대한 은폐 - 외적인 거대 분할 - 비판적 비난 - 보편주의, 합리주의
전근대인으로부터	- 사물들과 기호들의 분리불가능성 - 대립물이 없는 초월성 - 비-인간 존재들의 증가 - 강도에 따른 시간성	- 사회적 질서와 자연적 질서를 언제나 연결시켜야 한다는 의무 - 희생양 메커니즘 - 인종중심주의 - 영토 - 규모에 대한 제한
탈근대인으로부터	- 다원적 시간성 - 구성주의 - 성찰성 - 탈자연화	- 근대주의에 대한 믿음 - 비판적 해체 - 냉소적 성찰성 - 무시간성

그림 5.1 보존되어야 하는 것과 거부되어야 하는 것

리를 과학의 실천science in action에 보다 근접시킬것이다. 우리는 탈근대인들의 성찰성reflexivity에 대한 분명한 선호 또한 계속 유지시킬 수 있다—그러나 그와 같은 속성은 모든 행위자들 사이에서 공유되는 것이기 때문에 풍자적인 성격을 잃

고 긍정적인 것이 된다. 마지막으로 우리는 힘찬 걸음걸이로 행진해 나가는 일관되고 동질적인 시간관에 대한 탈근대인들의 거부에 동참할 수 있다—그러나 진정으로 극복된 과거에 대한 믿음을 유지하는 인용문과 무시간성 anachronism에 대한 그들의 선호는 받아들일 수 없다. 탈근대인들이 근대인들에 대해 갖고 있는 허상을 제거하면 탈근대인들의 악덕은 미덕이 된다—비근대적 미덕이 되는 것이다!

안타깝게도 나는 반근대인들에게서는 아무것도 구할 가치가 없다고 느낀다. 언제나 방어적인 입장에서 반근대인들은 근대인들이 스스로에 대해 말한 것을 변함없이 믿으면서 근대인들이 선언한 각각의 내용들에 대해 정반대의 표지를 첨부하는 일을 계속해 나갔다. 반혁명을 주장하는 그들은 근대인들만큼이나 과거의 시간과 전통에 대해 동일하게 괴상한 관점을 견지했다. 그들이 방어한 가치란 그들의 적들이 남긴 것, 그 이상도 이하도 아니다. 반근대인들은 근대인들의 위대함이 실제로는 반근대인들이 공격의 근거로 삼은 것의 정반대의 논리로부터 기인한다는 사실을 결코 이해하지 못했다. 심지어 그들의 척후병의 전투에서조차 반근대인들은 자신들에게 남겨진 사소한 역할을 차지하면서 혁신을 이루는 데 실패했다. 그들 편에서 반근대인들이 근대인들의 광란—이 근대인들에게 반근대인들은 언제나 실제로 최고의 놀림감이었다—에

제동을 걸었다고 말할 수조차 없다.

이와 같은 검토의 대차대조표는 그렇게 부정적이지만은 않다. 과학과 기술의 대상들을 다른 많은 것들 중에서도 준-대상처럼 헌법으로 재통합시킨다면 우리는 근대성 없이도 계몽주의를 지킬 수 있다 — 대상들의 기원은 더 이상 비밀에 부쳐지지 않아야만 한다. 오히려 대상들의 기원은 그것들을 생성시키는 뜨거운 사건들로부터 대상들을 하나의 자연Nature과 하나의 사회Society의 본질적 요소들로 변형시키고 점진적으로 이 열기를 가라앉히는 과정cool-down에 이르기까지 속속들이 밝혀져야 한다.

이 작용을 우리가 공식적으로 인식할 수 있도록 하는 헌법을 마련하는 것이 가능할까? 우리는 반드시 이 일을 해야 하는데, 구식의 근대화는 더 이상 다른 인간 공동체들이나 자연을 흡수할 수 없기 때문이며, 최소한 이 책은 그러한 확신에 근거하고 있다. 자기 자신을 위해서도 근대 세계는 더 이상 실제로 그것이 결코 존재하기를 그치지 않았던 것 — 즉 다른 모든 세계들과 마찬가지인 비근대적 세계 — 이 다시 되지 않고는 연장될 수 없다. 이와 같은 형제애는 만일 우리가 혁명적 근대화가 버려둔 존재들의 두 개의 집합을 흡수할 수 있을 때 본질적인 것이다. 우리가 더 이상 정복하려 하지 않는 자연의 무리들과 아무도 지배하지 않는 인간 다중이라는 두 집합이 그것이다. 근대적 시간성은 계속 늘어나는 인간과 비-인간 무리를 과거의 진공에 맡김으로써 계속해서 가속을 하고 있다는 인상을 주었다. 비가역성은 편을 바꿨다. 만일 우리가 더 이상 제거할 수 없는 한 자기가 있다면 그것은 그와 같은 자연과 다중인데 그 둘은 똑같이 전지구적이다. 정치적 과제가 다시 새로운 대가를 통해 시작된다. 18세기의 시민과 19세기의 노동자를 흡수하기 위해 우리의 집합체의 조직을 위로부터 아래로 변경하는 것이 필수적이었다. 우리는 오늘날 과학과 기술에 의해 창조된 비-인간들을 위한 공간을 만들기 위해 우리 자신을 완전히 변형시켜야 한다.

5.3 재분배된 인간주의

헌법을 수정할 수 있게 되기 전에 우리는 먼저 인간, 즉 인간주의가 충분히 공정하게 대하고 있지 않은 인간의 위치를 재조정해야 한다. 여기에 근대인들이 서술하고 보존한 몇몇 위대한 형상들이 있다. 자유 의지의 주체, 리바이어던을 건설한 시민, 인격의 비참한 가면, 관계의 타자, 의식, 코기토, 해석주체hermeneut, 내적 자아, 대화의 청자thee and thou, 자기에게의 현전presence to oneself, 상호주관성 등이 그것이다. 그러나 이 모든 형상들은 비대칭적인 채로 있는데, 과학의 대상들—
창조자가 없고, 인식론자들이 사회학자들과 마찬가지로 환원적이고
객관적이며 합리적이라고 부르는 사람들의 손에 넘겨진 대상들—
의 대응물이기 때문이다. 기계들의 무니에Mouniers 1들, 동물의
레비나스Lévinas 2들, 사실들의 리쾨르Ricoeur 3들은 어디에 있는
가? 아직까지 인간은 우리가 이해하는바 그 자체의 다른 부
분, 즉 사물들의 몫이 인간 자신에게 복원되지 않는 한 파악
될 수 없고 구출될 수 없다. 인식론에 맡겨진 대상과의 대조
속에서만 인간주의가 구축되는 한 인간도 비-인간도 이해될
수 없다.

우리는 어디에 인간을 위치시켜야 하는가? 준대상과 준
주체의 역사적 연쇄 속에서 인간을 우리가 오랫동안 알았던
것처럼 하나의 본질로서 정의하기란 불가능하다. 인간의 역

---

1. [옮긴이] 무니에(Emmanuel Mounier : 1905~1950) : 프랑스의 철학자이며 이른바 인격주의(personalisme) 운동의 주창자이다. 자유주의(개인주의)와 맑스주의(유물론) 모두에 대한 대안으로 제시된 인격주의 운동의 중심이 된 잡지 «정신»(*L'Esprit*)을 창간하기도 하였다.
2. [옮긴이] 레비나스(Emmanuel Levinas : 1905~1995) : 리투아니아 출신의 유태계 프랑스 철학자. 그는 '타자에 대한 윤리'로 유명하며 그의 입장은 "윤리학은 존재론에 선행한다"는 것으로 요약될 수 있다. 후설과 하이데거에 처음으로 주목한 프랑스 지식인 중 한 사람이며 그 자신은 자크 데리다에 의해 널리 알려지게 되었다.
3. [옮긴이] 리쾨르(Paul Ricoeur : 1913~2005) : 프랑스의 해석학자이며 현상학자. 후설의 영향을 받았으며, 유신론적 실존주의 철학자 가브리엘 마르셀에게서 철학과 신학을 배웠다. 인간의 자기 이해를 위해 해석학을 적용한 해석학적 인간학의 방법을 발전시켰다.

사와 인간에 대한 인류학은 너무나 다양해서 그것을 하나의 최종적인 정의로 확정지을 수는 없다. 그러나 사르트르의 영리한 시도, 즉 인간을 의미의 진공상태인 자연으로부터 완전히 분리되는 자유로운 실존으로 정의하는 것은 분명히 우리가 할 수 있는 것이 아닌데, 우리는 모든 준대상에 대해 행위, 의지, 의미, 심지어 언어능력까지 허용했기 때문이다. 인간 실존의 순수한 자유가 매몰되는 실천에서의 타성태 practico-inert란 더 이상 존재하지 않는다. 인간을 소거된 신에 대립시키는 것(혹은 반대로 인간을 신과 화해시키는 것까지)도 마찬가지로 불가능한데, 자연에 대한 일반적인 대립 덕분에 근대의 헌법은 세 가지 모두를 정의하기 때문이다. 인간은 그렇다면 자연 속으로 흡수되어야만 하는가? 그러나 만일 우리가 특정한 과학 분야의 특정한 결과를 찾음으로써 뉴런, 충동, 이기적 유전자, 기본적 욕구, 그리고 경제적 계산으로 움직이는 이 로봇에 옷을 입혀야 한다면 우리는 결코 괴물들과 가면들의 수준을 극복할 수 없을 것이다. 모든 과학은 인간들에 관한 새로운 정의를 계속해서 만들어내지만 기존의 정의들을 전치시키거나, 하나의 동질적인 정의로 환원하지 않으며, 또한 그것들을 통합시키지도 않는다. 과학들은 실재에 덧붙이지, 실재로부터 제하지는 않는다. 과학들이 발명한 하이브리드들은 실험실에 있을 때, 과학이 분해했다고 주장하는 것들에 비해 여전히 훨씬 더 이국적이다.

우리는 엄숙하게 인간의 죽음을 선언하고 따라서 인간을 언어 게임이나 모든 지성 작용을 빠져나가는 비인간적 구조의 일시적인 반영으로 분해해야만 하는가? 아니다. 왜냐하면 우리는 자연에 속하기보다는 담론에 더 속한다고 말할 수 있는 것이 아니기 때문이다. 언제나 인간을 자신의 내부로 분해시키고 인간의 죽음을 선언할 만큼 충분히 비인간적인 것이란 존재하지 않는다. [또한 그러기에는] 인간의 의지, 인간의 행위, 인간의 말은 너무나 풍부하다. 우리는 우리 자신을 그저 자연일 뿐인 것으로부터 영원히 분리시킬 인간에 대한 초월적인 정의를 통해 문제를 회피해야만 할까? 이는 근대성의 헌법의 한 극으로 후퇴하는 것과 전혀 다를 바가 없는 일이 될 것이다. 우리는 인권선언이나 헌법 전문들에 기입된 어떤 임시적이고 특수한 정의를 확장하도록 힘을 행사해야만 하는 것일까? 그렇게 한다면 그것은 두 번의 대분할을 다시 한번 따라가는 것이며 또한 근대화를 믿는 일이 될 것이다.

만일 인간이 안정된 형태를 지니지 않는다 하더라도 그 때문에 인간이 무형의 존재인 것은 아니다. 인간을 헌법상의 두 극 중 어느 한쪽에 관련시키는 대신에 우리가 인간을 그 중간으로 접근시킬 때, 인간은 중재자가 되며 양극의 교차 지점이 된다. 인간적인 것은 비-인간적인 것에 반대되는 헌법상의 한 극이 아니다. '인간'과 '비-인간'이라는 두 표현은 다른 차원을 지시하기에는 더 이상 충분치 않은 결과들이다. 가치의 척도는 인간의 정의를 객체와 주체의 극을 연결한 수평선을 따라 변경하는 것으로 이루어지는 것이 아니라 그것을 비-인간 세계를 정의하는 수직축에 따라 움직이는 것으로 이루어져 있다. 그것의 매개 작용을 드러내면 그것은 인간의 형태를 띠게 된다. 그것을 다시 은폐하면 우리는 비인간성이 설사 권리장전의 외형을 띠고 있더라도, 그것에 대해서 이야기해야만 하게 될 것이다. '신인동형론[인간형태론]적anthropomorphic'이라는 표현은 우리의 인간성을 상당히 가치절하 하는 말이다. 우리는 형태론morphism 4에 대해서 이야기하고 있어야만 한다. 형태론이란 기술형태론technomorphisms, 동물형태론zoomorphisms, 물리형태론phusimorphisms, 관념형태론ideomorphisms, 신형태론theomorphisms, 사회형태론sociomorphisms, 정신형태론psychomorphisms 모두가 수렴되는 곳이다. 그들 간의 동맹관계와 교환관계는 한꺼번에

---

4. [옮긴이] 형태론(morphism) : 라투르에게 있어서는 언어와 실재의 관계에 대한 개념. 사실주의, 혹은 현실주의(realism)가 다수 존재할 수 있으며, 변화할 수 있다는 생각을 표현한 개념이다. 신인동형론(혹은 인간형태론)의 경우에 인간의 형태는 고정된 것으로 간주될 수 있다. 하지만 신의 형태와 인간의 형태의 불확실성 때문에 신인동형론(인간형태론)은 다른 형태론과의 관계에서 다양한 변형의 가능성을 내포하고 있다는 것이다[Bruno Latour, "Powers of the Facsimile : A turing Test on Science and Literature" (url : www.bruno-latour.fr/articles/article/94-POWERS-TURING.pdf)].

인간 자체anthropos를 정의한다. 형태론들을 모두 연결시키는 자가 곧 인간이다—이는 충분한 정의가 아닌가? 인간 자체가 이러한 분배에 접근할수록 그것은 더욱 인간적human이 된다. 인간의 정의가 점점 이러한 분배로부터 멀리 떨어질수록 그것은 점점 더 다중적인 형태를 띠게 되며 그러한 형태 안에서 인간성은 즉시 식별이 힘들어지는데, 이는 그것의 형상이 인격, 개인, 혹은 자아일 때에도 마찬가지다. 인간의 형태를 그것이 휘저어 놓는 다른 형태들로부터 분리하려는 시도를 통해 우리는 인간주의를 방어하는 것이 아니라 그것을 상실하게 된다.

어떻게 인간 자체가 기계에 의해 위협받을 수 있겠는가? 인간은 기계를 만들었고 스스로를 기계의 일부가 되도록 하였고 그들의 구성원 중에서 자기 자신의 구성원들을 분할하였으며 기계를 가지고 자기 자신의 신체를 건설하였다. 도대체 어떻게 인간이 대상에 의해 위협받을 수 있단 말인가? 대상들 모두는 그것이 추적한 집합체 내부를 순환하는 준대상이었다. 인간이 대상들을 만든 만큼 대상들이 인간을 만들기도 한 것이다. 인간은 스스로를 증식하는 사물들로 정의한 바 있지 않은가? 어떻게 인간은 정치에 의해 기만당할 수 있다는 것인가? 정치는 인간 자신의 작품이며 정치 안에서 인간은 대표성에 대한 끊임없는 논쟁을 통해 집합체를 재구성하는데, 대표성을 통해 매 순간 인간이 무엇이며, 무엇을 원하는지 말할 수 있게 된다. 인간이 어떻게 종교에 의해 흐려질 수 있는가? 인간이 스스로를 인격체로 간주하는 동료들과 연결될 수 있는 것은 바로 종교를 통해서다. 어떻게 인간이 경제에 의해 조종당할 수 있단 말인가? 상품과 채무관계의 순환 없이, 그리고 사물들의 선의를 통해 우리가 날조해내는, 지속적인 사회적 재화의 분배 없이는 경제에 임시적인 형태도 부여할 수 없다. 이 사람을 보라. 대리되고, 매개되었으며, 분배되고, 명령을 받은, 유포된 자. 어디에 위협이 있는가? 위협은 인간을 본질로 환원하려는 자, 그리고 — 사물, 대상, 기계, 그리고 사회적인 것을 꾸짖고 모든 위임행위와 발신자를 제거함으로써 — 자연, 사회, 신에 의해 제압될 수 있는 위험을 감수하면서도 인간주의를 연약하고 사치스러운 것으로 만든 사람들로부터 온다.

근대 인간주의자들은 환원주의자들인데, 그들은 행위를 몇 가지가 되지 않는 능력에 의한 것으로 설명하려고 하면서 나머지 세계는 단지 목소리가 없는 힘으로만 남겨놓기 때문이다. 모든 이들 매개자에 행위를 재분배함으로써 우리가 인간성의 환원된 형태를 상상한다는 것은 사실이지만 우리는 환원불가능하다고 해야만 하는 다른 형태를 얻게 된다. 인간은 위임 자체에 존재하며, 또한 통행이고, 발신이며, 지속적인 형태의 교환 안에도 있는 것이다. 물론 인간은 기계가 아니지만 기계를 본 사람들은 누구나 기계가 결코 기계적이지 않다는 것을 안다. 물론 인간은 차안this world이 아니지만 차안 자체도 완전히 차안만은 아니다. 물론 인간은 신이 아니지만 천상의 신과 지상의 신 사이에는 어떤 관계가 존재하는 것일까? 인간주의는 이 소명을 받은 모든 자들과 스스로를 공유할 때에만 유지될 수 있다. 인간 본성은 그것을 위임받은 대리인과 대표자들, 그것의 형상과 그것의 전달자들의 집합이다. 저 대칭적인 보편성은 최소한 근대인들의 이중의 비대칭적 보편성과 맞먹는 가치가 있다. 이 새로운 입장은 주체/사회의 입장과의 관계에서 변화되는데 이제는 수정된 헌법에 의해 연서되어야 한다.

5.4 비근대적 헌법

이 책을 써내려 가면서 나는 단지 정부의 두 부문, 즉 사물의 부문—과학과 기술이라고 불리는—과 인간의 부문 사이의 대칭성을 재확립하였다. 나는 또한 이 두 부문 간의 권력 분립이 하이브리드를 증식하도록 허용한 후에 더 이상 이 새로운 제3신분을 훌륭하게 대표할 수 없게 된 이유를 제시하였다. 하나의 헌법은 그것이 보장하는 권리에 의해 평가된다. 근대의 헌법은—우리가 2.8절을 다시 떠올려보면—네 가지에 대한 보장을 포함하였는데, 그것은 한꺼번에 고려되면서도 언제나 엄격하게 분리된 채로 유지될 때에만 의미가 있는 것이었다. 첫째로 자연을 사회의 직조로부터 구분된 것으로 만듦으로써—따라서 전근대인들에게서 찾을 수 있는 자연 질서와 사회 질서의 지속적인 연관관계와는 반대로—자연의 초월성을 보장하였다. 두 번째로는 사회에게 그 내재적 차원을 보장했는데, 이는 시민들이 전적으로 자유롭게 사회를 인공적으로 재구성할 수 있도록 함으로써—자연 질서와 사회 질서를 지속적으로 연결시킴으로써 전근대인들이 전자를 변경하지 않고는 후자를 바꿀 수 없도록 만든 것과는 반대로—가능하게 되었다. 그러나 그러한 이중의 분리가 실제로는 자연(동원과 구성을 통해 내재적이 된 자연)의 동원과 구성을 가능하게 만든 것처럼—그리고 반대로 사회를 안정적이고 영속적이도록 만든 것처럼(훨씬 더 많은 여러 비-인간들의 참여 덕분에 초월적이 된 자연)—세 번째로 보장된 것은 권력분립, 즉 정부의 두 부문이 분리된 상태, 그리고 정확하게 구획된 상태인 것이다. 비록 자연이 동원가능하고 구성될 수 있는 것이라 하더라도 그것은 사회와의 어떤 관계도 갖지 않은 채로 유지될 것이다. 마찬가지로 사회는 대상들의 매개를 통해 초월적이고 영속적임에도 불구하고 자연과는 어떤 관계도 갖지 않을 것이다. 다시 말해서 준대상들은 공식적으로 추방될 것이며 — 터부시될 것이라고 말해야 할까? — 번역의 연결망들은 정화작용에 대해 그에 상응하는 것을 제공하면서 스스로를 숨기게 될 것인데, 그럼에도 불구하고 여전히 추적과 감시의 대상이 될 것이다 — 탈근대인들이 연결망 전체를 제거할 때까지. 네 번째로 보장되는 것은 소거된 신인데 이를 통해 그러한 신은 직접적으로 존재하는 권력 없이 중재기능을 맡음으로써 이 이원론적이고 비대칭적인 메커니즘을 안정시킬 수 있다(2.9절을 보라).

비근대성의 헌법의 초안을 마련하기 위해서는 근대성의 헌법이 남겨놓은 것이 무엇인가를 알고 우리가 유지하고자 하는 보장책이 무엇인지를 정리하는 것으로 충분하다. 우리는 준대상들을 표상하는 데 전념해왔다. 따라서 반드시 억제되어야 하는 것은 근대성의 헌법이 보장하는 세 번째 사항인데, 그것이 근대인들의 분석의 연속성을 불가능하게 만들었기 때문이다. 자연과 사회는 구분할 수 있는 양극이 아니라 사회-자연들의, 그리고 집합체들의 연속된 상태의 동일한 산물이다. 따라서 우리의 새로운 초안의 첫 번째 보장사항은 준대상, 준주체들의 분리불가능성이 될 것이다. 집합체들의 연속적인 배치를 방해하는 모든 개념, 제도, 실천들, 그리고 그것들에 입각한 하이브리드들에 대한 실험은 위험하고 해롭고

―또한 다음과 같이 말할 수 있을 텐데― 부도덕한 일이 될 것이다. 매개 작용은 자연적이고 사회적인 이중의 권력의 가장 중심이 될 것이다. 연결망은 은신상태로부터 벗어날 것이다. 중기왕국은 대표/재현될 것이며, 제3신분, 즉 아무것도 아니었던 그들은 이제 전부가 된다.

그러나 내가 지적했듯이 우리는 완전히 다시 전근대인이 되려고 하는 것이 아니다. 자연들과 사회들의 분리불가능성은 대규모의 실험을 불가능하게 만든다는 단점이 있는데, 자연에 대한 모든 변형은 매번 사회에 대한 변형과 조화를 이뤄야 하며, 그 역도 마찬가지이기 때문이다. 이제 우리는 근대인들의 주요 혁신을 유지할 방법을 찾아야 한다. 즉 아무도 만든 적이 없는 자연―자연의 초월성―과 우리가 직접 만든 사회를 조종할 수 있는 자유―사회의 내재성―의 분리가능성을 어떻게 유지할 것인가가 관건이다. 그럼에도 불구하고 우리는 자연을 구축하고―자연의 내재성―사회를 영속적으로 만드는―사회의 초월성에 기대는―반대의 메커니즘의 은밀함을 계승하려고 하지는 않는다.

우리는 구 헌법의 첫 번째와 두 번째 보장을, 이제는 가시적이 되어버린 그 세 번째 보장의 표리부동성을 유지하지 않으면서 지속시킬 수 있을까? 비록 처음에는 이것이 네모난 원처럼 보이겠지만 이는 가능한 일이다. 자연의 초월성(객관성)과 사회의 내재성(주관성)은 근대인의 헌법이 주장하는 바와는 반대로 양자의 분리와는 상관없이 매개 작용으로부터 기인한다. 자연을 산출하거나 사회를 산출하는 작용은 위임과 번역이라는 공통된 작업의 영속적이고 비가역적인 성과로부터 기인한다. 그 과정의 끝에는 사실 우리가 만들지 않은 자연이 존재하며 우리가 바꿀 자유가 없는 사회가 존재한다. 그리고 또한 부인할 수 없는 과학적 사실들과 자유로운 시민이 존재하지만 이들 모두를 비근대적 관점에서 보게 되면 그들 모두는 근대인들이 생각하듯이, 스스로를 배반하는 비가시적인 실천에 대해 작용하는 대립하는 원격의 원인들이 아니라 그 연속성 속에서 이제 가시적이 된 과정의 이중의 결과물이 된다. 따라서 우리의 새로운 초안이 보장하는 두 번째 사항은 근대인의 헌법의 첫째와 둘째 보장을 서로 분리시키지 않으면서도 회복시킬 수 있다. 자연에 대한 진보적 객관화 ─ 자연을 블랙박스로 환원하기 ─ 와 동시에 사회의 주관화 ─ 사회를 조종할 수 있는 자유 ─ 를 방해하는 모든 개념들, 모든 제도들, 모든 실천들은 해롭고, 위험하며, 한마디로, 부도덕한 것으로 간주될 것이다. 이와 같은 두 번째의 보장이 없다면 첫 번째 보장에 의해 해방된 연결망들은 난폭하고 통제 불가능한 성질을 보존하게 될 것이다. 근대인들은 객관적인 비-인간과 자유로운 사회를 추구했다는 점에서는 오류를 범하지 않았다. 그들의 오류는 이중의 산물이 두 가지의 관점의 절대적인 구분과 매개 작용에 대한 계속된 억압을 요구한다고 확신했다는 데에만 있다.

역사성은 근대인의 헌법에서는 자신의 자리를 찾을 수 없는데, 그 헌법은 자신이 그 실존을 인정하는 세 가지의 존재들에 의해서만 세워졌기 때문이다. 우연적 역사는 인간들을 위해서만 존재했으며 혁명은 근대인들이 — 내가 위의 3.8절에서 보여주었듯이 — 전적인 단절을 통해서만 자신의 과거를 이해하기 위한 유일한 방법이 되었다. 그러나 시간은 매끈하고 동질적인 흐름이 아니다. 우리는 더 이상 모든 시대들과 존재론들에 속하는 요소들의 일관된 하나의 집합으로의 재조직에 기대서 시간이 영원히 지나가 버린다는 주장과 맞서지 않게 될 것이다. 우리가 우리 자신의 도덕성에 본질적인 것처럼 간주하는, 인간적인 것을 정의할 수 있는 분류의 능력을 회복하길 원할 때, 우리의 선택의 자유를 제한할 일관된 시간적 흐름이란 존재하지 않는다는 사실을 잊지 말아야 한다. 세 번째 보장은 다른 보장만큼이나 중요한데 그것은, 우리가 의고주의냐 근대화냐, 지역적이냐 전지구적이냐, 문화적이냐 보편적이냐, 자연적이냐 사회적이냐는 선택에 직면하지 않으면서도 자유롭게 결합방식을 조합할 권리에 관한 것이다. 자유는 근대적 대표성의 시기 동안 사회의 극을 배타적으로 차지하고 있었으나, 이제는 그 극으로부터 떨어져 나와서 중간과 하부 지대로 움직이면서, 사회기술적인 난맥상을 분류하고 재조합할 수 있는 능력이 된다. 혁명, 인식론적 단절, 코페르니쿠스적 전회[혁명]에 관한 모든 새로운 요구, 즉 특정 실천들이 영원히 시대에 뒤떨어진 것이 되었다는 모든 주장은 이제 위험한 것으로 간주되거나 그 자체가 시대에 뒤떨어진 것이 될 것이다 — 이것이야말로 근대인들에게는 훨씬 더 심각한 상황이다.

그러나 내가 근대인의 헌법을 옳게 해석했다면, 그래서 이 헌법이 실천의 층위에서는 허락하는 것을 공식적으로는 금지하면서 정말로 집합체들의 발전을 허용했다면, 그러한 현실을 가시적이고 공식적으로 만든 지금 우리는 어떻게 준대상들을 계속해서 발전시킬 수 있겠는가? 기존의 보장을 교체하는 새로운 보장을 제공함으로써 우리는 이 이중의 언어를 불가능하게 만들고 따라서 집합체들의 성장을 불가능하게 만드는 것은 아닌가? 그것이 바로 우리가 원하는 바다. 이러한 감속, 완화, 조절은 우리가 우리의 도덕성으로부터 기대하는 것들이다. 새로운 헌법이 보장하는 네 번째 — 그리고 가장 중요한 — 보장은 하이브리드들의 은밀한 증식을 조절되고 일반적으로 동의할 수 있는 정도의 산출로 대체하는 것이다.

근대적 헌법	비근대적 헌법
첫째 보장: 자연은 초월적이지만 동원가능하다(내재적이다).	**첫째 보장**: 사회들과 자연들의 공동의 산출의 분리불가능성.
둘째 보장: 사회는 내재적이지만 우리를 능가한다(초월적이다).	**둘째 보장**: 객관적인 자연의 산출과 자유로운 사회의 산출에 대한 계속되는 추적. 마지막 분석에서는 결국 자연의 초월성과 사회의 내재성이 존재하지만 양자는 분리될 수 없다.
셋째 보장: 자연과 사회는 전적으로 구분되며 정화작용은 매개 작용과는 아무런 관련이 없다.	**셋째 보장**: 자유는 더 이상 동질적인 시간적 흐름에 기대지 않는 하이브리드들의 조합들을 구분할 수 있는 능력으로 재정의된다.
넷째 보장: 소거된 신은 완전히 부재하지만 정부의 두 부문 사이의 중재를 책임진다.	**넷째 보장**: 하이브리드들의 산출은 표면적이고 집합적인 성격을 갖게 되면서 하이브리드의 산출의 박자를 조절하고 늦출 수 있는 확장된 민주주의의 대상이 된다.

그림 5.2 근대/비-근대의 헌법

아마도 이제는 다시 민주주의에 대해 이야기할 수 있을 것인데, 이때 민주주의란 사물들 자체로 확장된 민주주의다. 우리는 또다시 아르키메데스의 쿠데타의 희생자가 되지 않을 것이다.

이 새로운 헌법에 다음의 사실, 즉 소거된 신이 그가 이전에 물러서 있을 수밖에 없었던 하찮은 위치로부터 해방되었다는 내용을 추가해야 할까? 신에 관한 물음이 재개되며, 신념을 믿도록 근대인들을 강제한 근대인들 자신의 전혀 설득력 없는 형이상학을 비근대인들이 더 이상 보편화하지 않아도 된다.

5.5. **사물들의 의회**

우리는 준대상들을 세심하게 분류할 수 있는 가능성을 원한다 — 더 이상 비공식적이고 은밀한 방식이 아니라 공식적이고 공공연하게. 준대상들을 드러내고 언어에 결합시키고 공공연하게 만들고자 하는 이 같은 욕망 속에서 우리는 계몽주의의 직관을 계속해서 확인할 수 있다. 그러나 이 같은 직관은 결코 그에 걸맞은 인류학을 보유했던 적이 없다. 그 직관은 인간적인 것과 비-인간적인 것을 완전히 분할하였고 자신들과는 반대로 전근대인들로 간주된 타자들이 [근대인들이 했던 것과] 동일한 일을 할 수 없다고 믿었다. 아마도 동원을 증가시키고 어떤 연결망들을 확장하는 것이 필요했겠지만 이 분할은 이제 잉여적이고 부도덕하고 — 거칠게 말하자면 — 헌법에 반한다! 우리는 근대인이어왔다. 그렇지만 우리는 더 이상 같은 방식으로 근대인일 수는 없다. 우리가 헌법을 수정하면 우리는 과학들을 계속해서 믿겠지만 과학의 객관성, 진리, 냉철함, 치외법권 — 인식론의 자의적인 후퇴 이후에야 획득한 성질들—을 받아들이는 대신 우리는 언제나 과학에 있어서 가장 흥미로운 부분을 유지할 것이다. 그것은 과학의 용기, 실험, 불확실성, 따듯함, 그리고 과학에 있어서의 하이브리드들의 조화롭지 않은 혼합, 사회적 유대를 재구성하는 과학의 광기 어린 능력이다. 우리는 과학으로부터 과학 자신의 신비로운 탄생, 그리고 과학의 은밀함이 민주주의에 대해 초래하는 위험, 이 두 가지만을 제거할 것이다.

그렇다. 우리는 정말로 계몽주의의 계승자이지만, 계몽주의의 비대칭적 합리성이 우리에게는 단지 충분히 넓지 않을 뿐이다. 보일의 후예들은 벙어리들의 의회인 실험실을 정의했는데, 실험실에서 단순한 중간매체에 불과한 과학자들이 사물들의 이름으로 모든 것을 스스로 말한다. 이 대표자들은 무엇을 말하였는가? 그것은 사물들이 말할 능력이 있었더라면 바로 스스로를 위해 말했을 바로 그것이다. 실험실 밖에서는 홉스의 후예들이 공화국을 정의했다. 공화국에서는 동시에 집단적으로 말할 능력이 없는 벌거벗은 시민들이 자신들 중 한 사람인 주권자에 의해 대표되도록 스스로를 배치하였다. 여기서 주권자는 단지 중간매체이며 대변자인 것이다. 이 대표자는 무엇을 말했는가? 대표자는 시민들이 동시에 말할 수 있는 능력이 있었더라면 말했을 바로 그것을 말했다. 그러나 저 이중의 번역 과정의 질적 측면에 대한 의심이 곧장 생겨난다. 만일 과학자들이 사물들에 대해서가 아니라 자신들에 대해 이야기하고 있는 것이었다면 어떻게 할 것인가? 만일 주권자가 자신을 선출한 시민들이 써준 대본대로 말하지 않고 자신의 이익을 추구한다면 어떻게 할 것인가? 전자의 경우라면 우리는 자연을 상실하게 될 것이며 인간 간의 논쟁으로 후퇴하게 될 것이다. 후자의 경우에 우리는 자연 상태로 떨어지게 될 것이며, 만인에 대한 만인의 전쟁상태가 도래하게 될 것이다. 과학적 표상과 정치적 대표성 사이의 총체적인 분리를 정의함으로써 이중의 번역-반역이 가능해졌다. 우리는 결코 과학자들이 단지 번역을 하는지 아니면 반역을 하는지 알 수 없을 것이다. 우리는 대표자들이 반역을 하는지, 아니면 번역을 하는지 결코 알 수 없을 것이다.

근대성이 지속되는 동안 비평가들은 계속해서 저 두 가지의 의심을 지속할 것이고 그 의심을 결코 종결 지을 수 없을 것이다. 근대주의란 저 결합을 선택하는 것을 의미하지만 그럼에도 불구하고 일관되게 두 유형의 대표자들에 대해 의심을 하면서도 두 문제를 하나의 단일한 것으로 결합시키지는 않아야 한다. 인식론자들이 과학적 실재론과 사물들에 대한 과학의 충실함에 대해 미심쩍어한다면, 정치학자들은 대표체계와 선출직 공무원과 대변인의 상대적 충실함에 대해 의문을 품는다. 이들 모두는 중간매체들에 대한 증오와 매개자들이 부재한 무매개적 세계에 대한 욕망을 공유한다. 이 모든 사상은 이것이 충실한 표상/대표의 대가라고 생각하면서, 각자의 문제에 대한 해결책은 정부의 또 다른 부문에 있다는 사실을 전혀 이해하지 못한다.

이 책을 쓰면서 나는 과학학이 그러한 노동 분업을 재검토하게 될 때 무슨 일이 벌어지는지 보인 바 있다. 내가 보인 것은 근대인의 헌법이 얼마나 빨리 붕괴하였는가 하는 것인데, 그 원인은 우리에게 근대인들이 남겨준 사회들-자연들을 보호할 수 있는 공동의 주거지가 더 이상 헌법에 의해 허용되지 않기 때문이다. 대표/표상의 두 가지 문제가 존재하는 것이 아니라 단지 한 가지 문제가 존재한다. 정부의 두 부문이 있는 것이 아니라 단지 한 부문이 있는 것이며 이 부문의 산출물들은 게임의 후반부에 가서야 함께 검토된 후에 구분될 수 있을 것이다. 과학자들은 외부의 실재를 배반하는 것처럼 보이는데, 과학자들은 자신들만의 사회들과 자연들을 구축하고 있기 때문이다. 주권자는 자신이 대표하는 시민들을 배반하는 것처럼 보이는데, 주권자는 리바이어던을 지탱하는 시민들과 대량의 비-인간들 모두를 휘저을 뿐이기 때문이다. 과학적 표상에 대한 의심은, 사회적 공해가 없다면 자연은 즉각적으로 접근가능하다는 생각에서 기인한다. 그렇게 생각하는 몇몇 사람들은 '사회적인 것을 제거하면 여러분은 결국에 충실한 표상을 얻게 될 것'이라고 말한다. '대상들을 제거하면 여러분은 결국 충실한 대표성을 확보하게 될 것'이라고 다른 사람들이 선언한다. 그들 간의 논쟁 전체는 근대인들의 헌법에 의해 실현된 권력들의 분할로부터 생겨난 것이다.

이제 다시 한번 이중의 표상/대표와 그것의 충실성에 대한 이중의 의심을 살펴보고 나면 우리는 사물들의 의회에 대해 정의하게 될 것이다. 그 경계선 안에서 집합체의 연속성이 재조정될 것이다. 더 이상 벌거벗은 진리란 존재하지 않으며, 벌거벗은 시민도 존재하지 않는다. 매개자는 자신을 위해 전체 공간을 갖는다. 계몽은 결국 머무를 수 있는 장소를 갖는다. 자연들은 직접 존재하면서도 자신들의 이름으로 말하는 대표자인 과학자들과 공존한다. 사회들도 직접 존재하지만 태고의 시간부터 사회들을 안정시키는 역할을 한 대상들과 공존한다. 예를 들어 대표자 중 한 사람이 오존층의 구멍에 대해 말한다면 다른 대표자는 몬산토의 화학공장을 대표하고 셋째 대표자는 그 공장의 노동자를 대변하며, 넷째 대표자는 뉴햄프셔주의 유권자들을, 그리고 마지막 대표자는 극지방의 기상상태를 대변하게 하자. 다른 대표자는 여전히 국가의 이름으로 말한다고 하더라도 그들 모두가 동일한 것, 즉 그들 모두가 창조한 준대상, 우리 모두를 놀라게 하는 새로운 속성을 지니고 그 연결망이 화학적 방식으로 내가 구입한 냉장고에서 남극으로 확장되는 대상-담론-자연-사회에 대해서 말하고 있는 것이라면 문제될 것이 없다. 자신들을 위한 장소가 부재하였던 난맥상과 연결망들이 이제 자신들을 위한 전체 공간을 갖게 되었다. 그들이야말로 표상/대표되어야 한다. 이제부터는 그들 주위에서 사물의 의회가 소집된다. '건축자들이 버린 돌이 모퉁이의 머릿돌이 되었나니'(마가복음 12 : 10).

그러나 우리는 이 의회가 또 다른 혁명을 요청하는 완전히 새로운 어떤 것이라고 날조할 필요는 없다. 우리는 과거를 재고하고 회고적으로 우리가 어떤 정도로 결코 근대인이었던 적이 없었는가를 이해하며, 인정의 표시로서 홉스와 보일이 분할한 상징의 양쪽을 재결합시킨다는 한에서 단지 우리가 언제나 해왔던 것을 승인하기만 하면 된다. 우리의 정치의 절반은 과학과 기술에 의해 구축된 것이다. 자연의 다른 반쪽은 사회에서 구축된 것이다. 이 두 쪽을 다시 이어서 맞추고 나면 정치적 과제는 다시 시작될 수 있다.

이미 일어나고 있는 것을 공적으로 추인하자는 것은 단지 너무 적게 요구하는 것일까? 우리가 매일 읽는 신문에서의 여러 가지 사회기술적 논쟁에 과학자, 정치가, 소비자, 기업가, 그리고 시민들이 참여하게 될 때 그들이 공유하게 되는 실천들 안에서 이미 희미하게 구분할 수 있는 것들을 강조하기보다는, 우리가 매혹적이고 혁명적인 행동 강령을 위해 노력해서는 안 되는 것일까? 우리가 이 책 전체를 통해 발견했던 것처럼 공식적인 표상/대표는 효과적이며 그 표상/대표는 기존의 헌법 하에서 하이브리드들에 대한 탐구와 증식을 허용하였다. 근대주의는 허상이 아니라 적극적으로 수행되는 어떤 것이다. 우리가 만일 새로운 헌법을 작성할 수 있다면, 우리는 마찬가지로 준대상들의 진행 방향을 근본적으로 바꾸게 된다. 또 다른 헌법은 마찬가지로 유효하겠지만 다른 하이브리드들을 산출할 것이다. 헌법이라는 한 장의 종이 조각에만 기대는 것 같은 대표성으로부터의 변화는 너무나 많은 것을 기대하는 일일까? 아마도 그렇겠지만 새로운 회합을 위해 새로운 단어들이 필요한 시기들이 있다. 우리의 선조들이 시민들에게 부여할 권리나 우리 사회들의 짜임새 안으로의 노동자들의 통합을 발명했을 때 그들의 과제는 결코 간단한 것이 아니었다. 나는 철학자이자 시민으로서, 비교인류학의 산재된 주제들을 모아서 축적함으로써 나의 과제를 수행해왔다. 다른 사람들은 사물들의 의회를 소집할 수 있게 될 것이다.

우리에게 대안이 많은 경우는 드물다. 우리가 공통의 거주지를 변경하지 않는다면 우리는 우리 스스로가 더 이상 지배하지 못하는 다른 문화들을 우리의 거주지 내부로 흡수할 수 없을 것이며, 우리는 더 이상 통제할 수 없게 된 환경을 이 거주지 안에서 적응시킬 수 있는 능력을 영원히 상실하게 된다. 자연도 타자도 근대인이 되지는 않는다. 우리의 변화 방식 자체를 바꾸는 것은 우리 자신의 책임이다. 그렇게 하지 않으면 사회주의와 자연주의의 연계된 실패에 관한 유일한 실천적 교훈을 주는, 1989년이라는 기적적인 시기의 베를린 장벽의 붕괴는 결국 아무런 가치가 없었던 일이 될 것이다.

::참고문헌

Althusser, Louis (1992), *L'avenir dure longtemps*, Paris: Stock.

Arendt, Hannah (1963), *Eichmann in Jerusalem: A report on the banality of evil*, New York: Viking Press.

Augé, Marc (1975), *Théorie des pouvoir et idéologie*, Paris: Hermann.

———— (1986), Un ethnologue dans le métro, Paris: Hachette.

Authier, Michel (1989), 'Archimède, la canon du savant', *Élements d'histoire des sciences*, ed. michel Serres, pp. 101-28, Paris: Bordas.

Bachelard, Gaston (1967), *La Formation de l'esprit scientifique*, Paris: Vrin.

Barnes, Barry (1974), *Scientific Knowledge and Sociological Theory*, London: Routledge & Kegan Paul.

Barnes, Barry and Steven Shapin, eds. (1979), *Natural Order: Historical studies in scientific culture*, London: Sage.

Bastide, Françoise, (In Press) *Oeuvres de sémiotique des textes scientifiques*, Forthcoming.

Baudrillard, Jean (1992), *L'illusion de la fin, la grève des èvenements*, Paris: Galilée.

Bensaude-Vincent, Bernadette (1989), 'Lavoisier: une révolution scientifique', *Élements d'histoire des sciences*, ed michel Serres, pp. 363-86, Paris: Bordas.

Bijker, Wieber E., Thomas P. Hughes and Trevor Pinch, eds. (1987), *The Social Construction of Technological Systems: New directions in the sociology and history of technology*, Cambridge, MA: MIT Press.

Bloor, David ([1976] 1991), *Knowledge and Social Imagery* (2nd edn. with a new foreword), Chicago: University of Chicago Press.

Boltanski, Luc (1990), *L'amour et la justice comme compétences*, Paris: A.-M. Métailié.

Boltanski, Luc and Laurent Thévenot (1991), *De la justification. Les économies de la grandeur*, Paris: Gallimard.

Bourdieu, Pierre and Loïc Wacquant (1992), *Réponses: Pour une anthropologie réflexive*, Paris: Le Seuil.

Bowker, Geoffrey and Bruno Latour (1987), 'A booming discipline short of discipline: social studies of science in France', *Social Studies of Science*, 17: 715-48.

Braudel, Fernand (1985), *The Perspective of the World: 15th and 18th century*, New York: Harper & Row.

Callon, Michel (1986), 'Some elements of a sociology of translation: domestication of the scallops and the fishermen of St Brieux Bay', *Power, Action and Belief: A new sociology of Knowledge?*, ed. John Law, pp. 196-229, London: Routledge & Kegan Paul.

Callon, Michel and Bruno Latour (1981), 'Unscrewing the Big Leviathans: how do actors macrostructure reality?' *Advances in Social Theory and Methodology: Toward an integration of micro and macro sociologies*, ed. Karin Knorr and Aron Cicourel, pp. 227-303, London: Routledge.

Callon, Michel and Bruno Latour (1992), 'Don't throw the baby out of the Bath school! A reply to Collins and Yearly', *Science as Practice and Culture*, ed. Andrew Pickering, pp. 343-68. Chicago: University of Chicago Press.

Callon, Michel, John Law and Arie Rip, eds. (1986), *Mapping the Dynamics of Science and Technology*, London: Macmillan.

Cambrosio, Alberto, Camile Limoges and Deynse Pronovost (1990), 'Representing biotechnology: an ethnography of Quebec science policy', *Social Studies of Science* 20: 195-227.

Canguilhem, Georges ([1968] 1988), *Ideology and Rationality in the History of the Life Sciences*, trans. A Goldhammer, Cambridge, MA: MIT Press.

Chandler, Alfred D. (1977), *The Visible Hand: The managerial revolution in American business*, Cambridge, MA: Harvard University Press.

Chandler, Alfred D. (1990), *Scale and Scope: The dynamics of industrial capitalism*, Cambridge, MA: Harvard University Press.

Chateauraynaud, Francis (1990), *Les affaires de faute professionnells: Des figures de défaillance et des formes de jugement dans les situations de travial et devant les tribunaux*, doctoral thesis, Paris: École des Hautes Études en Sciences Sociales.

Clastres, Pierre (1974), *La société contre l'État*, Paris: Minuit.

Cohen, I. Bernard (1985), *Revolution in Science*, Cambridge, MA; Harvard University Press.

Collins, Harry M. (1985), *Changing Order: Replication and induction in scientific practice*, London and Los Angeles: Sage.

Collins, Harry M. and Steven Yearly (1992), 'Epistemological chicken', *Science as Practice and Culture*, ed. Andy Pickering, pp. 301-26, Chicago: University of Chicago Press.

Collins, Harry M. and Trevor Pinch (1982), *Frames of Meaning: The social construction of extraordinary science*, London: Routledge & Kegan Paul.

Conklin, Harold (1983), *Ethnographic Atlas of the Ifugao: A study of environment*, New Haven, CT and London: Yale Univeristy Press.

Copans, J. and J. Jamin (1978), *Aux origines de l'anthropologie française*, Paris: Le Sycomore.

Cunningham, Andrew and Perry Williams, eds. (1992), *The Laboratory Revolution in Medicine*, Cambridge: Cambridge University Press.

Cussins, Adrian (1992), 'Content, embodiment and objectivity: the theory of cognitive trails', *Mind*, 104.404: 651-88.

Dagognet, François (1989), *Éloge de l'objet: Pour une philosophie de la marchandise*, Paris: Vrin.

Deleuze, Gilles (1968), *Différence et répétition*, Paris: Presses Universitaires de France.

Deleuze, Gilles and Félix Guattari ([1972] 1983), *Anti-Oedipus: Capitalism and schizophrenia*, Minneapolis: University of Minnesota Press.

Desrosières, Alain (1990), 'How to make things which hold together: social science, statistics and the state', *Discourses on Society*, P. Wagner, B. Wittcocq and R. Whittley, eds. Dordrecht: Kluwer Academic Publishers, pp. 195-218.

Douglas, Mary (1983), *Risk and Culture: An essay in the selection of technical and environmental danger*, Berkeley: University of California Press.

Durkheim, Emile ([1915] 1965), *The Elememtary Forms of Religious Life*, New York:

Free Press.

Durkheim, Emile and Marcel Mauss ([1903] 1967), *Primitive Classifications*, Chicago: University of Chicago Press.

Eco, Umberto (1979), *The Role of the Reader: Explorations in the semiotics of texts*, London: Hutchinson.

Einstein, Elizabeth (1979), *The Printing Press as an Agent of Change*, Cambridge: Cambridge University Press.

Ellul, Jacques (1967), *Technological Society*, New York: Random House.

Fabian, Johannes (1983), *Time and the Other: How anthropology makes its object*, New York: Columbia University Press.

Favret-Saada, Jeanne (1980), *Deadly Words: Witchcraft in the bocage*, trans. Catherine Cullen, Cambridge: Cambridge University Press.

Funkenstein, A. (1986), *Theology and the Scientific Imagination from the Middle Ages*, Princeton: Princeton University Press.

Furet, François ([1978] 1981), *Interpreting the French Revolution*, trans. Elborg Forsher, Cambridge: Cambridge University Press.

Garfinkel, Harry (1967), *Studies in Ethnomethodology*, Englewood Cliffs, NJ: Prentice Hall.

Geertz, Clifford (1971), *The Interpretation of Cultures: Selected essays*, New York: Basic Books.

Girard, René (1983), 'la Danse de Slomé', *L'auto-organisation de la physique au politique*, eds. Paul Dumouchel and Jean-Pierre Dupuy, pp. 336-52, Paris: Le Seuil.

Girard, René ([1978] 1987), *Things Hidden Since the Formation of the World*, Stanford, CA: Stanford University Press.

Girard, René (1989), *The Scapegoat*, Baltimore, MD: Johns Hopkins University Press.

Goody, Jack (1977), *The Domestication of the Savage Mind*, Cambridge: Cambridge University Press.

Goody, Jack (1986), *The Logic of Writing and the Organization of Society*, Cambridge:

Cambridge University Press.

Greimas, Algirdas Julien (1976), *On Meaning: Selected Writings in Semiotic Theory*, Minneapolis: University of Minnesota Press.

Greimas, A. J. and J. Courtès, eds. (1982), *Semiotics and Language: An analytical dictionary*, Bloomington: Indiana University Prerss.

Habermas, Jürgen ([1981] 1989), *The Theory of Communicative Action*, Boston, MA: Beacon Press.

Habermas, Jürgen ([1985] 1987), *The Philosophical Discourse of Modernity: Twelve lectures*, trans. Frederick Lawrence, Cambridge, MA: MIT Press.

Hacking, Ian (1983), *Representing and Intervening*, Cambridge: Cambridge University Press.

Haraway, Donna (1989), *Primitive Visions: Gender, race and nature in the world*, London: Routledge & Kegan Paul.

Haraway, Donna (1991), *Simians, Cyborgs, and Women: The reinvetion of nature*, New York: Chapman & Hall.

Haudricourt, A.G. (1962), 'Domesticaion des animaux, cultures des plantes et traitement d'autrui', *L'Homme* 2: 40-50.

Heidegger, Martin (1977a), 'Letter on Humanism', *Basic Writings,* ed. David Farrell Krell, pp. 189-242, New York: Harper & Row.

Heidegger, Martin (1977b), *The Question Concerning Technology and Other Essays*, New York: Harper Torch Books.

Hennion, Antoine (1991), 'Le méditation musicale', doctoral thesis, Paris: École des Hautes Études en Sciences Sociales.

Hobbes, Thomas ([1914] 1947), *Leviathan, or the Matter, Forme and Power of a Commonwealth Ecclesiastical and Civil*, London: J. M. Dent.

Hollis, Martin and Stephen Lukes, eds. (1982), *Rationality and Relativism*, Oxford: Blackwell.

Horton, Robin (1967), 'African traditional thought and Western science', *Africa* 37: 50-71, 155-87.

Horton, Robin (1982), 'Tradition and modernity revisited', *Rationality and*

Relativism, ed. Martin Hollis and Stephen Lukes, pp. 201-60, Oxford: Blackwell.

Hughes, Thomas P. (1983), *Networks of Power: Electric supply systems in the US, England and Germany, 1880-1930*, Baltimore, MD: Johns Hopkins University Press.

Hull, David L. (1988), *Science as a Process: An evolutionary account of the social and conceptual development of science,* Chicago: University of Chicago Press.

Hutcheon, Linda (1989), *The Politics of Postmodernism*, London: Routledge.

Hutchins, Edward (1980), *Culture and Inference. A Trobriand case study*, Cambridge, MA: Harvard University Press.

Jameson, Fredric (1991), *Postmodernism or the Cultural Logic of Late Capitalism*, Durham: Duke University Press.

Jonsen, Albert R. and Stephen Toulmin (1988), *The Abuse of Casuistry. A history of moral reasoning*, Berkeley: University of California Press.

Kidder, Tracy (1981), *The Soul of a New Machine*, London: Allen Lane.

Knorr, Karin (1981), *The Manufacture of Knowledge: An essay on the constructivist and contextual nature of science*, Oxford: Pergamon Press.

Knorr-Cetina, Karin (1982), 'The couch, the cathedral and the laboratory: on the relationships between experiment and laboratory in science', *Science as Practice and Culture*, ed. Andrew Pickering, pp. 113-38. Chicago: University of Chicago Press.

Lagrange, Pierre (1990), 'Enquête sur les soucoupes volantes,' *Terrain* 14: 76-91.

Latour, Bruno (1977), 'La répétition de Charles Péguy', *Péguy écrivain. Colloque du centenaire*, ed. Centre Charles Péguy, pp. 75-100, Paris: Klincksieck.

Latour, Bruno (1983), 'Give me a laboratory and I will raise the world', *Science Observed*, ed. Karin Knorr-Cetina and Michael Mulkay, pp. 141-70, London: Sage.

Latour, Bruno (1987), *Science in Action: How to follow scientists and engineers through society*, Cambridge, MA: Harvard University Press.

Latour, Bruno (1988a), *Irreductions: Part II of The Pasteurization of France*, Cambridge, MA: Harvard University Press.

Latour, Bruno (1988b), *The Pasteurization of France*, Cambridge, MA: Harvard University Press.

Latour, Bruno (1988c), 'The prince for machines as well as for machinations', *Technology and Social Change*, ed. Brian Elliott, pp. 20-24, Edinburgh: Edinburgh University Press.

Latour, Bruno (1988d), 'A relativist account of Einstein's relativity', *Social Studies of Science* 18: 3-44.

Latour, Bruno (1990a), 'Drawing things together', *Representation in Scientific Practice*, ed. Michael Lynch and Steve Woolgar, pp. 19-68, Cambridge, MA: MIT Press.

Latour, Bruno (1990b), 'The force and reason of experiment', *Experimental Inquiries: Historical, philosophical and social studies of experimentation in science*, ed. Homer Le Grand, pp. 49-80, Dordrecht: Kluwer Academic Publishers.

Latour, Bruno (1992a), *Aramis, ou l'amour des techniques*, Paris: La Découverte.

Latour, Bruno (1992b), 'One more turn after the social turn: easing science studies into the non-modern world', *The Social Dimensions of Science*, ed. Ernan McMullin, pp. 272-92, Notre Dame: University of Notre Dame Press.

Latour, Bruno and Jocelyn De Noblet, eds. (1985), *Les "Vues" de l'esprit. Visualisation et Connaissance Scientifique*, Paris Culture Technique.

Law, John (1986), 'On the methods of long-distance control vessels navigation and the Portuguese route to India', *Power, Action and Belief: A new sociology of knowledge?*, ed. John Law, pp. 234-63, London: Routledge & Kegan Paul.

Law, John, ed. (1992), *A Sociology of Monsters: Essays on power, technology and domination*, vol. 38, London: Routledge Sociological Review Monograph.

Law, John and Gordon Fyfe, eds. (1988), *Picturing Power: Visual depictions and social Relation*, London: Routledge.

Lévi-Strauss, Claude ([1952] 1987), *Race and History*, Paris: UNESCO.

Lévi-Strauss, Claude ([1962] 1966), *The Savage Mind*, Chicago: University of Chicago Press.

Lévy, Pierre (1990), *Les technologies de l'intelligence: L'avenir de la pensée à l'ère informatique*, Paris: La Découverte.

Lynch, Michael and Steve Wooglar, eds. (1990), *Represntation in Scientific Practice*, Cambridge, MA: MIT Press.

Lyotard, Jean-François (1979), *The Postmodern Condition: A report on knowledge*, Minneapolis: University of Minnesota Press.

Lyotard, Jean-François (15 April 1988), 'Dialogue pour un temps de crise (interview collective)', *Le Monde*, p. xxxviii.

Mackenzie, Donald A. (1981), *Statistics in Britain. 1865-1930*, Edinbrugh: The Edinburgh University Press.

Mackenzie, Donald A. (1990), *Inventing Accuracy: A historical sociology of nuclear missile guidance systems*, Cambridge, MA: MIT Press.

Mauss, Marcel ([1923] 1967), *The Gift: Forms and functions of exchange in exchange in archaic societies* (with a foreword by E. Evans-Pritchard), New York: W.W. Norton.

Mayer, Arno (1982), *The Persistence of the Old Regime: Europe to the Great War*, trans. Jonathan Mendelbaum, New York: Pantheon.

Mayer, Arno (1988), *Why Did the Heaves not Darken? The 'Final Solution' in History*, New York: Pantheon.

Moscovici, Serge (1977), *Essai sur l'historie humaine de la nature*, Paris: Flammarion.

Pavel, Thomas (1986), *Fictional Worlds*, Cambridge, MA: Harvard University Press.

Pavel, Thomas (1986), *The Feud of Language: A history of structuralist thought*, New York: Blackwell.

Péguy, Charles (1961a), 'Clio. Dialogue de l'histoire et de l'âme païenne', *Oeuvres en prose*, pp. 93-309, Paris: Gallimard, Éditions de La Pléïade.

Péguy, Charles (1961b), *Oeuvres en prose 1909-1914*, Paris: Gallimard, Éditions de La Pléïade.

Pickering, Andrew (1980) 'The role of interests in high-energy physics: the choice between charm and colour,' *Sociology of the Sciences* 4: 107-38.

Pickering, Andrew, ed. (1992), *Science as Practice and Culture*, Chicago: University of Chicago Press.

Pinch, Trevor (1986), *Confronting Nature: The sociology of neutrino detection*, Dordrecht:

Reidel.

Rogoff, Brabara and Jean Lave, eds. (1984), *Everyday Cognition: Its development in social context*, Cambridge, MA: Harvard University Press.

Schaffer, Simon (1988), 'Astronomers mark time: discipline and the personal equation', *Science In Context* 2, 1: 115-45.

Schaffer, Simon (1991), 'A manufactory of OHMS: Victorian metrology and its instrumentation', *Invisible Connections*, eds. S. Cozzes and R. Bud, pp. 25-54, Bellingham, Washinton State: Spi Press.

Serres, Michel (1974), *La Traduction (Hermès III)*, Paris: Munuit.

Serres, Michel (1987), *Statues*, Paris: François Bourin.

Serres, Michel (1989), 'Gnomon: les débuts de la géométrie en Grêce', *Éléments d'histoire des sciences*, pp. 63-100, Paris: Bordas.

Serres, Michel (1991), *Le tiers instruit*, Paris: Bourin.

Serres, Michel and Bruno Latour (1992), *Éclaircissements: Cinq entretiens avec Bruno Latour*, Paris: Bourin.

Shapin, Steven (1990), '"The Mind is its own Place": Science and Solitude in seventeenth-century England,' *Science in Context* 4, 1: 191-218.

Shapin, Steven (1992), 'History of science and its sociological reconstruction', *History of Science* 20: 157-211.

Shapin, Steven (1984), 'Pump and circumstance: Robert Boyle's literary technology', *Social Studies of Science* 14; pp. 481-520.

Shapin, Steven (1989), 'The invisible technician', *American Scientist* 77: 553-63.

Shapin, Steven and Simon Schaffer (1985), *Leviathan and the Air-Pump: Hobbes, Boyle and the experimental life*, Princeton, NJ: Princeton University Press.

Smith, Crosbie and Norton Wise (1989), *Energy and Empire: A biographical study of Lord Kelvin*, Cambridge: Cambridge University Press.

Stengers, Isablle (1983), *États et processus, doctoral thesis*, Brussels: Université Libre de Bruxelles.

Stocking, G. W. ed. (1983), *Observers Observed. Essays on ethnographic fieldwork*, Madison: University of Wisconsin Press.

Stocking, G. W. ed. (1986), *Objects and Others: Essays on museums and material cultures*, Madison: University of Wisconsin Press.

Strum, Shirley and Bruno Latour (1987), 'The meaning of social: from baboons to humans,' *Information sur les Sciences Sociales/Social Science Information* 26: 783-802.

Thévenot, Laurent (1989), 'Équilibre et rationalité dans un univers complexe,' *Reveue Économique* 2: 147-97.

Thévenot, Laurent (1990), 'L'action qui convient: les formes de l'action,' *Raison pratique* 1: 39-69.

Tile, Mary (1984), *Bachelard. Science and Objectivity*, Cambridge: Cambridge University Press.

Trevor-Roper, Hugh (1983), 'The Highland tradition of Scotland,' in *The Invention of Tradition*, ed. Eric Hobsbawm, pp. 15-41, Cambridge: Cambridge University Press.

Tuzin, Donald F. (1980), *The Voice of the Tambaran: Truth and illusion in the Iharita Arapesh religion*, Berkeley: University of California Press.

Vatimo, Gianni (1987), *La fin de le modernité: Nihilisme et herméneutique dans la culture postmoderne*, Paris: Le Seuil.

Warwick, Andrew (1992), 'Cambridge Mathematics and Cavendish Physics: Cunningham Campbell and Einstein's relativity 1905-1911, Part 1: The uses of theory,' *Studies in History and Philosophy of Science*, 23: 625-56.

Weber, Max ([1920] 1958), *The Protestant Ethic and the Spirit of Capitalism* (with an introduction by Anthony Giddens), New York: Charles Scribner's Sons.

Wilson, Bryan R., ed. (1970), *Rationality*, Oxford: Blackwell.

Wooglar, Steve (1988), Science: *The very idea*, London: Tavistock.

Zimmerman, Michael E. (1990), *Heidegger's Confrontation with Modernity: Technology, politics and art*, Bloomington: Indiana University Press.

Zonabend, Françoise (1989), *La presqu'île au nucléaire*, Paris: Odile Jacob.

부록

:: 용어해설

대리/위임(delegation) : 표상/대표(representation)에 대한 대안적 개념이다. 과학적 표상은 스스로 말할 수 없는 사물과 자연에 대해 과학자에게 그들을 대신하여 (자연적 사실의 이름으로) 말할 수 있는 권한을 허용하며 정치적 대표는 동시에 한목소리를 낼 수 없는 시민 집단을 대신하여 (국민의 이름으로) 주권자, 혹은 대표자가 말할 수 있는 권한을 부여한다. 하지만 표상과 대표 모두에서 과학자나 대표자가 자연이나 국민의 이름으로 자신의 생각만을 말할 수 있는 가능성을 차단할 수는 없다. 따라서 라투르는 보다 기계적이며 취소 가능한 대리/위임의 관계를 주장한다. 예를 들어 과속방지턱에는 교통경찰의 의지가 시멘트나 아스팔트와 결합되면서 위임되며, 이 의지가 과속방지턱을 이루는 물질과 다시 분리될 때, 즉 과속방지턱의 물리적 실존이 해체될 때 위임은 철회된다. 라투르는 이러한 대리/위임의 관계가 기존의 표상/대표의 관계와 공존할 수 있는, 사물들에게까지 확장된 새로운 형태의 민주주의의 필요성을 역설한다.

대칭성(symmetry)과 비대칭성(asymmetry) : 대칭성이란 근대성의 두 번의 대분할을 극복하기 위한 개념이다. 근대성은 내적으로 자연과 사회를 분할하고 다시 외적으로는 문명(우리)과 야만(그들)을 구분하면서 양쪽에 대한 비대칭적인 시각을 요구해왔다. 자연은 사실의 영역으로 연구하고 사회는 가치의 영역으로 다룬다거나, 문명은 과학적 합리성과 문화 모두를 통해 이해하고 야만은 그들만의 특수한 문화를 통해서만 이해해야 한다는 등의 비대칭성이 그것이다. 이러한 비대칭성의 딜레마를 가장 극명하게 보여주는 것이 바로 인류학인데, 인류학은 '그들'에 대해서는 문화를 연구함으로써 해당 공동체의 정치, 경제, 과학, 종교를 모두 이해할 수 있다고 보는 반면에, '우리'에 대해서는 '우리'의 문화에 대한 연구가 우리의 과학과 지식도 설명해줄 수 있다고 주장하는 지점까지 나가지 못한다. 따라서 라투르는 자연과 사회, 문명과 야만, 인간과 비-인간 모두에 대한 대칭적 설명의 틀을 마련해야 한다고 주장한다.

매개(mediation): 매개란 기술을 통해 인간과 비-인간 행위자(혹은 하이브리드와 하이브리드)를 연결하여 새로운 하이브리드를 창출하는 과정이다. 예를 들어 사람이 총을 들게 되면 '총을 든 사람'이라는 새로운 행위자가 생겨나며, 이때 '사람'과 '총'을 연결하는 과정을 매개라고 한다. '총을 든 사람'이 만일 누군가에게 복수하려는 목표를 갖고 있었다면, 그 혹은 그녀는 '칼을 든 사람'과는 다른 성격의 목표를 실행할 수 있게 되고, '사람 손에 있는 총' 또한 '무기고에 보관되어 있는 총'과는 다른 목표를 수행하는 비-인간 행위자가 되는 것이다. 라투르는 이를 번역이라고 부르기도 한다.

비-인간(nonhuman): 사물, 혹은 대상의 행위자적 속성을 드러내기 위한 개념으로 인간 개념과 쌍을 이룬다. 라투르는 인간과 비-인간의 구분을 통해 주체와 대상(객체)의 구분을 대체하고 기술이 인간 주체의 의지와 목표를 실현하는 중립적인 도구라는 생각을 비판하고자 한다.

연결망(network): 라투르와 그의 동료들의 이론적 성과인 이른바 '행위자-연결망 이론'(ANT; Actor-Network Theory)의 핵심 개념이다. 하이브리드(hybrid)나 기술의 속성을 나타내는 개념으로 순수한 인간적 연결망(사회적 연결망)이나 전기공급망과 같은 순수하게 기술적인 연결망 모두와 구분되는데, 자연과 사회, 담론의 영역을 모두 관통하는 매개 작용을 통해 증식·확장되기 때문이다.

자연(Nature)과 자연들(natures): 복수의 자연들이란 사회나 문화가 보편적으로 단일하게 존재하지 않는다는 상대주의(혹은 보편주의와 상대주의 모두)에 대한 비판을 염두에 둔 개념이다. 보편주의와 문화적 상대주의는 사실 모두 자연이란 근대인만이 과학적으로 접근할 수 있는 유일하고 보편적인 형태로 존재한다는 데 대한 합의를 전제로 한다. 라투르는 이에 대해서 자연 또한 복수로 존재하며 자연의 복수성을 인정할 때에만, 극단적인 문화적 상대주의가 극복될 수 있으며 자연들-사회들의 상대적 보편주의의 기초가 마련된다고 본다.

정화(purification) : 매개(mediation)와 반대 방향으로 작용하는 과정이다. 이 과정을 통해 연결망으로서 존재하는 하이브리드, 즉 인간 행위자와 비-인간 행위자의 결합체가 분할되고 절단되며 순수한 주체와 대상, 사회(혹은 문화)와 자연이 추출된다. 근대 과학과 지식은 매개과정에 의해 하이브리드를 엄청난 규모로 증식시키면서도 이를 정화한 결과로만 등장한 것이며, 이 두 과정의 불일치, 즉 정화작용으로는 감당할 수 없이 증가한 하이브리드 영역의 존재가 근대성 자체의 위기의 원인이기도 하다.

집합체(collective) : 기존의 공동체(community)를 대체하기 위한 개념. 공동체란 (자연, 대상, 사물과 분리된) 사회와 마찬가지로 순수한 인간 주체의 존재를 전제로 한다고 할 수 있다. 예를 들어 홉스의 사회는 사물이나 기술과는 무관한 순수한 인간, 즉 '벌거벗은 인간'들의 계약으로 성립된다. 이와 달리 집합체는 인간과 비-인간 행위자 모두를 포괄하는 집단, 사회, 혹은 공동체의 개념이다.

하이브리드(hybrid), 혼성화(hybridization) : 하이브리드는 인간과 자연, 주체와 대상의 범주 사이에 존재하면서 양자 어느 쪽으로 간단하게 환원되지 않는 중간적인 존재, 혹은 행위자를 지칭한다. 과학이 자연(과학)과 사회(과학)로 분할되는 것과 달리 기술은 혼성적이다. '과속방지턱'은 하이브리드인데, 재료의 물질적 속성과 교통경찰의 역할, 그리고 교통법규, 담론, (예를 들어 사업자 선정을 둘러싼) 이해관계 등이 과속방지턱이라는 존재를 교차하는 연결망을 이루고 있기 때문이다. 그러나 근대적인 학제는 이를 각각 공학, 법학, 도덕, 정치학 등으로 분할하여 각 영역에 맞는 순수한 대상으로만 다루면서, 연결망으로서의 하이브리드를 절단한다.

헌법(Constitution) : 근대성의 기본원리를 설명하기 위한 개념으로 '구조'보다는 가변적이며 문화나 공유된 신념보다는 실제적이다. 세계를 통치하고 관리하는 부문을 자연(과학)과 사회(과학), 인간과 비-인간으로 분할하고 그 분할 상태를 유지하면서 각각의 영역의 자율성과 권리를 보장한다는 의미에서 권력 분립(separation of powers)과 기본권 보장을 목적으로 하는 근대 입헌주의 헌법과 유비적인 관계에 있다. 또한 저자가 비근대적 헌법의 제정, 혹은 근대적 헌법의 비근대적 헌법으로의 개정을 주장한다는 점에서 합의된 근본규범이라는 (법학과 정치학적 의미의) 헌법의 성격 또한 공유한다. 다만 특정한 국가나 정치 공동체의 근본규범,

혹은 기본제도라는 의미는 없이 근대성 자체의 원리를 담고 있는 형이상학적 의미를 지닌다.

:: 그림 차례

그림 1.1 정화와 번역 43

그림 2.1 자연과 사회의 역설들 93

그림 2.2 기준점과 비판적 가능성들 104

그림 3.1 정화와 매개작용 140

그림 3.2 준대상이란 무엇인가? 142

그림 3.3 근대적 역설 155

그림 3.4 근대적 헌법과 그 실천 221

그림 4.1 대칭성의 원리 243

그림 4.2 두 번의 대분할 251

그림 4.3 그들과 우리 259

그림 4.4 상대주의와 보편주의 264

그림 5.1 보존되어야 하는 것과 거부되어야 하는 것 333

그림 5.2 근대/비-근대의 헌법 350

:: 『우리는 결코 근대인이었던 적이 없다』 국제 번역판본 일람

1991 : *Nous n'avons jamais été modernes - essai d'anthropologie symétrique*, La Découverte, Paris.

1993 : *We have never been modern*, Simon and Schuster (England) and Harvard University Press (United States) (traduit par translated by Catherine Porter) (now only Harvard).

1993 : traduction en espagnol (Spanish translation) *Nunca Hemos Sido Modernos, Essayo de antropologia simétrica*, Editorial Debate, Madrid.

1994 : traduction en portugais (Portuguese translation) *Jamais Fomos Modernos*, Editora 34, Rio de Janeiro.

1994 : traduction en bulgare (Bulgarian translation), *Critique et Humanisme*, Sofia.

1994 : traduction en néerlandais (Dutch translation) *Wij zijn nooit modern geweest-Pleidooi vor een symmetrische antropologie*, (traduit par Gerard de Vries), Van Gennep, Amsterdam.

1995 : traduction en allemand (German translation) *Wir sind nie modern gewesen, vrsuch einer symmetrischen Anthropologie* (traduit par Gustav Rozler), Akademie Verlag, Berlin.

1995 : traduction en italien (Italian translation), *Non Siamo Mai Stati Moderni, Saggio du antropologia simmetrica*, (traduit par Guido Lagormarsino) Elèuthera, Milan.

1996 : traduction en norvégien (Norvegian translation), *Vihar aldri vaert moderne* (traduit par Ragnar Myklebust), Spartacus Forlag, Oslo.

1997 : *Nous n'avons jamais été modernes*. Editions de poche, La Découverte.

1998 : *Wir sind nie modern gewesen*, (Edition de poche de l'édition allemande pocket edition of the German translation) Fisher.

2000 : traduction en Grec (Greek trasnlation) *Oudepote ypirxame Moderni Synalma*, Athènes.

- 2000 : traduction en Arabe (translation in Arabic) traduit par Dr Heaias Hassan, *Dar Al Mada*, Damas, Syrie.
- 2001 : traduction en hongrois (Hungarian translation) (traduit par Cecser Otto) *Sohasem Voltunik Modernek Szilletrikus antropologiai tanulmany* (Osiris Kiado, Budapest.
- 2004 : traduction en slovaque (Slovac translation) par Miroslav Marcelli,, Kalligram, Bratislava, 2004.
- 2004 : traduction en Lithuanien (Lithuanian translation) *Mes niekada nebuvome Modernus, Simetrines antropologijos esé*, (translated by Natalija Vysniauskaité) Homo Liber, Vilnius.
- 2004 : traduction en Croate (Croatian Translation by Jagoda Milinkovics) *Nikada Nismo Bili Modern Ogled is Simetricne Antropoloije*, ARKZIN/ALIR, Zabgreb.
- 2006 : traduction en Russe (Russian Translation) EUSP Press St Petersbourg (avec une introduction de Oleg Kharkodin) traduction de Dmitrii Kalougine.
- 2006 : traduction en Danois (Danish translation) *Vi har aldrig vaeret moderne* translated by Casrten Sestoft, Hanz Reitzels Forlag, Copenhague
- 2006 : traduction en Finnois (Finnish translation), *Emme ole koskaan, olleet moderneja*, (traduit par Risto Suikkanen), Vastapaino, Tampere.
- 2007 : nouvelle traduction en espagnol new translation in Spanish translation by Victor Goldstein, *Nunca Fuimos Modernos, Ensayo de antropologia simétrica*, Siglo Veintiuno Editores, Buenos Aires, Argentine.
- 2007 : passage en poche de la traduction allemande pocketbook edition of the German translation *Suhrkamp taschenbuch wissenschaft*.
- 2008 : traduction en turc par translation in Turkish by Inci Yusal *Bis Hic Modern Olmadik- Simetrik Antropoloji Denemesi*, Norgank Istanbul.
- 2008 : traduction en Japonais (Japanese Translation) Shin Yoron, Tokyo.
- 2009 : traduction en Coréen (Corean translation) by Hong Chulki, Galmuri, Séoul.

<준비 중인 번역판본>

200- : traduction en polonais (Polish translation) Oficyna Naukowa, Varsovie.
200- : traduction en Chinois simplifié (simplified Chinese translation) Suzhou University Press, Suhzou.

:: 브뤼노 라투르의 저작목록

<단행본>

Laboratory Life : the Social Construction of Scientific Facts, Sage, Los Angeles, Londres, 260 pages (avec Steve Woolgar), 1979.

Les Microbes : guerre et paix, suivi de Irréductions, A.-M. Métaillé, Paris, 1984.

Science in Action, How to Follow Scientists and Engineers through Society, Harvard University Press, Cambridge MA, 1988.

Nous n'avons jamais été modernes - essai d'anthropologie symétrique, La Découverte, Paris, 1991.

Aramis ou l'amour des techniques, La Découverte, Paris, 1992.

La clef de Berlin et autres leçons d'un amateur de sciences, La Découverte, Paris, 1993.

Paris ville invisible, Les Empêcheurs de penser en rond & La Découverte (avec Emilie Hermant), 1998.

Pandora's Hope. Essays on the Reality of Science Studies, Harvard University Press, Cambridge, MA, 1999.

Politiques de la nature. Comment faire entrer les sciences en démocratie. La Découverte, Paris, 1999.

Jubiler ou les tourments de la parole religieuse, Les Empêcheurs-Le Seuil, Paris, 2002.

La Fabrique du droit. Une ethnographie du Conseil d'Etat, La Découverte, Paris, 2002.

Iconoclash. Beyond the Image Wars in Science, Religion and Art, eds. Bruno Latour and Peter Weibel, MIT Press and ZKM Karlsruhe, Germany, 2002

Reassembling the Social - An Introduction to Actor-Network-Theory, Oxford University Press, 2005.

Making Things Public - Atmospheres of Democracy, eds. Bruno Latour and Peter Weibel, MIT Press and ZKM Karlsruhe, Germany, 2005.

<인터뷰>

1993 : « Interview avec Bruno Latour » interview by Hugh Crawford in *Configurations* Vol. 1 n°2 pp.247-269.

1995 : « De l'acteur-réseau au parlement des choses », in *M (Mensuel, marxiste, mouvement)* numéro 75 spécial sur Sciences, Cultures, Pouvoirs (interview J. C. Gaudillère). pp.31-38.

1997 : avec Finn Olsen en danois (in Danish) in *Philosophia* Vol. 25, n° 3 et 4, pp.267-287.

1997 : avec Gustav Rozler en allemand (in German) "Ein neuer Empirismus, ein neuer Realismus", Bruno Latour im Gespräch mitGustav Roßler, *Mittelweg* 36, 6. Jahrgang, février-mars 1997.

2000 : « A Contract with Nature » interview with Shin'ichi Nakazawa, [English and Japanese translation] in *Coucou No Tchi* n°2, pp.190-211 (with an introduction by Kazuhiko Yatabe).

2003 : « Interview with Bruno Latour' » In *Chasing Technoscience. Matrix for Materiality* (Eds, Ihde, D. and Selinger, E.) Indiana University Press, Bloomingon, pp. 15-26.

2004 : « The Social as Association » in Nicholas Gane (editor), *The Future of Social Theory*, Continuum, London, pp. 77-90.

2004 : « Interview with Bruno Latour: Debriefing the Collective Experiment » 16-17 April 2004 By Maria J. Prieto and Elise S. Youn (http://agglutinations.com/archives/000040.html).

2004 : « Por Uma Antropologia do Centro » Entretien avec Renato Sztutman et Stelio Maras en portugais (in Portuguese) *Mana* vol. 10 n°2 2004 pp. 397-414.

2005 : « There is no Terrestrial Globe », interview by Jean-Christophe Royoux in *Cosmograms* (2005) (Eds, Ohanian, M. and Royoux, J. C.) New York: Lukas and Sternberg, 211-222.

2005 : « Haciendo la res publica » entretien avec interview with Tomás Sánchez-Criado. Publicado en AIBR. *Revista de Antropología Iberoamericana*, Ed. Electrónica Núm. Especial. Noviembre-Diciembre 2005 Madrid : Antropólogos Iberoamericanos en Red.

2006 : Chrisian S. G Katti "Mediating Political 'Things' and the Forked tongue of Modern Culture," A conversation with Bruno Latour, *ArtJournal* Vol. 65 n°1 pp.94-115 Spring 2006.

2006 : « Entretien » réalisé par Arnaud Fossier et Edouard Gardella in *Tracés (revue ENS Cachan)* n°10 pp. 113-130.

2008 : Per un etnografia dei moderni - intervista con Bruno Latour », in *Etnografia et ricerca qualitativa*, Societa éditrice il Molino, Bologna, 2008/3.

옮긴이 후기

    이 책의 저자 브뤼누 라투르는 현재 가장 중요하고 독창적인 과학기술학자 중 한 사람이다. 그는 1947년 프랑스 부르고뉴에서 태어났으며 디종에서 철학과 신학을 공부하였다. 투르 대학에서 샤를르 페기에 관한 논문으로 학위를 받은 후에 그는 인류학으로 방향을 선회하는데, 특히 군복무 기간 동안 파견된 코트디부아르에서의 경험과 그 이후의 캘리포니아에서의 연구를 거치면서 과학과 기술에 대한 인류학적 연구에 몰두하게 된다. 저자가 1987년에 출간한 책의 제목을 빌려서 말하면 "과학적 실천"science in action, 즉 과학의 이론이 아니라 '과학종사자들이 실제로 과학을 행하는 과정'을 연구의 대상으로 삼게 된 것이다. 특히 1970년대 캘리포니아에서의 연구는 프랑스 출신 생리학자 로제 기유맹의 소개로 그가 일하고 있던 조나스 소크 연구소Jonas Salk Institue를 인류학적 방법론으로 접근한 것으로서, 이후에 『실험실의 삶』*Laboratory Life*(1979)이라는 제목의 책으로 출간되기도 하였다.

이때부터 그는 과학, 기술, 철학, 그리고 인류학에 대한 관심을 결합시켜서 연구의 영역을 확장해 나간다. 19세기 프랑스 사회와의 관련성 속에서 파스퇴르Louis Pasteur를 연구한 『미생물: 전쟁과 평화』*Les Microbes : geurre et paix* [1984; 『프랑스의 살균/파스퇴르화』*The Pasteurization of France*라는 제목으로 영역증보판이 1988년에 출간됨], 근대사상사라는 보다 폭넓은 영역에 과학기술학의 관점과 성취물을 적용하여 사회와 과학, 기술의 관계에 대한 근본적인 재검토를 시도한 이 책 『우리는 결코 근대인이었던 적이 없다』*Nous n'avons jamias été modernes*(1991, 이하 『근대인』), 추리소설의 기법을 활용하여 계획단계에서 폐기된 파리의 첨단 교통체계인 '아라미스'ARAMIS에 대한 사례 연구 『아라미스: 기술의 사랑』*Aramis ou l'amour des techniques*(1992) 등 일련의 작품들이 이런 저자의 관심 영역을 반영한다.

그가 초기에 수행했던 파스퇴르에 대한 연구에서 과학과 기술에 대한 사회와 정치의 영향력을 대상으로 삼았다면 이제는 과학과 기술이 사회와 정치에 미치는 영향에 대한 연구로 방향이 역전되었다고 할 수 있다. 이른바 "과학전쟁"Science War으로 불리는 과학을 둘러싼 인문·사회과학자와 과학자들 간의 논쟁에 대한 이론적 개입의 글들을 모은 『판도라의 희망』Pandora's Hope(1999)이나 생태주의 정치학에 대한 정치철학적 고찰인 『자연의 정치학』Politiques de la nature(1999) 등은 『근대인』에서 발전시킨 이른바 '대칭적 방법론'을 보다 이론적으로 정교화하거나 구체적인 정치사회적 문제에 대입하여 발전시킨 결과물들이라 할 수 있다. 이외에도 프랑스 행정최고법원인 국사원Counseil d'État 법관에 대한 인류학적 연구서 『법의 제조』La fabrique du droit(2002), 그리고 라투르와 그의 동료들의 대표적인 이론적 성과물인 '행위자-연결망 이론'ANT; Actor-Network Theory을 집대성한 『사회적인 것의 재조립』 Reassembling the Social(2005) 등의 책을 발표하는 등 여전히 활발한 연구와 집필 활동을 계속하고 있다. 현재 그는 지난 25년간의 연구를 정리하면서 『근대인』에서 자신이 제기한 문제에 대한 대답으로서, 근대성에 대한 보다 실증적인 인류학을 가능케 할 이론 틀을 제시하기 위한 책을 집필 중이다. 이 책은 '우리가 근대인이 아니었다면 우리는 과연 무엇이었고, 무엇이 될 것인가'하는 문제에 대한 보다 구체적인 결론을 내리기 위해 다양한 인간 실존의 양식과 합리성의 전통들에 대한 비교 연구를 목표로 할 것이다.

저자는 1982부터 2006년까지 파리 광업대학Ecole nationale supérieure des mines 혁신사회학 센터 교수를 지냈으며 그 기간 동안 캘리포니아 대학 샌디에이고 분교UCSD, 런던경제대학 London School of Economics, 하버드 대학Harvard University 역사학과에 방문 교수로 재직하였다. 현재 그는 파리 정치대학Sciences Po Paris 교수로 있다. 이외에도 그는 독일 ZKM 센터에서 "이미지의 충돌"Iconoclast과 "사물을 공적으로 만들기 : 민주주의의 환경들"Making Things Public :The Atmospheres of Democracy라는 제목의 대규모의 전시회를 기획하기도 하였다.[1]

『근대인』은 이미 20여 개국에 번역출간 된 만큼 저자 라투르의 대표작이라고 할 수 있다. 사실 근대성에 대한 성찰이나 비판은 너무나 많은 저자들에 의해 시도되었기 때문에 우리는 라투르의 대담한 문제제기('우리는 결코 근대인이었던 적이 없다')를 근대의 허구성과 그에 따른 폭력성을 비판하는 포스트모더니즘의 또 다른 평범한 판본 중 하나로 치부하게 될지도 모른다. 하지만 부제 '대칭적 인류학을 향하여'에서 나타나듯이 『근대인』은 단순히 근대성에 대한 냉소적인 비판을 목표로 하지 않는다. 라투르는 '우리 근대인'이 결코 근대인이었던 적이 없었던 이유가 근대인의 필연적인 딜레마인

---

[1] 저자 소개와 저작에 대한 소개는 저자 홈페이지(http://www.bruno-latour.fr)와 Heather Aidmar-McEwen, "Biographies : Bruno Latour"(http://www.indiana.edu/~wanthro/theory_pages/Latour.htm)의 내용을 참조하여 정리하였다.

'언행의 불일치'에 있다고 주장한다. 즉 근대인의 실제는 근대인 스스로가 자신에 대해 이론화했던 내용과 다르다는 것이다—그리고 난해한 주장이기는 하지만 바로 이러한 불일치가 근대인 자신의 힘의 원천이기도 했다는 것이다. 근대인은 중세의 암흑기와 같은 전근대적 과거로부터 끊임없는 단절을 이루는 혁명적 시간관을 실현하고, 사실과 가치, 주체와 대상, 자연과 사회, 야만과 문명의 분리를 성취하였다고 주장하며, 스스로에 대해 그렇다고 믿어왔다. 하지만 이러한 믿음은 1989년에 결정적인 전환점을 맞게 된다. 1989년 베를린 장벽의 붕괴와 연이은 국제환경회의는 사회의 단절적 진보와 자연에 대한 인간의 정복, 혹은 사회주의와 자연주의라는 근대성의 본질적인 두 가지 목표의 동시적인 실패를 의미한다. 따라서 이는 혹자가 주장하듯이 진정한 근대성의 완성체인 자유민주주의의 최종적인 승리가 아니라 근대성의 결정적인 위기를 의미하는 것이라고 저자는 주장한다.

당연히 이러한 이론과 실천의 불일치는 근대인이 애초에 선언했던 이론적 목표에 스스로의 실천이 결국 못 미쳤다거나 아니면 그들의 목표 자체가 실천으로는 도달할 수 없는 불가능한 보편성이었다는 의미는 아니다. 오히려 근대인은 자신의 주요한 실천인 '하이브리드의 매개와 정화'의 결과만을 공식적으로 이론화했다고 말하는 편이 나을 것이다. 여기서 하이브리드란 기술의 산물, 혹은 기술 그 자체의 본질을 나타내는 사물 행위자를 의미한다. 특히 기술을 통해 (우리가 근대적인 사고의 습관에 따라 주체와 대상으로 구분하는) 인간 행위자와 비-인간 행위자가 한데 엮이면서 혼성적인 행위자가 생겨난다는 의미에서 이를 하이브리드라 부른다. 게다가 이 하이브리드는 근대인의 지식의 주요 영역들을 관통하고 연결한다는 점에서 연결망으로서의 성격을 지닌다. 모든 기술적 산물(하이브리드)은 단순히 순수 과학을 실제 인간 활동에 적용했다는 의미에서 '응용적'인 것이 아니라 정치(권력과 이해관계), 과학(자연과 사실), 담론(서사구조와 의미작용)의 복합적인 산물인 것이다. 근대성은 바로 이러한 하이브리드를 그 기원에서부터 엄청난 규모로 동원하고 증식시키면서도 이를 자연과 사회, 대상과 주체라는 양극으로 분리해서만 인식하려 했다.

근대성이 그 기원에서부터 하이브리드의 문제에 몰두했음을 여실히 보여주는 것이 바로 17세기 영국에서 벌어진 토마스 홉스와 로버트 보일의 진공펌프를 둘러싼 논쟁이다. 근대 정치학의 선구자인 토마스 홉스와 실험과학의 선구자인 로버트 보일은 당시의 다른 모든 정치-사회적 논쟁들에 관해서는 의견을 같이하면서도 사실, 혹은 진리가 어떻게 산출되어야 하는가 하는 문제에 대해서는 첨예하게 대립하였다. 홉스는 처음부터 하이브리드를 배제하는 방식을 택했다. 수학적 합리성의 관점에서 진공의 존재를 인정하지 않은 홉스가 보기에 벌거벗은 시민들의 계산에 의해 도달하게 되는 사회계약과 그것을 근거로 성립되는 주권자 리바이어던을 제외하면 사회의 어디에서도 진리가 산출되어서는 안 되는 것이었다. 그래서 그는 '진리가 아니라 권위가 법을 만든다'auctoritas, non veritas facit legem고 말하였고 이로써 근대 구성주의가 바로 홉스에게서 유래한다고 할 수 있는 것이다.

이와 반대로 보일은 자신의 실험실과 진공펌프, 그리고 사실의 증명방식이라는 하이브리드 연결망을 동원하여 시민의 대표자인 주권자가 아닌 과학자가 사실과 진리를 산출할 수 있는 근대적 패러다임을 창출하였다. 사실 진공펌프 기술이란 당대의 최첨단의 것이었지만 부품 등이 여러모로 완전치 않았기 때문에 공기는 계속 새나갔다. 따라서 보일은 완벽한 진공상태를 합리적으로 입증하는 것이 아니라 진공상태를 공연하는 무대를 만들어서 양식 있는 증인들을 모았다. 이는 엄밀한 과학이라기보다는 재판에 가까웠다. 믿을 만한 증인들 앞에서 투명한 유리관 안에 작은 새나 동물이 질식하여 죽는 장면을 보여주는 것이 바로 과학적 증명과정을 대체한 것이다. 게다가 누구보다도 기술을 적극적으로 동원한 보일 자신조차도 하이브리드를 인정하지 않았는데, 계속해서 공기가 새는 부품의 결함을 상쇄하기 위해서 무대 뒤에 숨겨진 기술자가 끊임없이 숨이 차도록 공기펌프를 작동시켜야 했던 것이다. 하지만 이를 통해 보일은 하버마스가 말하는 '부르주아 공론장'의 이상을 자연과학의 영역에서 이미 실현했다고 말할 수 있다.

이로써 서로를 비난하는 두 사람의 건국자에 의해 근대성 자체와 그것의 비대칭성이 탄생하게 되는 것이다. 이러한 설명이 단순히 양자가 서로 다른 대상에만 관심을 가졌던 사실을 과장하여 왜곡하는 것이라면 애초에 양자 사이에 논쟁이 존재하지 말았어야 할 것이다. 그러나 오늘날의 사회과학자나 자연과학자들과는 달리 (혹은 오늘날의 이른바 "과학전쟁"에서와 마찬가지로) 이들은 정치권력의 정당성, 그리고 사실의 지위에 대해 진공펌프라는 하이브리드를 둘러싸고 논쟁을 했던 것이다.

이 책의 저자 라투르는 근대 계몽주의의 핵심, 즉 근대인의 성공과 위기 모두의 원인이 이 비대칭성에 있다고 보면서 이를 대칭성으로 재조정해야 한다고 주장한다. 여기서 비대칭성이란 단순히 이분법적인 사고를 지칭하는 것이 아니라 이분법에 의해 분할한 세계의 두 부분을 서로 다른 방식으로 설명하려는 것을 의미한다. 순수한 정치학에 헌신하는 홉스에게 이론은 자연의 사실과 대상, 사물은 완전히 배제하면서 순수한 주체들에 대해서만 설명하기 위한 것이다. 반대로 보일에게 근대 과학은 중세 재판의 방식을 모방할 때에도 자연의 사실에 대해서만 말하는 어떤 것이다. 맑스주의에서의 과학과 이데올로기의 구분은 이와 같은 근대성 내부에서의 자연과 사회, 과학과 문화, 사실과 가치, 대상과 주체의 분할과 이에 대한 비대칭적인 태도의 정점을 보여준다.

그러나 이와 같은 비대칭성은 그 본성상 결코 근대성 내부에만 머무를 수 없다. 그것은 외적으로는 우선 전근대인(과거)과 근대인(현재), 그리고 근대 문명 외부의 '그들'과 '우리 근대인' 사이에 적용된다. 전근대인이나 원시부족과 근대 사회의 차이는 바로 하이브리드에 대한 자연과 사회로의 분할 여부가 되는 것이다. 저자가 보기에 이와 같은 사태를 가장 극명하게 보여주는 근대 학문 분과는 바로 인류학이다. 인류학은 근대의 타자들을 연구하기 위한 학문으로 고안된 것이기 때문에 근대인 스스로에 대해 연구하려 할 때 결정적인 장애물인 비대칭성 자체에 직면하게 된다. 즉 인류학자는 전통사회를 연구할 때, 그들의 지식, 과학, 문화, 관습, 제례, 정치, 경제 등을 통합적으로 접근할 수 있는 반면, 근대사회를 연구할 때에는 문화의 주변적이고 지엽적인 부분에만 접근할 수 있으며, 그런 연구를 지식과 과학과 같은 근대성의 핵심적인 영역으로 확장하는 데 상당한 어려움을 겪는다. 우리는 인류학자가 원시부족의 주술사를 연구하듯이 똑같이 실험실의 공학자를 연구할 수 있을 것이라고 쉽게 생각하지 못한다. 라투르는 지식사회학을 과학으로 확장시킨 과학사회학이 이와 같은 비대칭성을 교정할 수 있는 계기를 마련하였지만, 그에 대한 적절한 방법을 고안하지는 못했다고 보면서 이를 넘어서 과학과 기술에 대한 인류학적 연구의 필요성을 주장한다. 이를 통해 인간과 비-인간 모두를 대칭적으로 설명할 수 있는 비교인류학적 연구가 가능해진다는 것이다.

저자는 이와 같은 대칭적인 비교인류학적 기획을 비근대적 계몽주의라고 부르면서 계몽주의 자체에 반대하는 반근대적 전통주의나 냉소적인 탈근대주의와 입장의 차이를 분명히 한다. 분명 근대인은 하이브리드를 정화작용을 통해 자연과 사회, 주체와 대상으로 분할하면서 하이브리드 자체에 대한 완전한 인식을 차단하기는 했지만 그 덕분에 하이브리드를 엄청난 규모로 동원하고 증식할 수 있었다. 사실 어떤 의미에서 라투르가 말하듯이 자연과 문화를 분할하지 않은 전통사회나 원시부족들이야말로 하이브리드의 연결망을 온전히 이해하고 있었다. 진공펌프를 다시 예로 들어보자. 근대인은 진공펌프의 기술적인 측면을 문화나 우주론, 신념으로부터 분리·정화시켰기 때문에 어떤 부품에서 공기가 새고 있다는 것을 알게 되면 이를 보다 나은 부품이나 다른 보다 효율적인 장치로 대체하는 순수하게 기술적이고 중립적인 문제로 이해한다. 따라서 그들은 하이브리드를 보다 쉽게 아무런 거리낌 없이 동원할 수 있다. 즉 근대인에게 우주론의 극단적 변화인 과학혁명scientific revolution과 정치세계의 극적 변화인 사회혁명social revolution은 별개의 문제로 이해될 수 있다. 그러나 전통사회나 원시부족은 이러한 하이브리드가 문화나 우주론에 연결되어 있다고 믿을 수밖에 없기 때문에 근대인에게는 단순히 공기가 새는 기술적인 결함이 그들에게는 우주론적인 문제가 되며 이를 개선하기 위해 제례의식을 해야 하거나, 아니면 개선 자체가 목표가 되는 일이 발생하지 않을 수 있다. 즉 근대성 외부의 사회와 공동체들에서 사회의 변혁은 우주론과 그에 따른 신념 체계와 문화의 격변 없이는 불가능한 것이다. 따라서 저자는 근대성의 내용을 순진하게 전면 부정하는 반근대주의적 입장이나 근대성의 위기를 냉소적인 관점에서 관조하는 탈근대주의와 달리 하이브리드의 문제에 관한 근대 세계와 비근대 세계의 입장의 절충을 시도한다. 이러한 기획을 저자 자신은 '근대성 없는 계몽주의', 혹은 '사물들로 확장된 민주주의'라고 부른다. 근대적 계몽주의는 인간과 사회가 배제된 자연(과학)과 사물과 기술이 배제된 사회(과학)라는 비대칭성을 낳았다. 하지만 중립적이고 도구주의적인 관점에서의 하이브리드에 대한 무지와 맹목적인 증식은 이러한 근대적 비대칭성 체계의 결정적인 위기를 초래했다. 결국 이 위기를 극복하기 위해서는 하이브리드에 대한 온전한 이해를 통해 우리의 사회와 정치를 보다 잘 이해하게 되는 동시에, 환경위기의 원인이 되는 하이브리드의 무제한적 증식(남극 상공 오존층의 구멍, AIDS, 유전자 변형 식품 등으로 대표되는)을 인간/비-인간 행위자의 참여와 개입을 통해 조절할 수 있게 되어야 한다. 결국 라투르는 하이브리드를 자유롭게 증식시킬 수 있는 근대인의 실천과 하이브리드의 연결망을 결코 절단시키지 않는 비근대인들의 실천 사이에 어떤 연속성을 실현하려는 것이다.

라투르의 이러한 기획은 당연히 자연과학자와 사회과학자 모두로부터 논쟁을 불러일으킨다. 자연과학자는 그가 기존의 과학의 권위를 있는 그대로 인정하지 않기 때문에, 그리고 그러면서도 그 과학의 성과를 자유롭게 활용하기 때문에 그가 '실재를 믿지 않는' 이른바 구성주의적 '지적 사기'의 일원이라고 비난한다. 반대로 사회과학자는 그가 사실과는 구분되는 가치와 당위라는 자율적 주체의 영역을 완전히 부정하고 인간뿐만 아니라 비-인간까지도 행위자로 만드는 과장된 '실재론자'라고 비판한다. 하지만 이러한 비판은 오히려 라투르의 이론의 정당성을 입증해주는 것처럼 보인다. 왜냐하면 바로 이러한 양측의 비판이야말로 바로 그가 말하는 비대칭성의 결정적인 사례이기 때문이다. 그리고 이 비대칭성을 극복하기 위해서는 (비판의 양 진영이 공유하고 있는) 우리 자신이 근대인이었다는 전제 자체도 포기해야 한다. 즉 우리는 결코 근대인이었던 적이 없다고 말해야 한다는 것이다.

『근대인』은 1991년 처음 프랑스어[*Nous n'avons jamais été modernes. essai d'anthropologie symétrique* (Paris : La Découverte, 1991)]로, 그리고 1993년에 내용을 수정증보하여 영어[*We Have Never Been Modern*, trans. Catherine Porter (Cambridge : Harvard University Press, 1993)]로 출간되었다. 따라서 영어 판본은 프랑스어 판본과는 내용이나 구성에서 차이가 있으며, 이 책은 영어 수정본을 번역 텍스트로 삼아달라는 저자의 요청에 따라 1993년의 영어본을 저본으로 하고 부분적으로 프랑스어본을 참조하여 번역하였음을 밝혀둔다. 또한 교정과정에서는 일어본[『虛構の「近代」 — 科学人類学は警告する』, 川村久美子 翻訳 (東京 : 新評論, 2008)]을 참조하였다.

이 책의 번역은 옮긴이의 경험 부족과 미숙함으로 원래 예상했던 것보다 훨씬 더 오랜 시간이 걸려서야 끝마칠 수 있었다. 그 기간 동안 인내심을 가지고 기다려준 갈무리 출판사 편집부에 진심으로 감사의 말을 전하고 싶다. 번역의 모든 오류는 옮긴이에게 그 책임이 있다.

2009년 6월

홍철기

:: 찾아보기

ㄱ

계몽주의 45, 100~103, 129, 161, 184, 335, 351, 352, 391, 393, 394
공기펌프 59, 60, 66, 67, 68, 69, 118, 277, 278, 280, 287, 391
과학학 22, 25, 30, 34, 55, 67, 76, 141, 142, 146, 148, 149, 168, 182, 308, 354
과학사회학 22, 55, 79, 80, 393
과학사회학파 147
관계주의 284, 293
규모 12, 18, 70, 71, 72, 75, 94, 109, 112, 114, 121, 138, 187, 264, 268, 270, 271, 272, 273, 277, 278, 279, 285, 286, 291, 292, 298, 299, 302, 306, 313, 327, 328, 329, 331, 332, 333, 374, 389, 393
근대인 20, 33, 34, 38, 39, 40, 41, 42, 43, 44, 45, 50, 51, 83, 87, 94, 95, 96, 97, 98, 99, 100, 101, 102, 103, 104, 105, 106, 107, 108, 109, 110, 111, 112, 114, 115, 116, 117, 118, 120, 121, 123, 124, 125, 126, 127, 128, 129, 130, 135, 136, 139, 161, 163, 173, 177, 179, 180, 181, 182, 183, 185, 186, 187, 189, 190, 191, 194, 195, 196, 198, 199, 200, 201, 202, 217, 220, 222, 223, 224, 226, 227, 229, 233, 234, 245, 246, 251, 252, 260, 262, 267, 279, 286, 288, 289, 290, 297, 298, 299, 300, 304, 305, 306, 308, 309, 312, 314, 317, 318, 323, 324, 325, 327, 328, 329, 331, 332, 333, 334, 336, 343, 345, 346, 347, 348, 349, 350, 351, 354
기술사회 234
기유맹 6, 24, 28, 385
기호학적 전환 150
깡길렘 236, 238

ㄴ

내재성 90, 92, 94, 97, 98, 99, 104, 111, 120, 222, 223, 317, 318, 346, 347, 350
니체 45, 175, 180

ㄷ

다윈 235, 237, 238, 239
담론 23, 27, 28, 29, 31, 32, 34, 42, 82, 112, 150, 158, 165, 166, 167,

168, 169, 170, 174, 176, 211, 216,
224, 225, 226, 227, 228, 229, 314,
315, 318, 339, 373, 375, 389
대규모 36, 37, 114, 139, 159, 215,
346, 387
대분할 12, 44, 109, 111, 151, 246,
247, 251, 252, 253, 255, 256, 257,
258, 262, 269, 271, 279, 280 289,
330, 339, 371, 377
대칭성 8, 12, 37, 39, 77, 82, 87, 93,
94, 96, 182, 235, 236, 238, 239,
240, 241, 243, 244, 245, 255, 261,
267, 270, 271, 273, 288, 323, 343,
371, 377, 391
대표 10, 27, 63, 77, 78, 80, 82, 83,
84, 86, 87, 136, 199, 206, 236,
238, 275, 341, 342, 343, 346, 348,
352, 353, 354, 355, 357, 371, 386,
387, 390, 395
데리다 29, 30, 250, 337
데콜라 52, 117
도덕성 124, 257, 280, 312, 348, 349
뒤르켐 141, 147, 256
디드로 237, 239

ㄹ

라부아지에 184, 185
레비-스트로스 250
리바이어던 10, 12, 63, 64, 66, 67, 77,
84, 85, 88, 90, 91, 92, 94, 95, 163,
217, 271, 275, 278, 297, 315, 336,
354, 390
리오타르 162, 164, 161, 250

ㅁ

마키아벨리 80
맑스주의 35, 102, 103, 129, 301, 311,
337, 392
매개 11, 44, 67, 82, 87, 91, 92, 93,
99, 105, 106, 108, 111, 112, 114,
115, 118, 126, 137, 139, 140, 152,
153, 155, 158, 163, 165, 167, 169,
171, 176, 181, 186, 189, 200, 201,
202, 203, 204, 205, 209, 219, 221,
222, 223, 226, 227, 234, 242, 245,
262, 269, 283, 289, 303, 311, 314,
316, 317, 319, 327, 328, 332, 333,
340, 342, 344, 346, 347, 348, 350,
354, 355, 372, 373, 374, 377, 388
맥킨지 23, 24
모스 256
문화 6, 8, 12, 20, 22, 32, 33, 35, 42,
43, 44, 52, 53, 68, 70, 78, 88, 108,
116, 152, 162, 182, 186, 197, 234,
241, 245, 246, 247, 248, 250, 251,
252, 254, 257, 258, 260, 261, 262,
263, 264, 265, 266, 267, 271, 273,
280, 281, 282, 286, 309, 310, 314,
317, 319, 320, 324, 348, 358, 372,
373, 374, 375, 392, 393, 394
민속과학 32, 34
민주주의 35, 37, 45, 350, 352, 371,

387, 394

ㅂ

바르트 166
바슐라르 61, 156, 236, 238, 239
반근대인 39, 130, 131, 187, 189, 190, 192, 194, 289, 304, 305, 306, 308, 328, 334
번역 13, 23, 28, 41, 42, 43, 44, 51, 67, 68, 69, 85, 86, 87, 90, 91, 106, 111, 135, 201, 209, 215, 273, 281, 283, 288, 301, 312, 314, 316, 318, 319, 345, 347, 352, 353, 373, 377, 378, 380, 387, 396
변증법 36, 37, 142, 148, 149, 153, 154, 216
보드리야르 164, 165
보일 10, 54, 55, 56, 57, 58, 59, 60, 61, 62, 65, 68, 69, 70, 71, 72, 73, 74, 75, 76, 77, 78, 79, 80, 82, 83, 84, 85, 86, 88, 89, 90, 91, 92, 93, 95, 99, 115, 118, 151, 155, 163, 183, 188, 189, 205, 206, 208, 210, 211, 213, 214, 217, 219, 269, 271, 274, 280, 287, 289, 294, 327, 352, 356, 389, 390, 391, 392
보편성 130, 266, 283, 284, 288, 290, 291, 296, 297, 298, 304, 307, 329, 333, 343, 388
본질 62, 64, 71, 113, 128, 137, 141, 155, 171, 172, 179, 206, 209, 210, 218, 219, 220, 221, 222, 225, 226, 318, 319, 332, 335, 337, 342, 348, 388, 389
볼탄스키 121, 122, 123, 124
부르디외 29, 147
브로델 301
블루어 238, 241, 244
비근대인 129, 139, 223, 229, 234, 235, 285, 329, 351, 395
비난 67, 87, 107, 109, 120, 122, 123, 124, 125, 127, 128, 142, 143, 144, 147, 148, 149, 229, 250, 333, 391, 395
비대칭성 12, 41, 58, 79, 93, 148, 186, 233, 234, 236, 238, 240, 244, 251, 255, 270, 273, 283, 371, 372, 391, 392, 393, 394, 395, 396
비-인간 331

ㅅ

사회 1, 2, 5, 6, 8, 17, 19, 21, 22, 24, 25, 26, 27, 28, 29, 30, 31, 32, 33, 34, 35, 37, 38, 41, 42, 48, 50, 52, 53, 54, 55, 56, 57, 63, 64, 65, 67, 68, 69, 70, 73, 76, 77, 78, 79, 80, 81, 82, 83, 85, 86, 88, 89, 90, 91, 92, 93, 94, 95, 96, 97, 98, 99, 101, 102, 104, 105, 106, 107, 108, 110, 112, 114, 115, 116, 117, 118, 119, 120, 122, 130, 131, 135, 136, 138, 141, 142, 143, 144, 146, 147, 148,

149, 152, 154, 161, 163, 164, 165, 166, 167, 168, 169, 170, 171, 172, 174, 176, 182, 183, 186, 187, 189, 200, 201, 202, 204, 205, 206, 207, 208, 209, 210, 215, 217, 218, 219, 220, 221, 222, 223, 224, 225, 226, 227, 228, 229, 233, 235, 236, 238, 239, 241, 242, 243, 244, 245, 250, 251, 252, 254, 255, 256, 257, 258, 259, 260, 263, 264, 265, 266, 268, 270, 272, 273, 275, 277, 278, 279, 280, 283, 289, 298, 299, 300, 303, 304, 306, 310, 313, 314, 315, 316, 317, 319, 324, 325, 326, 327, 329, 330, 331, 332, 333, 335, 337, 340, 342, 344, 345, 346, 347, 348, 349, 350, 352, 354, 355, 356, 357, 358, 372, 373, 374, 375, 377, 385, 386, 388, 389, 390, 391, 392, 393, 394, 395

상대주의 12, 44, 233, 246, 248, 262, 263, 264, 265, 266, 267, 268, 271, 272, 278, 281, 282, 283, 284, 285, 290, 291, 294, 314, 320, 323, 373, 374, 377

세르 141, 195, 210, 211, 212, 213, 214, 216, 238, 239, 273

셰퍼 55, 57, 58, 67, 68, 69, 72, 75, 77, 79, 81, 82, 89, 121, 210, 211, 212, 214

셰핀 55, 57, 58, 67, 68, 69, 72, 75, 77, 79, 81, 82, 89, 121, 210, 211, 212, 214

소규모 71, 290, 299

수학자 273

시간성 177, 179, 180, 182, 185, 186, 187, 188, 190, 192, 193, 194, 195, 199, 255, 333, 336

신 10, 49, 50, 94, 95, 96, 109, 200, 314, 317, 327, 338, 345, 350

실험실 6, 10, 18, 25, 27, 28, 61, 62, 65, 66, 67, 69, 70, 72, 73, 74, 75, 76, 77, 82, 85, 86, 91, 93, 95, 100, 104, 105, 118, 199, 206, 208, 219, 225, 257, 287, 289, 297, 302, 311, 338, 352, 385, 390, 393

ㅇ

에든버러 학파 56, 80

에디슨 24, 25, 27

역사 2, 7, 18, 22, 23, 44, 56, 57, 59, 69, 82, 83, 90, 100, 114, 115, 124, 129, 131, 154, 155, 159, 165, 173, 178, 179, 181, 182, 183, 184, 185, 186, 187, 191, 194, 196, 197, 206, 209, 210, 211, 212, 217, 218, 221, 226, 228, 231, 238, 239, 240, 241, 249, 256, 288, 295, 316, 318, 320, 333, 340, 351, 390

연결망 12, 21, 23, 27, 28, 30, 31, 32, 33, 34, 40, 41, 42, 44, 52, 53, 68, 77, 79, 107, 126, 128, 130, 132, 162, 164, 171, 177, 200, 201, 203,

217, 228, 236, 239, 247, 257, 262, 263, 265, 266, 286, 293, 294, 296, 297, 298, 299, 300, 301, 302, 304, 305, 306, 307, 309, 311, 315, 319, 320, 330, 332, 333, 334, 336, 348, 349, 350, 354, 359, 376, 377, 378, 389, 392, 393, 396, 398

오게 257

오티에 277

왕립학회 66, 68

위임 85, 87, 321, 322, 345, 346, 350, 374

이데올로기 7, 103, 104, 105, 238, 239, 241, 244, 395

인간주의 13, 50, 339, 340, 344, 345, 346

인류학 2, 3, 6, 7, 12, 22, 32, 33, 34, 35, 40, 44, 52, 53, 54, 55, 56, 59, 67, 68, 69, 70, 79, 80, 88, 95, 99, 115, 116, 129, 172, 175, 178, 183, 196, 213, 214, 215, 217, 233, 234, 235, 236, 240, 241, 244, 245, 246, 248, 253, 254, 255, 256, 258, 260, 261, 262, 264, 265, 267, 268, 269, 270, 271, 272, 278, 279, 280, 283, 286, 287, 290, 297, 308, 314, 319, 338, 351, 357, 360, 372, 384, 385, 386, 387, 392, 396

ㅈ

자연 7, 8, 20, 22, 23, 24, 27, 28, 29, 30, 31, 32, 36, 37, 38, 39, 42, 44, 51, 52, 53, 54, 55, 59, 63, 65, 66, 67, 68, 78, 80, 81, 82, 83, 86, 87, 89, 90, 91, 92, 93, 94, 95, 96, 97, 99, 100, 101, 102, 103, 104, 105, 106, 107, 108, 109, 113, 115, 116, 117, 118, 119, 120, 121, 122, 137, 138, 139, 141, 142, 143, 144, 145, 146, 148, 149, 150, 153, 155, 156, 159, 161, 164, 165, 166, 167, 168, 169, 170, 171, 172, 174, 177, 183, 184, 186, 187, 188, 190, 198, 199, 200, 201, 203, 205, 206, 207, 208, 209, 210, 211, 218, 219, 221, 223, 224, 225, 226, 227, 229, 230, 231, 236, 240, 243, 244, 245, 246, 247, 248, 249, 250, 252, 253, 254, 255, 256, 259, 260, 262, 263, 264, 265, 265, 266, 267, 268, 269, 270, 271, 273, 274, 275, 276, 282, 283, 285, 288, 306, 307, 312, 313, 317, 318, 319, 321, 327, 329, 330, 333, 334, 335, 336, 338, 339, 341, 342, 345, 347, 348, 349, 350, 351, 353, 356, 357, 358, 359, 361, 374, 375, 376, 377, 378, 380, 389, 391, 392, 395, 396, 398

자연과학 2, 26, 54, 102, 103, 104, 144, 286, 378, 394, 398

자연-문화 32, 33, 44, 117, 152, 248, 265, 270, 271, 272, 282

전근대인 34, 46, 109, 112, 116, 117,

118, 119, 130, 153, 182, 190, 236,
255, 262, 263, 282, 288, 327, 329,
331, 333, 334, 335, 336, 347, 349,
354, 395
정치 58, 72, 78, 83, 84, 86, 91, 108,
146, 168, 279, 344, 378
정화 187, 292
존재 44, 65, 72, 229, 318, 319
준대상 143, 151, 200
중간매체 203

ㅊ

초역사 82
초월성 105, 112, 252, 320, 336, 349
초자연 64, 279

ㅋ

칸트 152, 176
칼롱 202, 244
코페르니쿠스적 반혁명 11, 175, 198,
204, 207, 210, 223, 224, 226, 334

ㅌ

탈근대인 26, 39, 44, 45, 120, 127,
131, 161, 162, 163, 164, 170, 176,
181, 182, 191, 192, 305, 326, 327,
328, 332, 333, 334, 345, 391
탈주술화 2, 17, 284, 285, 286, 287,
304, 306

ㅍ

파스퇴르 24, 25, 27, 185, 239, 280,
385
폐기 125, 177, 187, 195, 384
표상 10, 27, 28, 82, 83, 84, 85, 87,
99, 113, 117, 136, 218, 219, 222,
227, 245, 246, 247, 251, 253, 256,
257, 258, 266, 279, 303, 304, 310,
328, 345, 353, 354, 355, 371, 356,
357, 371
퓌레 113, 114, 121

ㅎ

하버마스 159, 160, 161, 391
하이데거 171, 172, 174, 175, 337
하이브리드 23, 42, 43, 44, 50, 51, 75,
78, 88, 89, 92, 99, 100, 102, 112,
114, 115, 116, 125, 127, 129, 136,
137, 138, 139, 140, 141, 151, 152,
157, 158, 159, 163, 176, 182, 183,
189, 201, 203, 223, 272, 276, 279,
287, 291, 301, 324, 325, 326, 328,
329, 331, 332, 338, 343, 345, 349,
350, 352, 357, 372, 373, 374
해러웨이 129
헌법 10, 50, 51, 54, 80, 87, 89, 91,
92, 94, 96, 97, 98, 99, 100, 111,
112, 114, 117, 119, 120, 125, 126,
129, 130, 135, 136, 137, 138, 139,
150, 151, 157, 158, 159, 163, 165,
171, 173, 174, 175, 182, 183, 189,

200, 223, 225, 226, 227, 245, 255, 259, 260, 279, 286, 295, 304, 312, 314, 323, 327, 328, 329, 332, 335, 336, 339, 345, 346, 347, 349, 351, 354, 375
헤겔 153, 155, 216
헤라클레이토스 171, 172, 173, 175
혁명 11, 40, 41, 68, 101, 102, 113, 114, 121, 123, 127, 130, 135, 154, 164, 175, 179, 180, 181, 182, 183, 184, 186, 190, 191, 192, 196, 197, 203, 205, 209, 211, 226, 298, 312, 323, 324, 326, 328, 335, 348, 349, 356, 357, 388
현상학 154, 155, 156, 337
형태론 340, 341
홉스 10, 54, 55, 57, 58, 61, 62, 63, 64, 65, 66, 67, 69, 70, 71, 72, 73, 75, 77, 78, 79, 80, 81, 82, 84, 85, 86, 88, 89, 90, 91, 92, 93, 95, 99, 151, 163, 183, 208, 210, 211, 217, 242, 271, 289, 327, 352, 356, 374, 389, 390, 391